# Der

# Corona-Skandal

## Warum wir nicht alles glauben sollten!

Sven Magnus Hanefeld

Der
Corona-Skandal

© 2020 Hanefeld Media, Bremen

Internet: www.svenmagnus.com

Layout und Design: Sven Magnus Hanefeld

Herstellung und Verlag:  BoD – Books on Demand, Norderstedt

ISBN 978-3-7526-2499-1

# Inhalt


Vorwort 6

Die Erkältungskrankheiten 10

Epidemien in der Geschichte 10

Grippe 12

Influenza 14

Das Coronavirus und seine Vorgeschichte 18

SARS-CoV-1 2002/03 23

MERS-CoV 23

SARS-CoV-2 24

Neue Coronaforschung 24

Einordnung 28

Grippe oder COVID-19 30

Vorgeschichte der Corona-Pandemie 32

Profiteure der Angst 32

Rockefeller Foundation –
Operation Lockstep 34

Contagion 40

Katastrophenplan 2012 des RKI 41

Kongress der Fraktion der CDU 42

Übungen aus dem Hause Johns Hopkins 44

Bill Gates und die Rolle der WHO 53

Forschung über Coronaviren in China 63

Der Ausbruch 64

Wuhan 65

Chinas Bürgerjournalisten 85

Deutung und Berichterstattung bei uns 89

Italien 90

Zahlen und Fakten 100

Die Zeugen Coronas 106

Soziale Medien und kritische Stimmen 116

Gezüchtet 137

Weitere Entwicklung 139

Deutschland 140

Frankreich, Spanien 159

England 161

USA 164

Sonderweg Schweden 169

Masken, Tests und Impfungen 170

Masken 170

Tests 180

Der PCR-Test 181

Impfungen 195

Übersterblichkeit 199

Inszenierte Krise als
strategisches Ablenkungsmanöver 201

Migration und Hunger 204

Wirtschaft 206

Kontrolle und Überwachung   214

  Immunitätsausweis   216

  Die Corona-Warn-App   217

  Chip   219

  Datenschutz ausgehebelt,
  Grundrechte eingeschränkt   222

  Deep State   226

  Meinungsfreiheit versus Zensur   228

Zusammenfassung und Schlussfolgerungen   232

Worterklärungen   240

Anmerkungen   243

Bibliographie   256

Personenregister   259

# Vorwort

Anfang des Jahres erschütterte die beunruhigende Meldung unsere Bevölkerung, dass in China eine hochansteckende Seuche eine ganze Region lahm legte. Tatsächlich war auch bald der europäische Kontinent betroffen, und es wurden Grenzen geschlossen sowie drastische Maßnahmen eingeleitet. Es gab von Anfang an Zweifler. Immer mehr Ungereimtheiten kamen an den Tag. Die Medien hingegen ließen abweichende Meinungen nicht zu. Sie denunzierten alle Kritiker als Spinner und Verwirrte. Das Narrativ der Pandemie lautete: Millionen von Menschen werden sterben. Daher seien Maßnahmen und Grundrechtseinschränkungen notwendig, die es in der Geschichte der Menschheit so noch nicht gegeben hatte. Nur ein Impfstoff könne uns aus dieser Lage befreien. Nun ist über ein halbes Jahr vergangen, und wir stehen laut der Regierungsangaben vor einer zweiten Welle. Um die Infektionswege einzudämmen, werden laufend Tests durchgeführt. Nur wer bei diesen ein negatives Ergebnis erhält, ist berechtigt am gesellschaftlichen Leben teilzunehmen, die Urlaubsreise anzutreten, etc. In vielen öffentlichen Bereichen wird den Bürgern seit April die Pflicht zum Tragen von Schutzmasken auferlegt. Wer sich an die Maßnahmen der Regierung nicht hält, wird mit einem Bußgeld, aber auch mit gesellschaftlicher Ausgrenzung bestraft. Politiker diskutieren über den Einsatz der Bundeswehr, um diese Maßnahmen durchzusetzen und einem Widerstand in der Bevölkerung entgegenzutreten. Ein öffentlicher Diskurs, so wie er in Demokratien normal ist, wird nicht mehr geführt. Die Lage sei zu ernst. Wer sich umfassender informieren möchte, ist auf die Sozialen Medien angewiesen, da auch die sogenannte freie Presse nur noch eine Meinung kennt. Das Virus ist gefährlich, es ist neuartig und wir müssen es ausrotten, um zur Normalität zurückkehren zu können, so heißt es.

Gibt es aber tatsächlich nur diese eine Sichtweise, haben wir wirklich eine Pandemie, die aus einer bloßen Laune der Natur heraus über uns gekommen ist? Was ist dieses neue Coronavirus? Ist es wirklich so neu? Ist die Krankheit so gefährlich? Wie unterscheidet sie sich von der Erkältung oder Grippe beziehungsweise Influenza? Warum musste nun ein neuer Name her? Ist Corona womöglich ein Hype, ein Fake? Gibt es Verschwörungen hinter dem Geschehen? Wie konnte es sein, dass eine Pandemie von einigen Organisationen bis ins Detail vorhergesagt wurde? Was hatte es mit dem *Event 201* auf sich? Hat Bill Gates etwas damit zu tun?

Fragen über Fragen, auf die dieses Buch Antworten geben soll. Einige Mediziner, Epidemiologen und Virologen wie Dr. Wolfgang Wodarg und Professor Sucharit Bhakti kommen, was die Einschätzung der Pandemie betrifft, zu ganz anderen Schlüssen als unsere systemimmanenten Experten. Unsere Medien allerdings lassen eine Diskussion nicht zu. Im Verlauf der Pandemie gesellten sich aber auch immer mehr Lehrer, Ärzte, Anwälte und Künstler zur Protestkultur der Querdenker und fordern ein Umdenken.

Fakt ist, der Mensch ist seit Corona nicht mehr derselbe. Manche Experten sprechen bereits von der Zeit „vor Corona" (BC) und „nach Corona" (AC). Mir persönlich ist es ein Anliegen, diesem Achsenabschnitt so schnell wie möglich ein schmerzloses Ende zu bereiten. Zu diesem Zweck habe ich dieses Buch geschrieben. Ich befürchte, dass sich die Politik derzeit auf einem Irrweg befindet, welcher nicht aus der jetzigen Situation herausführt, sondern auf eine totale Katastrophe zusteuert.

Zunächst betrachten wir die Geschichte der Epidemien. Wir beschäftigen uns dann mit der neuartigen Coronavirus-Krankheit und mit den Unterscheidungskriterien in Bezug auf die Grippe beziehungsweise Influenza. Den Befürwortern der Corona-Politik sowie ihren Kontrahenten wird jeweils ein Kapitel gewidmet, ihre Positionen vorgestellt. In einem weiteren Kapitel geht es um die Vorgeschichte, die wohl 20 Jahre umfasste, und ohne die eine solche Pandemie in dieser Form nicht hätte stattfinden können. Ein Schlüssel zum Verständnis liegt in der Gründung des *Center for Civilian Biodefense Studies* im Jahr 1998, welches der *Johns Hopkins Universität* angegliedert war und heute als *Center for Health Security* in der Coronakrise eine Führungsrolle innehat. Es geht insbesondere um die Katastrophenpläne, die dort entwickelt und mit Führungskräften Jahr für Jahr geübt wurden. Dann soll es um die spezifischen Ereignisse gehen, die eine Lawine ins Rollen gebracht haben, also die Geschehnisse in Wuhan. Es folgt der Ausbruch in Italien, die Verbreitung des Virus über das übrige Europa und die Welt. Zuletzt beleuchten wir die sozio-ökonomischen Bedingungen, die zum Hype und Massenwahn einer solchen Pandemie führen konnten, sowie die Auswirkungen auf die Menschen, die Wirtschaft und das Klima, die aufgrund der Maßnahmen zu befürchten sind. Ein letztes Kapitel behandelt den Themenkomplex Kontrolle und Überwachung.

Dieses Buch entstand in Eigenarbeit. Es gibt meine subjektive Sicht auf die Dinge wieder. Keiner kann voraussehen, wie gefährlich ein existierendes Virus ist. Aber angesichts der zu erwartenden Kollateralschäden ist eine andere Betrachtungsweise der Dinge nicht nur gerechtfertigt, sondern notwendig. Politiker, die sich auf diesen Diskurs nicht einlassen, handeln in meinen Augen grob fahrlässig. Des Weiteren bin ich der Meinung, dass man kein Experte sein muss, um grundlegende Zusammenhänge in Bezug auf das Geschehen verstehen zu können. Ich erwarte von jedem Politiker, dass er sich kontrovers mit der Thematik auseinandersetzt.

In einigen Kapiteln beziehe ich mich auf das Buch von Paul Schreyer mit dem Titel „Chronik einer angekündigten Krise – Wie ein Virus die Welt verändern konnte".

Hier noch ein formaler Hinweis den Text betreffend. Falls bei Datumsangaben keine Jahreszahl steht, handelt es sich um das Jahr 2020.

Sven Magnus Hanefeld

# Die Erkältungskrankheiten

Im allgemeinen Sprachgebrauch werden die Begriffe „Grippe", „grippaler Infekt" und „Erkältung" fälschlicherweise oft gleichgesetzt. Eine Grippe ist aber eine erheblich schwerere Erkrankung als eine gewöhnliche Erkältung beziehungsweise ein grippaler Infekt. Auch bei Corona handelt es sich um eine Erkältungskrankheit. Während wir uns mit der Grippe arrangiert haben, die halt in gewissen Abständen auftreten kann, in gemäßigter oder in einigen schlimmeren Fällen auch schlimmerer Form, sieht die mit Corona noch ganz anders aus. Obwohl die Grippe zu schlimmsten Epidemien in der Geschichte geführt hatte, die Spanische Grippe hatte 50 Millionen Tote zu verzeichnen, meinen wir die Krankheit unter Kontrolle zu haben. Auch Tuberkulose ist nicht besiegt. Noch immer sterben jährlich 1,5 Millionen Menschen an der Krankheit, wenn auch nicht in den entwickelten Ländern der Erde. Was also ist das Bedrohliche an dieser neuen Krankheit mit dem Namen Corona, der Krankheit, die eigentlich gar nicht so neu ist, aber dessen Erreger sich zu einem, wie es in den Medien immer wieder kolportiert wird, Killervirus mutiert hat. Werfen wir einen Blick in die Geschichte.

## Epidemien in der Geschichte

Epidemien gab es zu allen Zeiten. Hier seien nur einige genannt: Pocken, Beulenpest, Spanische Grippe, Russische Grippe, Cholera, Polio, Typhus, Malaria. Jedes Jahr gibt es viele Menschen, die an der einen oder anderen Krankheit sterben. Das war schon immer so. Nach Angaben der Weltgesundheitsorganisation (WHO) sterben zum Beispiel weltweit jährlich knapp eine halbe Million Menschen an Malaria.

- 165–190 Antoninische Pest  75 000 – 100 000 Tote (1/4–1/3 der Einwohner Athens)

- 1346–1353  Pest  ≈ 25 Mill. Tote

- 1519/1520  Pocken  Mexico ≈ 5 – 8 Mill. Tote

- ab 1896  Pest  weltweit  12 Mill. Tote

- 1918–1920  Spanische Grippe  vor allem 20- bis 40-jährige Menschen erlagen ihr. 50 Millionen Tote. Es handelte sich um das Influenza-A-Virus H1N1

- 1957  Asiatische Grippe  1 – 2 Mill. Tote

- 1961-1990  Cholera  mehrere Mil. Tote

- 1968–1970  Hongkong-Grippe 1 Mill. Tote

- 1977–1978 Russische Grippe 700 000 Tote

- seit 1980 HIV 36 Mill. Tote

- 2002/2003  SARS-CoV war die erste Pandemie des 21. Jahrhunderts. Es war das erste Auftreten des SARS-assoziierten Coronavirus.

- seit 2012  MERS-CoV  850 Tote

- 2015  Tuberkulose 1,4  Mill. Tote

- 2017/18 Grippewelle 291 000 – 646 000 Tote In Deutschland ca. 25 100 Tote – höchste Zahl an Todesfällen in den vergangenen 30 Jahren

- Ebolafieber-Epidemie 2014 bis 2016 in mehreren westafrikanischen Ländern. Es starben 11 300 Menschen. Wegen der Epidemie riefen zunächst Liberia und Sierra Leone den Notstand aus, am 8. August 2014 auch Nigeria. Die Grenzen zwischen den Staaten wurden geschlossen und der internationale Verkehr aufgrund von Reisewarnungen zum Teil eingeschränkt

- COVID-19, SARS-CoV-2  960 000 Tote (Stand November 2020)

## Grippe

Als Grippe bezeichnen wir landläufig den grippalen Infekt, wie zum Beispiel die klassische Erkältung, die Magen-Darm-Grippe oder Bauch-Grippe, umgangssprachlich auch Gastroenteritis genannt. Aber auch bei der Virusgrippe, oder Influenza, bei der es sich um eine hochansteckende Infektionskrankheit handelt, die durch Viren aus der Gruppe der Orthomyxoviridae und den Gattungen Influenzavirus A oder B ausgelöst wird, handelt es sich um ein Grippe. Wir sprechen in diesem Zusammenhang auch von einer echten Grippe. Die Influenza ist nicht mit einer Erkältung beziehungsweise einem grippalen Infekt vergleichbar, sondern äußert sich in einem erheblich schwereren Krankheitsbild. Bei einer Grippe-Infektion kommt es meist ganz plötzlich zu Abgeschlagenheit, hohem Fieber und trockenem Husten. Influenza-Viren schädigen aufgrund ihrer schnellen Vermehrung die Schleimhaut der Atemwege und mindern die Abwehrkräfte, dadurch wird der Körper für lebensgefährliche Komplikationen, wie z.B. eine Lungenentzündung anfällig.

Der Begriff der Grippe ist aus dem Französischen entlehnt, wo „la grippe" sich von „gripper" (greifen, packen) ableitet. Früher dachte man, dass sich die Grippe-Erreger mittels Miasmen durch die Luft verbreiteten, also auch durchs Fenster eindringen kann.

1580 hatten wir eine erste Beschreibung einer Influenza-Pandemie. Um was für Viren es sich damals genau handelte, wissen wir allerdings nicht. Seither treten Grippe-Pandemien alle 10-40 Jahre auf. Bezeichnungen für diese im westlichsten Teil Eurasiens seit dem Mittelalter nachweisbaren Krankheit differierten sehr stark: Male Mattone (die wütende Krankheit, Italien 1580), Lungensucht, Hirnwehe, hirntobendes Fieber (1580), neue Brustkrankheit (1602), Schlafkrankheit (1712), Flussfieber (1730, 1762, 1782), Katarrh, Schnuppenfieber (1782), Spanischer Ziep (1580), Spanischer Pips, Russische oder Nordische Epidemie oder Katarrh (1782), Die Russische, Die Nordische, Maladie russe, Catarrhe russe, la Russe, die Sibirische oder Chinesische Krankheit (in Russland), Krankheit à la mode (wegen der großen Verbreitung), Galanterie-Krankheit, Modefieber (1712), Catarrhal-Seuche (1730), Modekrankheit (1730, 1732, 1782), Blitzkatarrh (1782), le Tac (1413, vermutlich), le Horion (1413, vermutlich), Bremer Pip, Nürnberger Pipf (1580), Eiderstedtsche Krankheit (1733), Coqueluche (1414), Ladendo (1427), Coquelucha (1510).

Über die Art und Weise, wie man in vergangen Jahrhunderten über die Grippe (hier die Russische Grippe) dachte, veranschaulicht ein Bericht aus dem Jahr 1889 in der österreichischen Tageszeitung des Professor Nothnagel aus Wien: „Im Wiener Allgemeinen Krankenhause gibt es keine Klinik und Abteilung, wo das Wartepersonal von Influenzafällen frei wäre. In Petersburg und Moskau wurden über 300 000 Menschen davon befallen. Die Influenza greift überaus rapid um sich, wie dies von keiner anderen Krankheit, selbst Cholera oder gelbes Fieber, gesagt werden kann. […] Die Krankheit ist nach Prof. Nothnagel in Wien unzweifelhaft eine Bakterienkrankheit; sie verbreitet sich nicht durch ein Contagium, sondern mittels Miasmen durch die Luft.“

Hieraus ist ersichtlich, dass zu diesem Zeitpunkt die Influenza noch nicht dadurch gekennzeichnet war, dass es sich um eine durch Viren verursachte Krankheit handelte. Die Existenz von Viren war damals noch nicht bekannt.

## Influenza

Die Influenza (it. für „Einfluss“) leitet sich vermutlich zunächst von der bis ins Mittelalter vorherrschenden medizinisch-astrologischen Vorstellung ab, alle Krankheiten seien durch bestimmte Planetenstellungen beeinflusst. Später sprach man auch vom Einfluss der Kälte (influenza di freddo), da man die Krankheit in der Regel in den kalten Jahreszeiten auftreten sah. Wie schon erwähnt, handelte es sich um die sogenannte echte Grippe oder Virusgrippe. Sie ist eine überwiegend durch Viren aus der Gruppe der Orthomyxoviridae und den Gattungen Influenzavirus A oder B ausgelöste fieberhafte Infektionskrankheit bei Menschen. Die Grippe tritt meist epidemisch und unter Beteiligung der Atemwege auf. Jährlich sind nach Schätzungen der *World Health Organization (WHO)* 10 bis 20 % der Weltbevölkerung von der Influenza betroffen.

Influenza-Epidemien in der jüngeren Geschichte:

- Influenza-Pandemie von 1889 bis 1895 („Russische Grippe")
- Spanische Grippe (1918)
- Asiatische Grippe (1957)
- Hongkong-Grippe (1968)
- Russische Grippe 1977/1978
- Pandemie H1N1 2009/10 („Schweinegrippe")
- Grippewelle 2017/18
- Grippewelle 2019/2020

An den Folgen der „Spanischen Grippe" starben in Deutschland geschätzt mehr als 400 000 Menschen, an denen der Asiatischen Grippe 1957/58 rund 29 000 Menschen und an denen der Schweinegrippe im Winter 2009/10 allerdings nur 350 Menschen.

Das Gefährliche an der Influenza sind oftmals nicht die Viren selbst, sondern die bakterielle Sekundärinfektion, die auf eine Grippeerkrankung folgen kann. Da der Organismus durch den Virus-Infekt bereits geschwächt ist, können Bakterien leichter in den Körper eindringen, sich vermehren und zu weiteren Krankheiten führen. Besonders häufig ist die Besiedelung der durch das Virus vorgeschädigten Luftwege mit Pneumokokken. Als weitere Komplikationen kommen primär virusbedingte Lungenentzündungen (Influenzapneumonien), Gehirnentzündungen (Enzephalitiden), Entzündungen der Skelettmuskulatur (Myositiden) sowie Herzmuskelentzündungen (Myokarditiden) und Herzinfarkte vor.

An der Entstehung sind immer verschiedene Virentypen beteiligt. Influenzaviren, Rhinoviren, Enteroviren, Adenoviren, Coronaviren, etc. Das hat die Forschung im 19. Jahrhundert ergeben. Im Folgenden eine Tabelle über die saisonalen Vorkommen verschiedener Virustypen.

Ob man daher bei der aktuellen Corona-Krankheit umgangssprachlich auch von einer Grippe sprechen kann, ist reine Definitionssache. Die Politiker und Medien sowie treue Gefolgsleute reagieren allerdings sehr gereizt, wenn dies behauptet wird. Von nun an wird also differenziert zwischen Grippe und Corona. Es scheint offensichtlich ein Interesse daran zu bestehen, das Narrativ aufrechtzuerhalten, es handle sich um ein vollkommen neuartiges

Virus und eine sehr schwere nie dagewesene Pandemie.

| | JAN | FEB | MAR | APR | MAY | JUN | JUL | AUG | SEP | OCT | NOV | DEC |
|---|---|---|---|---|---|---|---|---|---|---|---|---|
| RHINOVIRUS | | | | | | | | | | | | |
| CORONAVIRUS | | | | | | ENTEROVIRUS | | | | | | |
| ADENOVIRUS | | | | | | | | | | | | |
| | | | PIV-3 | | | | | PIV2,3 | | | | |
| RSV | | | | | | | | | | | RSV | |
| INFLUENZA | | | | | | | | | | | | |
| MPV | | | | | | | | | | | | |
| GROUP A STREPT | | | | | | | | | | | | |

Fakten:

- Viren verändern sich ständig

- Jeden Winter kommt es zu einer erhöhten Sterblichkeit durch akute Atemwegserkrankungen (Grippewelle)

- Es gibt verschiedene Virustypen im Jahresverlauf

- Coronaviren sind seit Jahren bekannt. Sie haben ihre Saison üblicherweise von Dezember bis April. Zu den Viren, die akute Atemwegserkrankungen verursachen, haben immer schon die Coronaviren gehört.

# Das Coronavirus und seine Vorgeschichte

Zunächst war uns das Coronavirus in der Tierwirtschaft bekannt. Die Infektiöse Bronchitis (IB) wurde erstmals 1931 in North Dakota, USA, als neuartige Erkrankung der Atemwege bei wenige Tage alten Küken beschrieben. Das Virus wurde erstmals 1937 von **Beaudette** und **Hudson** aus Hühnern isoliert. Inzwischen ist der Befall eine weltweit vor allem bei Hühnern aber auch Fasanen verbreitete hochansteckende Erkrankung, die durch zahlreiche verschiedene Serotypen des sogenannten *Avian Coronavirus (IBV)* verursacht wird. Dieses Virus führte bei Hühnerhaltern aller Nutzungsrichtungen zu großen Verlusten.

Die Geschichte der menschlichen Coronaviren begann 1965, als **David Tyrrell** und **Mark Bynoe** ein neuartiges Virus beschrieben, das sie B814 nannten.[1] Sie nahmen zunächst an, dass es sich um ein Rhinovirus handelte und identifizierten es als eine Ursache der Grippe.[2] Es wurde in menschlichen Gewebekulturen der Luftröhre gefunden, die aus den Atemwegen eines mit Grippe infizierten Erwachsenen gewonnen wurden. Das Vorhandensein eines Infektionserregers wurde durch intranasales Inokulieren (Beimpfen) des Stoffes aus diesen Kulturen bei menschlichen Freiwilligen nachgewiesen. Erkältungen wurden bei einem signifikanten Anteil der Probanden erzeugt, aber Tyrrell und Bynoe waren zu diesem Zeitpunkt nicht in der Lage, den Übertrager in Gewebekulturen zu züchten. Etwa zur gleichen Zeit konnten **Dorothy**

**Hamre** und **John J. Procknow** aus Proben von Medizinstudenten mit Erkältungen ein Virus mit ungewöhnlichen Eigenschaften in der Gewebekultur isolieren.[3] Sowohl das B814 als auch das Hamre-Virus, das sie 229E nannten, waren ätherempfindlich und erforderten daher vermutlich eine lipidhaltige (Fette enthaltende) Hülle für die Infektiosität, aber diese beiden Viren waren nicht mit bekannten Myxo- oder Paramyxoviren verwandt. Während ihrer Arbeit im Labor von **Robert Chanock** an der Nationalen Gesundheitsbehörde NIH berichteten **Kenneth McIntosh** über die Gewinnung mehrerer Stämme ätherempfindlicher Wirkstoffe aus den menschlichen Atemwegen unter Verwendung einer ähnlichen Technik wie bei Tyrrell und Bynoe. Diese Viren wurden als „OC" bezeichnet, um zu kennzeichnen, dass sie in Gewebekulturen (Organ Cultures) gezüchtet wurden.

Im gleichen Zeitraum führten Almeida und Tyrrell Elektronenmikroskopie an Flüssigkeiten aus mit B814 infizierten Gewebekulturen durch und fanden Partikel, die dem infektiösen Bronchitis-Virus von Hühnern ähnelten. Die Partikel waren mittelgroß (80–150 nm), pleomorph, membranbeschichtet und mit weit auseinander liegenden keulenförmigen Oberflächenprojektionen bedeckt. Das von Hamre und Procknow identifizierte 229E-Virus und die von McIntosh und anderen identifizierten vorherigen OC-Viren hatten eine ähnliche Morphologie.

In den späten 1960er Jahren leitete Tyrrell eine Gruppe von Virologen, die mit menschlichen Viren-Stämmen und einer Reihe von tierischen Viren arbeiteten. Dazu gehörten das infektiöse Bronchitis-Virus, das Maus-Hepatitis-Virus und das übertragbare Gastroenteritis-Virus von Schweinen, von denen mit Hilfe der Elektronenmikroskopie nachgewiesen wurden, dass sie allesamt morphologisch identische Strukturen aufwiesen.

Diese neue Gruppe von Viren wurde seit 1968 als Coronaviridae bezeichnet (Corona bezeichnet die Krone, die sich unter dem Elektronenmikroskop abzeichnete), zum ersten Mal in der Zeitschrift *Nature*.[4]

Laufende Forschungen mit serologischen Techniken haben zu einer beträchtlichen Menge an Informationen über die Epidemiologie der menschlichen Coronaviren in den Atemwegen geführt. Es wurde festgestellt, dass in gemäßigten Klimazonen Infektionen mit respiratorischen Coronaviren im Winter und Frühling häufiger auftreten als im Sommer und Herbst. Die Daten zeigten, dass Coronavirus-Infektionen bis zu 35 % der gesamten Virusaktivität der Atemwege während Epidemien ausmachen. Insgesamt wurde der Anteil der durch Coronaviren verursachten Erkältungen bei Erwachsenen auf 15 % geschätzt.

In den drei Jahrzehnten nach der Entdeckung wurden ausschließlich die menschlichen Stämme OC43 und 229E untersucht, vor allem, weil sie am einfachsten zu verarbeiten waren. Es wurde festgestellt, dass OC43, das an das Wachstum im Gehirn einer säugenden Maus und anschließend an die Gewebekultur angepasst ist, eng mit dem Hepatitis-Virus der Maus verwandt ist. Der Stamm 229E wurde in Gewebekulturen direkt aus klinischen Proben gezüchtet. Die zwei Viren zeigten

Periodizität, wobei große Epidemien in Intervallen von 2 bis 3 Jahren auftraten. Der Stamm 229E war in den Vereinigten Staaten tendenziell epidemisch, während der Stamm OC43 eher für lokalisierte Ausbrüche prädisponiert war. Wie bei vielen anderen Atemwegsviren war eine erneute Infektion häufig. Eine Infektion konnte in jedem Alter auftreten, war jedoch bei Kindern am häufigsten.

Epidemiologische und freiwillige Impfstudien ergaben, dass respiratorische Coronaviren mit einer Vielzahl von Atemwegserkrankungen assoziiert waren; Ihre Pathogenität wurde jedoch als gering eingestuft. Die mit Infektionen verbundene vorherrschende Krankheit war eine Infektion der oberen Atemwege mit gelegentlichen Fällen von Lungenentzündung bei Säuglingen und jungen Erwachsenen. Es wurde auch gezeigt, dass diese Viren in der Lage sind Asthma-Exazerbationen bei Kindern sowie chronische Bronchitis bei Erwachsenen und älteren Menschen hervorzurufen.

Während die Erforschung der Pathogenität und Epidemiologie der menschlichen Coronaviren vorangetrieben wurde, nahmen Anzahl und Bedeutung der tierischen Coronaviren rapide zu. Es wurden Coronaviren beschrieben, die bei mehreren Tierarten, einschließlich Ratten, Mäusen, Hühnern, Truthähnen, Kälbern, Hunden, Katzen, Kaninchen und Schweinen, Krankheiten verursachten. Tierstudien umfassten, ohne darauf beschränkt zu sein, Forschung, die sich auf Atemwegserkrankungen konzentrierte. Der Studienschwerpunkt umfasste Erkrankungen wie Gastroenteritis, Hepatitis und Enzephalitis bei Mäusen; Pneumonitis und Sialodacryoadenitis bei Ratten; und infektiöse Peritonitis bei Katzen. Das Interesse war insbesondere in Bezug auf Bereiche mit Enzephalitis, die durch das Hepatitis-Virus der Maus hervorgerufen wurden, und Peritonitis, die durch das infektiöse Peritonitis-Virus bei Katzen hervorgerufen wurde, am höchsten. Die Pathogenese dieser Krankheitszustände war vielfältig und komplex, was zeigt, dass die Gattung insgesamt zu einer Vielzahl von Krankheitsmechanismen fähig war. Menschliche und tierische Coronaviren wurden aufgrund ihrer antigenen und genetischen Zusammensetzung in drei große Gruppen eingeteilt. Gruppe I enthielt Virus 229E und andere Viren, Gruppe II enthielt Virus OC43 und Gruppe III bestand aus infektiösem Vogelbronchitis-Virus und einer Reihe verwandter Vogelviren. Das Humane Coronavirus OC43, auch HCoV-OC43 genannt, 1967 durch Ken McIntosh an der Harvard Medical School entdeckt, war das bis dato verbreitetste Coronavirus. Man ging davon aus, dass das Virus wie alle humanpathogenen Coronaviren von einem Fledermaus-Coronavirus abstammt.[5]

Unter anderem mit dem humanen Coronavirus 229E, dem humanen Coronavirus NL63 und dem humanen Coronavirus HKU1 gehört das Humane Coronavirus OC43 zu den Viren, die eine gewöhnliche Erkältung auslösen können, aber darüber hinaus auch schwere Infekte der Atmungsorgane, darunter Lungenentzündungen bei Säuglingen, betagten Menschen und immungeschwächten Personen, wie etwa Patienten unter Chemotherapie oder HIV-Infizierten. Coronaviren sind weltweit ver-

breitet und verursachen 10–15 % aller Erkältungskrankheiten.

## SARS-CoV-1 2002/03

Im 19. Jahrhundert waren uns Coronaviren zwar
bekannt, allerdings wurden sie nicht als so gefährlich eingestuft. Das änderte sich mit dem Ausbruch
einer Epidemie, die im November des Jahr 2002 in
Südchina ihren Ursprung hatte.

Staaten mit lokalen Infektionsketten waren die
Volksrepublik China, Hongkong, Singapur, Kanada,
Vietnam, Taiwan, die Vereinigten Staaten und das
Vereinigte Königreich. Als erste Pandemie des 21.
Jahrhunderts weckte sie neue Ängste in der Bevölkerung und wurde weltweit in großem Rahmen von
den Medien begleitet. Sie hatte ihren Ursprung in
Guangdong, Südchina und verbreitete sich binnen
weniger Wochen über nahezu alle Kontinente und
forderte innerhalb eines halben Jahres 774 Menschenleben, davon 648 in China.

## MERS-CoV

Im Jahr 2012 gab es erneut einen mit Coronaviren
in Zusammenhang stehenden Ausbruch einer Vi-
ruserkrankung. Man nannte ihn nach der Region
seines Ursprungs MERS-CoV – Middle East Respiratory Syndrome Corona Virus. Die Infektionen
erfolgten also vor allem auf der Arabischen Halbin-
sel mit Schwerpunkt in Saudi-Arabien. Es gab über
850 Tote, obwohl nur 2494 Inflzierte bekannt waren. Das ergibt eine Letalität (Sterberate) von 37 %.

# SARS-CoV-2

Als im Dezember 2019 beziehungsweise Januar 2020 in Wuhan das SARS-CoV-2 ausbrach, glaubte wohl niemand so recht daran, dass uns in Europa ebenfalls eine Epidemie überrollen könnte, jedoch überschlugen sich auch andere Ereignisse, Probleme der Wirtschaft, Innenpolitik, Migration. Die Globalisierung schritt unaufhörlich voran und so schien nun wohl doch nichts mehr unmöglich. Vor allem aber war den Europäern die Ebola-Epidemie an der Westküste Afrikas von 2014 bis 2016 im Gedächtnis.

# Neue Coronaforschung

SARS-CoV-2 heißt der Erreger, das neuartige Virus, die Erkrankung nennt sich COVID-19. SARS ist die Abkürzung für *Severe Acute Respiratory Syndrome*, also Schweres Akutes Atemwegssyndrom. Es ist dieselbe Virusart wie SARS-CoV-1, nur in einer anderen Variante.

Die Forschung ging unentwegt weiter, vor allem, nachdem es verstärkt Ausbrüche gab. Ende März 2003 wurde das als SARS-CoV-1 benannte Virus erstmals im Rahmen der Forschung zur SARS-Pandemie in mehreren Laboren in verschiedenen Ländern isoliert.

Insbesondere Wuhan entwickelte sich zu einem Zentrum der Corona-Forschung. Im Jahr 2005 stellte ein Team unter der Leitung von **Shi Zheng-Li** und ihrer Kollegin **Cui Jie** fest, dass auch das SARS-CoV-1 von Fledermäusen stammt. In den

Jahren darauf unternahmen sie daher Forschungsreisen in die chinesische Provinz Yunnan, wo sie in Höhlen Speichel- und Kotproben von Hufeisennasen, einer Fledermausart, nahmen. Fünf Jahre lang analysierten sie die Proben, in denen sie die Coronaviren fanden und sequenzierten das Erbgut von 15 Virenstämmen. Der Tagesspiegel berichtete: „Offenbar vermischt sich das Erbgut verschiedener Viren in infizierten Fledermäusen häufig, so dass ständig neue Varianten entstehen, schreiben die Forscher im Fachblatt *Plos Pathogens*. Die Forscher warnten ausdrücklich davor, dass so auch ein neues für Menschen infektiöses SARS-Virus entstehen könnte. Das nächste Dorf liege nur einen Kilometer entfernt."[6]

Heute sind sieben humanpathogene Coronaviren bekannt (Stand Februar 2020): neben SARS-CoV-1, SARS-CoV-2 und MERS-CoV gibt es noch HCoV-HKU1 und HCoV-OC43.

HKU1 (HCoV-HKU1) wurde erstmals im Januar 2005 bei zwei Patienten in Hongkong entdeckt. Nachfolgende Untersuchungen ergaben, dass es eine globale Verbreitung aufweist und schon früher entstanden sein muss.

Aus dem Ärzteblatt: „Das Erbgut von Viren verändert sich im Verlauf eines Ausbruchs. Viele Mutationen bleiben ohne Folgen, weil sie die Aminosäure-Sequenz der Proteine nicht verändern (für einzelne Aminosäuren gibt es im genetischen Code mehrere Baupläne). Man bezeichnet sie als synonyme Mutationen. Es gibt aber auch non-synonyme Mutationen, die die Proteine verändern. Allerdings bedeutet nicht gleich jeder Austausch einer Aminosäure in einem Protein, dass sich deren Funktion verändert und dass sich dies auf die Ansteckungsfähigkeit (Virulenz) oder die schädliche Wirkung auf den Organismus (Pathogenität) auswirkt."[7]

Unterschiede in Wuhan und in Europa: Als das Virus in Wuhan ausbrach, war die Weltöffentlichkeit geschockt. Die Maßnahmen der chinesische Regierung waren angesichts des Geschehens äußerst rigide. Dies wird später anhand des tatsächlichen Infektionsgeschehens erklärt, denn allgemein wird dies von öffentlich-rechtlichen Medien und der öffentlichen Meinung anders betrachtet. Die Schockwirkung hing aber auch mit der Berichterstattung zusammen. Es gab einen medialen Sturm, viele Bilder waren maßlos übertrieben. Es wurde von Personen berichtet, die einfach so an Bushaltestellen umgekippt seien. Auch hieß es regelmäßig, wahrscheinlich würden uns aufgrund der Zensur in China gar nicht alle Bilder erreichen. Die Schrecklichkeit der uns überlieferten Bilder hing in erster Linie mit Maßnahmen der Regierung zusammen, nicht mit dem Virus selbst. In China sind während des gesamten Verlaufs nur 3500 Menschen gestorben. Aber das war erst nicht so klar. Zunächst glaubte dennoch keiner daran, dass sich das Virus auch in Europa verbreiten könnte. Als dann aber in Bergamo ebenfalls Menschen erkrankten und die Krankheit wie ein Lauffeuer an Boden gewann, war die Panik komplett. Allerdings fiel sofort auf, dass vor allem alte Menschen starben und sich Krankheitsverläufe von denen in Asien unterschieden. So kam man zu dem Ergebnis, das Erbgut des neuartigen Coronavirus SARS-CoV-2 hätte sich seit den ersten Erkrankungsfällen genetisch verändert. „Ein Team um **Jian Lu** von der Universität Peking hatte im *National Science Review* die Hypothese aufgestellt, dass sich 2 Stämme von unterschiedlicher „Aggressivität" gebildet haben. Die Forscher bezeichnen sie als L- und S-Typ. Im L-Typ wird an einer bestimmten Stelle des Virusgenoms die Aminosäure Leucin kodiert, beim S-Typ ist es die Aminosäure Serin. Eine einzelne Mutation kann erhebliche Auswirkungen haben. Beim Menschen können sie über gesund oder krank entscheiden oder sogar das Überleben infrage stellen. Welche Auswirkungen der Aminosäure-Austausch auf die Virulenz oder Pathogenität von SARS-CoV-2 hat, ist unklar.

Der L-Typ hat einen Anteil von 70 %. Er wurde vor allem zu Beginn der Mutation in Wuhan beobachtet. Dort verliefen die Erkrankungen häufiger tödlich. Lu vermutet deshalb, dass der L-Typ eine höhere „Aggressivität" hat. Inzwischen soll sich der S-Typ durchgesetzt haben.

Er wird häufiger bei Menschen gefunden, die sich außerhalb von Wuhan angesteckt haben, wo die Erkrankungen weniger schwer verlaufen. Die Forscher verfügten allerdings nicht über klinische Daten zu den Patienten, bei denen die beiden Typen isoliert wurden. Die Aussage, dass der L-Typ „aggressiver" sei, basiert allein auf der geografischen Herkunft."[8]

Wenn es um die Gefährlichkeit eines Virus geht, dann ist die Basisreproduktionszahl entscheidend. Sie gibt an, wie viele Menschen von einer infektiösen Person durchschnittlich angesteckt werden, wenn kein Mitglied der Population gegenüber dem Erreger immun ist.

## Einordnung

Erst seit dem späten 19. Jahrhundert sind Viren als eigene biologische Einheit bekannt. Die Beschreibungen von Viruskrankheiten sind aber sehr viel älter. Adolph Meyer gelang 1882 die Übertragung des Tabak-Mosaik-Virus durch Pflanzensaft von einem kranken Blatt auf gesunde Pflanzen (horizontale Transmission). 1935 wurde das Virus erstmals isoliert und kristallisiert.

Viren sind infektiöse organische Strukturen, die sich als Virionen außerhalb von Zellen durch Übertragung verbreiten, aber als Viren nur innerhalb einer geeigneten Wirtszelle vermehren können. Sie selbst bestehen nicht aus einer oder mehreren Zellen. Sie enthalten aber das Programm zu ihrer Vermehrung und Ausbreitung, können dies jedoch nicht eigenständig. Sie besitzen keinen eigenen Stoffwechsel und sind deshalb auf den Stoffwechsel einer Wirtszelle angewiesen um sich fortpflanzen zu können. Viren sind daher nicht zu den Lebewesen zu rechnen. Man kann sie aber zumindest als „dem Leben nahestehend" betrachten, denn sie besitzen allgemein die Fähigkeit, ihre Replikation zu steuern, und die Fähigkeit zur Evolution.

Im Wesentlichen ist ein Virus eine Nukleinsäure, in der die Informationen zur Steuerung des Stoffwechsels einer Wirtszelle enthalten sind, insbesondere zur Replikation und zur weiteren Ausstattung der Viruspartikel (Virionen). Die Replikation des

Virus kann nur innerhalb der Wirtszelle erfolgen. Viren kommen in zwei Erscheinungsformen vor, innerhalb von Zellen eines Wirts als Nukleinsäure (enthalten die DNA oder RNA) und zweitens als Virionen, also als Viruspartikel, die außerhalb von Zellen umherschwirren. Virionen dienen der Verbreitung der Viren. Sie dringen ganz oder teilweise (mindestens ihre Nukleinsäure) in die Wirtszellen ein (infizieren sie). Danach startet durch den Stoffwechsel des Wirts die Vermehrung der Virus-Nukleinsäure und die Produktion der anderen Virionen-Bestandteile. Virionen haben meistens eine umschließende Protein-Kapsel, das Kapsid. Zudem können sie  von einer Hülle eingeschlossen sein, also behüllt oder unbehüllt sein. Influenzaviren besitzen keine Hülle, sondern stattdessen ein Ribonukleoprotein. Coronaviren besitzen hingegen eine Virushülle. Auch haben sie auf ihrer Oberfläche nach außen ragende Proteinstrukturen, sogenannte Spikes beziehungsweise Peplomeren, die ihr typisches Aussehen ausmachen. Das einzelsträngige RNA-Genom der Coronaviren ist etwa 27 600 bis 31 000 Nukleotide (nt) lang, womit Coronaviren die längsten Genome aller bekannten RNA-Viren besitzen.

Das Coronavirus gehört taxonomisch gesehen zur Ordnung der Nidovirales. Coronaviridae heißt die Virusfamilie. Die Influenzaviren hingegen, z.B. das Influenza-A-Virus H3N2 (Hongkonggrippe), gehören zur Familie der Orthomyxoviridae und zur Ordnung Articulavirales. Parainfluenza stammt aus der Gruppe der Paramyxoviridae, das Ebolavirus zur Familie Filoviridae und zur Klasse Monjiviricetes. HIV gehört zur Familie der Retroviren. Das Ebolavirus gehört zur Familie Filoviridae und zur Klasse Monjiviricetes. Dies muss man sich nicht merken, hilft aber, um sich eine Vorstellung davon machen zu können, wie beziehungsweise wo ein solches Coronavirus einzuordnen ist.

Natürlich gibt es einen Unterschied zwischen Corona und Influenzaviren. Allerdings kamen immer auch Coronaviren bei den Influenzaausbrüchen vor. Sie sind also nicht neu. Bereits seit den 60er Jahren werden diese im Zusammenhang mit den Erkältungskrankheiten untersucht.

## Grippe oder COVID-19

Woran erkenne ich, ob ich Grippe oder COVID-19 habe? Das neuartige Coronavirus SARS-CoV-2 und die verschiedenen Grippeerreger gehören zu unterschiedlichen Virenstämmen, wie beschrieben, die Symptome sind aber anscheinend fast identisch. Fieber, Frösteln, Abgeschlagenheit, trockener Husten, Hals-, Kopf- und Gliederschmerzen Kopf- und Gliederschmerzen sowie Kratzen im Hals werden genannt. Die hauptsächliche Unterscheidung scheint darin zu bestehen, dass es sich bei den „an" oder „mit" Corona verursachten Sterbefällen um Menschen fortgeschritteneren Alters handelt. Es sollen fast nur über 80-jährige sein. Ausnahmen bestätigen die Regel. Bei einigen Corona-Infizierten kommt es zu einem vorübergehenden Verlust des Geruchs- und Geschmackssinns, dessen Ursache derzeit erforscht wird. Die meisten COVID-19-Verläufe sind allerdings eher mild, viele davon verlaufen symptomlos. Beide Erkrankungen, sowohl die Grippe als auch COVID-19 können sich zu einer gefährlichen Lungenentzündung mit Kurzatmigkeit und Luftnot entwickeln.

Die Todesrate liegt bei der Grippe bei 0,1 bis 0,2 Prozent. Während der sehr heftigen Saison im Winter 2017/2018 starben in der BRD nach Schätzungen des *RKI* 25 000 Menschen an der Krankheit. Anhand der unterschiedlichen Influenza-Ausbrüche in der Geschichte sehen wir aber, dass das Virus mal infektiöser ist und mal weniger. Auch können wir im Grunde über die Letalität nicht viel aussagen, weil die asymptomatischen Fälle aufgrund fehlender Tests in der Vergangenheit nicht bekannt waren. Es handelt sich also wohl um Schätzungen, die nach oben korrigiert werden müssten, wenn wir die gleichen Kriterien anwenden würden, wie dies zu Corona-Zeiten geschieht. Beim Coronavirus ist die Sterberate noch nicht genau bekannt. Sie schwankt enorm. Nahmen wir während des Ausbruchs in Wuhan an, dass es sich um ein äußerst gefährliches Killervirus handle mit einer Sterblichkeitsrate von eventuell 7 oder 8 %, so hatte sich das im weiteren Verlauf nicht bewahrheitet. Vieles spricht dafür, dass das neuartige Coronavirus eher moderat aggressiv ist. Laut einer umfassenden chinesischen Studie von Mitte Februar liegt die Todesrate bei 2,3 %.[9]

Meistens wird in den Medien der Eindruck vermittelt, es handele sich bei dem Coronavirus um eine vollkommen neue Erscheinung. Wie neu nun das Coronavirus tatsächlich ist, vermögen wir nicht zu sagen, da es bisher von der Grippe nicht getrennt untersucht, beziehungsweise dieser subsumiert wurde. Tatsächlich wird es aber älter sein als die Menschheit.

# Vorgeschichte der Corona-Pandemie

Viele Ereignisse im Vorfeld schufen ein Narrativ, welches im Verlauf der Geschichte tatsächlich real wurde. Dass es sich bei dieser Pandemie möglicherweise nicht um den natürlichen Ausbruch einer Krankheit handelt, soll in diesem Kapitel aufgezeigt werden. Das Thema der Seuche ließ sich nicht nur in Spielfilmen ausschlachten, um an den Kinokassen Gelder einzuspielen, auch in der Pharma-, Sicherheits- und Gesundheitsindustrie nutzten Akteure das lukrative Thema, um an Finanzhilfen von Staat oder privaten Stiftern zu gelangen.

## Profiteure der Angst

Eine *Arte*-Reportage aus dem Jahr 2009 mit dem Titel *Profiteure der Angst – Das Geschäft mit der Schweinegrippe* zeigte die Machenschaften der Pharmaindustrie auf.[10] Schon damals wurde eine Pandemie ausgerufen. Ein lebensgefährliches Virus schien seit Mai 2009 die Menschheit zu bedrohen. So zumindest wurde es von der Gesundheitsindustrie kommuniziert. Seit die ersten Fälle der Schweinegrippe in Mexiko gemeldet wurden, stand die Welt Kopf. Jeden Tag starben angeblich mehr und mehr Menschen an dem vermeintlich neuen

Virus. Doch Experten und Politiker wie **Wolfgang Wodarg** bezweifelten das. Die WHO hatte bereits im Vorfeld wesentliche Punkte der Pandemie-Definition gestrichen und konnte so während der Schweinegrippe die höchste Pandemiestufe ausrufen. Davor war eine enorme Anzahl von Todesfällen in mehreren Staaten Bedingung für eine Pandemie. Seither war dies kein Kriterium mehr. Die WHO spielte die Zahlen hoch und macht unnötig Panik. Die Entscheidung für eine Pandemie war unsinnig.

Tatsächlich war die Welle eine der schwächsten der letzten Jahre. Man redete von einem massiven Risiko und prognostizierte Millionen Tote. Dank der Medien verbreitete sich die Horrornachricht schneller um den Globus als das Virus. Die Risikoeinschätzung der Experten begründete sich auf eine scheinbare Logik der Fakten. Es handele sich um einen neuen Virustyp, auf den das Immunsystem nicht vorbereitet wäre. Das Virus sei hochinfektiös und könne sich unkontrolliert verändern.

Eine gewisse Einflussnahme der Pharmaindustrie auf Politik und Behörden war klar zu erkennen. Zu eklatant waren die Beispiele, bei denen große Pharmaunternehmen direkt auf politische Entscheidungsträger, Ministerien und Behörden lobbyierten. Dadurch wurden Entscheidungen zu Gunsten der Industrie getroffen. Es gab bezahlte Gutachter, gekaufte Experten, beeinflusste Politiker – unabhängige Entscheidungen schienen auch damals im Gesundheitssystem nicht selbstverständlich zu sein. „Profiteure der Angst" beleuchtete die Verstrickungen zwischen Politik und Wirtschaft. Zum

Schluss war klar. Bei der Schweinegrippe handelte es sich um eine bloße Inszenierung.

Während der Corona-Pandemie wurde der Film bei *Arte* gesperrt.

## Rockefeller Foundation – Operation Lockstep

Ein Bericht der *Rockefeller Foundation* aus dem Jahr 2010 mit dem Titel *Scenarios for the Future of Technology and International Development* veranschaulicht, dass wichtige Akteure seit mindestens zehn Jahren über die politischen und gesellschaftlichen Möglichkeiten und Herausforderungen nachdachten, die durch Angst auslösende Pandemien entstehen. Hierin wurden Szenarien durchgespielt, die der heutigen Realität auf erschreckende Weise gleichen. Ein Szenario mit dem Namen *Lock-Step (im Gleichschritt marschieren)* beschreibt, wie Regierungen im Falle einer Pandemie durch mehr staatliche Kontrolle von oben nach unten und verstärkte autoritärer Führung diese in den Griff bekommen: Hier das Szenario, wie es im Bericht beschrieben wird: „Im Jahr 2012 traf die Pandemie, die die Welt seit Jahren erwartet hatte, schließlich ein. Im Gegensatz zu H1N1 aus dem Jahr 2009 war dieser neue Influenzastamm, der von Wildgänsen herrührte, extrem virulent und tödlich. Selbst die am besten auf eine Pandemie vorbereiteten Nationen wurden schnell überwältigt, als das Virus sich um die ganze Welt verbreitete, fast 20 Prozent der Weltbevölkerung infizierte und in nur sieben Monaten 8 Millionen Menschen tötete, die meisten von ihnen gesunde junge Erwachsene. Die Pandemie hatte auch tödliche Auswirkungen auf die Wirtschaft: Die internationale Mobilität von Menschen und Gütern kam zum Erliegen, was Industrien wie den Tourismus schwächte und globale Lieferketten zum Erliegen brachte. Normalerweise umtriebige Einzelhandelsgeschäfte und Bürogebäude standen monatelang leer, ohne Angestellte und ohne Kunden.

Die Pandemie überrannte den Planeten – obwohl unverhältnismäßig viele in Afrika, Südostasien und Mittelamerika starben, wo sich das Virus wie ein Lauffeuer verbreitete angesichts der Nichtbeachtung der offiziellen Containment-Protokolle. Aber selbst in den Industrieländern war die Eindämmung eine Herausforderung. Die anfängliche Politik der Vereinigten Staaten, den Bürgern "inständig vom Fliegen abzuraten", erwies sich in ihrer Milde als tödlich und beschleunigte die Ausbreitung des Virus nicht nur innerhalb der USA, sondern auch über die Grenzen hinweg. Einigen wenigen Ländern – insbesondere China – erging es jedoch besser. Die rasche Verhängung und Durchsetzung einer obligatorischen Quarantäne für alle Bürger sowie die sofortige und nahezu hermetische Abriegelung aller Grenzen durch die chinesische Regierung retteten Millionen von Menschenleben, stoppten die Ausbreitung des Virus weitaus früher als in anderen Ländern und ermöglichten eine schnellere Erholung nach einer Pandemie.

Chinas Regierung war nicht die einzige, die extreme Maßnahmen ergriff, um ihre Bürger vor Risiken und Gefährdung zu schützen. Während der Pandemie nutzten nationale Führer auf der ganzen Welt ihre Notstands-Autorität und erließen strenge Regeln und Beschränkungen, vom obligatorischen Tragen von Gesichtsmasken bis hin zu Körpertemperaturkontrollen an den Eingängen zu öffentlichen Gebäuden wie Bahnhöfen und Supermärkten. Selbst nachdem die Pandemie abgeklungen war, blieb die autoritärere Kontrolle und Beaufsichtigung der Bürger und ihrer Aktivitäten bestehen und wurde sogar noch intensiviert. Um sich vor der Ausbreitung zunehmend globaler Probleme zu schützen – von Pandemien und transnationalem Terrorismus bis hin zu Umweltkrisen und steigender Armut – haben führende Politiker auf der ganzen Welt die Macht stärker in die Hand genommen.

Zunächst fand die Idee einer kontrollierteren Welt breite Akzeptanz und Zustimmung. Die Bürger gaben bereitwillig einen Teil ihrer Souveränität – und ihrer Privatsphäre – an paternalistischere Staaten ab, im Austausch für mehr Sicherheit und Stabilität. Die Bürger waren duldsamer und sogar begierig auf Führung und Aufsicht von oben, und die nationalen Führer hatten mehr Spielraum, um die Ordnung so durchzusetzen, wie sie es für richtig hielten. In den entwickelten Ländern nahm diese verstärkte Aufsicht viele Formen an: biometrische Ausweise für alle Bürger zum Beispiel und eine strengere Regulierung von Schlüsselindustrien, deren Stabilität als lebenswichtig für nationale Interessen angesehen wurde. In vielen Industrieländern stellte die erzwungene Zusammenarbeit in Verbindung mit einer Reihe neuer Vorschriften und Vereinbarun-

gen langsam aber stetig die Ordnung als auch das Wirtschaftswachstum wieder her".[11]
Vieles liest sich wie ein Drehbuch für die politischen Vorgänge während der Pandemie, die wir derzeit durchleben.[12]

In dem Bericht werden insgesamt vier Szenarien durchgespielt, die jeweils die vier Quadranten der Kombinationen von hoher und niedriger Regierungskontrolle und hoher und niedriger Anpassungsfähigkeit ausmachen. Sie heißen *Clever Together, Lock Step, Hack Attack und Smart Scramble. Clever Together* als beste der möglichen Varianten zeichnet sich durch eine hohe Kontrolle in einem stark kooperativen globalen Umfeld und damit einer hohen Anpassungsfähigkeit aus. Das *Lock-Step-Szenario,* welches während einer Pandemie implementiert wird, beschreibt eine Welt mit strengerer staatlicher Kontrolle von oben nach unten und mehr autoritärer Führung, wird als zweitbeste Lösung betrachtet, während *Hack Attack*, eine wirtschaftlich instabile, schockanfällige Welt darstellt und *Smart Scramble*, eine Welt geprägt von wirtschaftlicher Depression, verarmt mit behelfsmäßigen, regionalen Überlebensstrategien.

Der Rockefeller-Bericht richtete sich an Entscheidungsträger in großen, mächtigen Stiftungen wie der *Rockefeller Foundation* selbst oder der *Bill and Melinda Gates Foundation*. Der Bericht erklärt den Zweck der Übung so: „Die Szenarien sollen unser Denken sowohl über die Chancen als auch über die Hindernisse, die die Zukunft bergen könnte, erweitern. (Sie) sind ein Medium, durch das große Veränderungen nicht nur ins Auge gefasst, sondern auch verwirklicht werden können. Je genauer Sie sie lesen, desto wahrscheinlicher wird es, dass Sie deren wichtige, aber weniger offensichtliche Auswirkungen auf Sie, Ihre Arbeit und Ihr Umfeld erkennen. Wir ermutigen Sie nachdrücklich, diesen Bericht umfassend zu verbreiten und zu diskutieren, ihn als Sprungbrett für weitere kreative Überlegungen darüber zu nutzen, wie die Technologie die Entwicklung beeinflussen könnte, und Ihre Strategien oder persönlichen Handlungen entsprechend zu testen und anzupassen."[13]

Laut **Norbert Häring**, Autor und Blogger, hat die *Rockefeller Foundation* konsequent daran gearbeitet, Punkte des Gleichschritt-Szenarios umzusetzen: „2017 hat sie die Anschubfinanzierung für *ID 2020* bereitgestellt, eine Initiative, um jedem Weltbürger bis 2030 eine global lesbare biometrische Identität zu geben. Partner sind *Microsoft*, die Impfallianz *Gavi* und *Accenture*. Die Ausführungen über die staatliche Kontrolle strategischer (KI-)Industrien, eine multipolare IT-Welt und IT-Monopolisten, die ihre Innovationen innerhalb nationaler Grenzen halten, harmonieren gut mit den Überlegungen im jüngsten Zwischenbericht des *National Security Council on Artificial Intelligence (NSCAI)* unter der Leitung von Googles Ex-CEO Eric Schmidt. Der Teil über Chinas erfolgreicheren Totalüberwachungsansatz erinnert an eine Präsentation des *NSCAI* vom Frühjahr 2019, der das chinesische Modell zur Nachahmung empfahl."

Häring schlussfolgert: „Wenn man auf die letzten zehn Jahre zurückblickt, könnte man sagen, dass in den ersten fünf bis sieben dieser Jahre eine Variante von *Clever Together*, wie es sich die Technokraten des Silicon Valley vorstellen, verfolgt worden zu sein scheint, die jedoch in jüngster Zeit bei den großen geopolitischen Akteuren, insbesondere den USA, in Ungnade gefallen ist. Sie scheinen sich nun für die zweitbeste Option eines autoritären und nationalistischen Ansatzes zu entscheiden, der dem Gleichschritt-Szenario nicht unähnlich ist."[14]

Nun im Jahr 2020 hat die *Rockefeller Stiftung* ihren „Nationalen Aktionsplan zur Kontrolle des COVID-19" präsentiert. Der Plan besteht darin, wöchentlich 30 Millionen Menschen zu testen und diese mit einer Corona-App auszustatten, damit man über jeden Schritt und jeden Kontakt informiert ist, und um Daten zentral verwalten zu können.

Dieser Plan, zu welchem die renommiertesten Universitäten – *Harvard*, *Yale*, *Johns Hopkins* und andere – beigetragen haben, konfiguriert ein echtes militärisch-sozial-hierarchisches Modell. An der Spitze steht der „Pandemie-Kontroll-Rat", analog zum „Kriegsproduktionsrat", welchen die USA im Zweiten Weltkrieg inthronisierten. Er würde sich zusammensetzen aus den „Führern der Geschäftswelt, der Regierung und der universitären Welt". Gelistet sind sie nach Wichtigkeit, auf dem ersten Rang befinden sich nicht etwa die Repräsentanten des Staates, sondern die der Finanzwelt und der Wirtschaft. Dieser höchste Rat hätte die Macht über Produktion und Dienstleistungen mit derselben Autorität zu entscheiden, wie sie dem US-Präsidenten in Kriegszeiten nach dem Gesetz für die Verteidigungsproduktion zusteht.[15]

Zitat aus dem *Testing Action Plan:* „Wenn Menschen in Südkorea positiv auf COVID-19 testen, verfolgt das Gesundheitspersonal ihre neuesten Kontakte, um weitere zu finden, zu testen und zu isolieren. Personen, die in die Selbstquarantäne bestellt wurden, müssen eine App herunterladen, die Beamte benachrichtigt, wenn ein Patient die Isolation verlässt." [16]

## Contagion

Bei dem Spielfilm *Contagion* des Regisseurs Steven Soderbergh mit Schauspielerin Gwyneth Paltrow handelt es sich um einen Thriller aus dem Jahr 2011. Während sich eine Epidemie über die ganze Welt ausbreitet, arbeiten internationale Ärzte fieberhaft an der Entwicklung eines Gegenmittels und planen geeignete Maßnahmen zur Eindämmung der um sich greifenden Panik – denn die ist noch ansteckender als das eigentliche Virus und bringt auch gesunde Menschen in Lebensgefahr, weil sich die sozialen Strukturen im Chaos zunehmend auflösen. Erreger der um sich greifenden Krankheit ist ein chinesisches Fledermaus-Virus. Viele Menschen sterben und Massengräber werden ausgehoben. Gesundheitsbehörden suchen verzweifelt einen Impfstoff. Ein zweifelhaftes Wundermittel soll Abhilfe schaffen. Das ist nicht die Coronavirus-Kurzfassung der letzten Monate, sondern der Plot des Films. In den Hauptrollen sind neben Gwyneth Paltrow weitere Stars wie Matt Damon, Kate Winslet, Marion Cotillard und Jude Law zu sehen. Der Pandemie-Film war ein moderater Erfolg. Die *Academy of Science Fiction, Fantasy and Horror Films* nominierte den Film in der Kategorie *Horror-Thriller*. Neun Jahre später könnte *Contagion* fast auch als Dokumentarfilm durchgehen. Es war der Drehbuchautor Scott Z. Burns, der Soderbergh eine Pandemie fürs Kino vorschlug. Inspiriert hatte ihn ein Gespräch mit seinem Vater, einem Wissenschaftler, über die Vogelgrippe. Dieser war überzeugt, dass wir irgendwann mit einer solchen Pandemie tatsächlich konfrontiert würden. Als technischen Berater zog der Regisseur Ian Lipkin hinzu, Professor für Epidemiologie und Direktor des *Zentrums für Infektionen und Immunität* an der *Columbia University*. Lipkin trägt in Insider-Kreisen den Spitznamen „Virus Hunter" (Virusjäger) und wurde im Januar in Peking von der chinesischen Regierung für seine Forschungsarbeit während der SARS-Epidemie (2002–2004) ausgezeichnet.[17] Bei der Produktion des Filmes erhielt Soderbergh ebenfalls Unterstützung von den *Centers for Disease Control and Prevention (CDC)*, der US-amerikanischen Behörde zum Schutz der öffentlichen Gesundheit.

## Katastrophenplan 2012 des RKI

Eine Risikoanalyse des *RKI* im Jahr 2012 spielte eine tödliche Pandemie durch. Anfang 2013 lag sie jedem Bundestagsabgeordneten schwarz auf weiß vor. Die Bundestags-Drucksache 17/12051 liest sich wie eine Regie-Anweisung für das Krisenmanagement der Corona-Epidemie. Der Name der Analyse: „Pandemie durch Virus *Modi-SARS*".

Experten spielten folgenden Fall durch: „Das Szenario beschreibt eine von Asien ausgehende, weltweite Verbreitung eines hypothetischen neuen Virus, welches den Namen *Modi-SARS-Virus* erhält", heißt es in dem öffentlich zugänglichen Dokument des Bundestags. Die Analyse ging von 7,5 Millionen Toten aus. Es wäre solange mit Neuerkrankungen zu rechnen, bis ein Impfstoff verfügbar sei, hieß es. Das hypothetische Modi-SARS erhielt ähnliche Eigenschaften, wie sie bei dem aktuellen Coronavirus auftreten. Das erdachte Modi-SARS-Virus ist dem aktuellen Virus nicht zufällig ähnlich. Die Experten lehnten es an das SARS-Virus an, das 2002 und 2003 bereits eine Pandemie mit 800 Toten auslöste. „Die Symptome sind Fieber und trockener Husten, die Mehrzahl der Patienten hat Atemnot, in Röntgenaufnahmen sichtbare Veränderungen in der Lunge, Schüttelfrost, Übelkeit und Muskelschmerzen", heißt es in der Analyse von 2012.

Der FDP-Bundestagsabgeordnete und Virologe Andrew Ullmann spricht heute mit Blick auf die Risikoanalyse aus dem Jahr 2012 von einem „Déjà-vu-Erlebnis."[18]

## Kongress der Fraktion der CDU

Bereits im Mai 2019 trafen sich auf einem Kongress die Fraktion der CDU **Angela Merkel**, **Jens Spahn** sowie die Lobbyisten der Gesundheitsindustrie **Lothar H. Wieler**, **Christian Drosten**, **Dr. Tedros Adhanom Ghebreyesus** (Generaldirektor der WHO) und viele andere und berieten darüber, wie das *UN-Nachhaltigkeitsziel Globale*

*Gesundheit* gestärkt werden könne. Die Bundesregierung erarbeitete hierfür eine Strategie aus, und die WHO kümmerte sich um einen Aktionsplan. Vor allem ging es um Gesundheitsvorsorge, die Bekämpfung von Epidemien, wie beispielsweise Ebola, und anderer. Tedros hielt eine bewegende Rede.[19] Solche Kongresse finden natürlich in allen Mitgliedsländern statt, um die Regierungen auf den gemeinsamen Kurs einzuschwören und natürlich um Gelder aufzutreiben.

## Crimson Contagion

Bei der *Crimson Contagion* (deutsch: „Purpurne Seuche") handelte es sich um eine groß angelegte Übung des US-Gesundheitsministeriums, genauer gesagt des *Office of the Assistant Secretary for Preparedness and Response* ASPR, einer Stelle im *U.S. Department of Health and Human Services,* an der zahlreiche nationale, staatliche und lokale, private und öffentliche Organisationen in den USA teilnahmen. Die Übung fand vom 13. bis 16. August 2019 statt, war aber eingebettet in eine Übungsserie, in deren Rahmen vier Übungen zwischen Januar und August 2019 stattfanden. In der Übung wurde ein Pandemie-Szenario durchgespielt: Es begann mitten in China, als ein Tourist sich mit einem neuen Virus ansteckte und es in andere chinesische Großstädte trug. Von dort verbreitet es sich in alle Welt und überrollt auch die USA. Die Krankheit bricht zunächst in Chicago aus und überrollt später das gesamte Land. Das simulierte Virus wurde „H7N9 Influenza" genannt. Es wären in den USA mit 110 Millionen Erkrankten zu rechnen und mehr als einer halben Million Toten. Der Ausbruch umfasste 12 Bundesstaaten, 96 lokale staatliche Stellen, 12 Indianer-Reservate, 87 Krankenhäuser und weitere private Organisationen.

Nach dem Entwurf eines vertraulichen Abschlussberichts, den die *New York Times* im März 2020 veröffentlichte, offenbarte die Übung desaströse Mängel im amerikanischen Gesundheitssystem und den Strukturen für den Fall einer globalen Pandemie.[20]

## Übungen aus dem Hause Johns Hopkins

Die Vertreter jener Theorien, die hinter dem Ausbruch keine reine Naturkatastrophe sehen, berufen sich auf viele Ereignisse im Vorfeld, insbesondere das *Event 201* vom *Johns Hopkins Center for Health Security,* welches im November 2019 den Verlauf einer Corona-Pandemie durchspielte. Die Geschichte hierzu muss man jedoch noch weiter in der Vergangenheit beginnen lassen. Katastrophenpläne wurden ursprünglich mal für den Fall eines Angriffs mit Biowaffen von Militärstrategen konzipiert. Die Planungen zum Schutz vor einer solchen Gefahr gingen oft einher mit der Forschung und Erzeugung jener Gefahr, sprich der Entwicklung von Massenvernichtungswaffen. Wenn es darum ging, den Verteidigungshaushalt zu erhöhen, bedeutete dies, mehr in die Rüstung zu investieren. In den 50er und 60er Jahren gab es immer Forschungsprogramme zur Entwicklung von biologischen und chemischen Waffen. In den USA geschah dies größtenteils im Militärstützpunkt Fort Detrick. Im Jahr 1972 wurde in der von der UNO verabschiedeten Biowaffenkonvention dem ein Ende bereitet, die Herstellung von Biowaffen verboten. In der Zeit des Kalten Krieges hatte man sich dennoch in ein biologisches Wettrüsten mit Moskau begeben, wo das sowjetische Militär ganz ähnliche Forschungen betrieb. In den 1990er Jahren wandelte sich die politische Situation. Nach dem Zerfall der Sowjetunion und des Ostblocks kam dem westlichen Militärapparat der Feind abhanden.[21] Nun rückte die Gefahr des Terrorismus zunehmend in den Mittelpunkt. 1995 gab es einen Bombenanschlag auf ein Regierungsgebäude in Oklahoma City mit 168 Toten und vielen Verletzten, welcher als einer der schwersten Terroranschläge in die Geschichte der Vereinigten Staaten einging. Es galt nun, Terroristen vorm Zugriff auf biologische und andere Waffen zurückzuhalten.

Zu diesem Zweck gründete man 1998 das *Center for Civilian Biodefense Studies*, welches der *Johns Hopkins Universität* angegliedert war. Mittlerweile hat es unter dem Namen *Center for Health Security* in der Coronakrise eine Führungsrolle. Das Zentrum konzentrierte sich auf Chemikalien wie Anthrax, Pocken, Pest und gefährliche Viren. Es ging um Bioterrorismus und dessen Abwehr. Man befürchtete Anschläge von Terroristen mit Pockenviren. Die Problematik wurde unter dem Begriff der *Biosecurity* zusammengefasst. 20 Jahre lang wurden wissenschaftliche Konferenzen und Notfallübungen abgehalten. Die erste Konferenz fand im

Februar 1999 in Washington D.C. statt, in der Nähe des Pentagons. Es nahmen Militärs, Bürokraten und Wissenschaftler teil. Ebenfalls im Jahr 2000 gab es solche Planspiele. Verantwortlich für die Organisation und Ausarbeitung der Pläne waren unter anderen Tara O`Toole und Jerome Hauer.[22]

Der Gesundheitsbereich wurde in einen nationalen Sicherheitsapparat eingegliedert. Die Ressorts wurden nicht mehr getrennt voneinander betrachtet. Die Gefahr durch Biowaffen rückte in den USA stärker in den Fokus, ausgelöst durch Anthrax-Anschläge auf zwei einflussreiche Politiker. Beide waren Kritiker des *USA Patriot Act*, welcher es ermöglichen sollte, ausländische Terrorverdächtige ohne Gerichtsverhandlung einzusperren.

## Dark Winter

Der Ausnahmezustand wurde immer wieder geprobt. Drei Monate vor den Anschlägen auf das *World Trade Center* im Juni 2001 veranstalte man das Planspiel *Dark Winter* auf dem hoch gesicherten Militärstützpunkt *Andrews Air Force Base* nahe Washington. Wieder war es im Planspiel ein Pockenanschlag. Es gab regelmäßige Präsentationen von Statistiken mit sich entwickelnden Fallzahlen der Toten und Infizierten. Laut Drehbuch gab es auch einen Lockdown, die Entwicklung eines Impfstoffs wurde beschlossen und Gesetze erlassen, um gefährliche Informationen zu verbieten. Man rechnete mit einer Million Toten. Als Fazit galt, die Amerikaner könnten grundlegende Bürgerrechte wie die Versammlungsfreiheit oder die Reisefreiheit nicht länger als selbstverständlich hinnehmen.

Dann gab es den Anschlag auf das *World Trade Center*, der die Welt veränderte. Danach wurde in den Medien die Angst verbreitet, Osama Bin Laden und Al Qaida könnten eine „zweite Welle" mit bioterroristischen Anschlägen verüben.

Der Pharmahersteller *Acambis* erhielt 400 Millionen Dollar für einen Pockenimpfstoff, der im Notfall der gesamten Bevölkerung verabreicht werden könnte. Der Forschungsleiter war zuvor Chefvirologe von Fort Detrick sowie Berater der CIA. Die Firma *BioPort* bekam die Genehmigung, einen Anthrax-Impfstoff zu entwickeln. Der Eigentümer des Unternehmens war zuvor Chef des Vereinigten Generalstabs, somit oberster US-Militär gewesen.

In Deutschland bestellte Gesundheitsministerin Ulla Schmidt für viele Millionen Euro einen Pockenimpfstoff. Es hieß, Deutschland sei ein besonders attraktives Ziel für bioterroristische Angriffe. Man müsse bei einem Angriff mit 25 Millionen Opfern rechnen. Ein Krieg der Amerikaner im Irak zeichnete sich ab, somit gab es auch in Deutschland eine akute Gefährdung der Sicherheitslage. Den Sicherheitsbehörden lägen Erkenntnisse vor, dass Pockenerreger in Russland, Irak und Nordkorea gelagert würden.

Kurz nach den Anschlägen von 9/11 wurde eine Konferenz der Gesundheitsminister der Länder Deutschland, Frankreich, Italien, Großbritannien, Kanada, Japan, Mexiko und der USA einberufen. Die Runde entsprach der Zusammensetzung der G7, ergänzt um Mexiko. Man gründete die *Global Health Security Initiative*. Es ging darum, Informationen auszutauschen, Methoden innerhalb des

Gesundheitssektors zu koordinieren, um neuen Risiken für die globale Gesundheit zu begegnen. Es wurde zwar nicht offen ausgesprochen, doch hierbei dachten alle an die Bedrohung durch Biowaffen. Für diesen Fall sollten Notfallpläne ausgearbeitet, koordiniert und Impfstoffe bereitgestellt werden. Auch regelmäßige Übungen sollten durchgeführt werden, um auf den Notfall vorbereitet zu sein. Die Gruppe traf sich jährlich. Es wurde Druck gemacht. Jeder Minister wurde angewiesen, einen hohen Beamten in seinem Land einzusetzen, der für die Umsetzung der Pläne und Maßnahmen im Krisenfall zuständig sein sollte. Im Dezember 2001 wurde das Programm ausgeweitet. Auch im Falle von Pandemien sollten die gleichen Notfallpläne zur Anwendung kommen. „Wir haben gesehen, dass es viele Gemeinsamkeiten gibt in der Notfallplanung für Bioterrorismus und für eine Grippepandemie", hieß es.

## Global Mercury

Eine weitere Übung fand im September 2003 unter dem Namen *Global Mercury* statt. Aufgrund des SARS-Ausbruchs im gleichen Jahr wurde sie nicht zentral, sondern jeweils in den Ländern der teilnehmenden Behörden durchgespielt. In Deutschland geschah dies im *RKI* sowie im Gesundheitsministerium.

Das *Center for Civilian Biodefense Strategies* wurde in *Center for Biosecurity* umbenannt, was unverfänglicher und nicht so militärisch klang.

# Atlantic Storm

Am 14. Januar 2005 fand dann die nächste große Übung unter dem Namen *Atlantic Storm* statt, dieses mal wieder in einem Fünf-Sterne-Hotel. Die Ex-US-Außenministerin Madeleine Albright übernahm die Rolle des US-Präsidenten, die WHO-Chefin wurde von Gro Harlem Brundtland gespielt und der FDP-Politiker Werner Hoyer, heute Chef der Europäischen Investitionsbank, schlüpfte in die Rolle des deutschen Bundeskanzlers. Es waren ungefähr 100 Beobachter aus Politik, Militär, Medien und der Pharmaindustrie eingeladen. Es wurde ein fiktiver transatlantischer Sicherheitsgipfel inszeniert, an dem die Staatschefs, die Chefs der EU-Kommission und der WHO zusammenkamen. Laut Drehbuch erfuhren sie hier von dem Pockenausbruch. Die Macher gingen von einem terroristischen Anschlag aus. Im Auswertungsbericht wurde aber mehrfach betont, alle Vorbereitungen würden genauso auch für natürlich auftretende Pandemien gelten. Hier wurde angesichts der SARS-Pandemie 2003 auch bereits von einem zukünftigen SARS-Virus gesprochen. Es wurden im Rahmen der Übung nun Entscheidungen getroffen. Hierzu gehörten Quarantänemaßnahmen, Grenzen schließen, Massenimpfungen, im Falle des Terrorangriffs den Verteidigungsfall ausrufen, etc. Zur Übung gehörten auch vorproduzierte Nachrichten, Hochrechnungen der gemeldeten Pockenfälle. Im gleichen Jahr, als die Übung stattfand, tauchte die Vogelgrippe auf, die von der US-Regierung zur Weltgefahr erklärt wurde. In Deutschland war es der Virologe Klaus Stöhr, der vor dem Vogelgrippe-Erreger H5N1 warnte, welcher eine weltweite Grippeepidemie auslösen könnte. Tatsächlich starben nur 122 Menschen.[23] Seither schien sich der Feind vermehrt auf eine abstrakte Gefahr wie einen neuen Krankheitserreger oder Virus zu verlagern.

Der Focus dieser Biosecurity-Gemeinde begann sich von Terroranschlägen auf Pandemien zu verschieben. Das *Center for Biosecurity wurde* im Jahr 2013 in *Center for Health Security* umgetauft. Der Name deutete auf die angestrebte Verschmelzung von Gesundheit und Sicherheit hin.

## Clade X

Drei Monate nach einer Sicherheitskonferenz in München, auf der Bill Gates seine berühmte Rede hielt, in welcher er vor 30 Millionen Toten aufgrund einer kommenden Pandemie warnte, startete das *Johns Hopkins Center for Health Security* Planungen für ein Pandemie-Manöver mit dem Namen *Clade X*. Die Übung fand am 15. Mai 2018 in einem Luxushotel in Washington D.C. statt. Der geprobte Ausbruch begann laut Drehbuch in Deutschland. Eines der ersten Ereignisse nach dem Ausbruch war die Entwicklung eines PCR-Tests zum Nachweis des Virus. Dann ging es um Maßnahmen zur Eindämmung der Pandemie, wie Reisebeschränkungen und Quarantäne. Auch ging es um das Maß der Freiheitseinschränkungen, die notwendig seien um der Pandemie zu begegnen.[24] Als Hauptsponsor fungierte die Stiftung *Open Philanthropy* des damals 33-jährigen Facebook-Mitgründers Dustin Moskovitz.

# Event 201

Es handelte sich um die bislang größte und komplexeste Simulations-Übung am 18. Oktober 2019 im Luxus-Hotel *The Pierre* in New York. Man hatte neue Sponsoren gewinnen können. Zum einen das *Weltwirtschaftsforum WEF,* ein Zusammenschluss der 1000 größten Konzerne der Welt und bekannt für seine alljährlichen Konferenzen im Schweizer Nobelort Davos, zum anderen die *Bill & Melinda Gates Foundation*, die auch Hauptsponsorin der WHO ist. Weitere Teilnehmer waren: *United Nations Foundation*, *Weltbank*, *Chinas Zentrum für Gesundheitskontrolle* und andere. Es gab Verbindungen zu *Bloomberg News*. Neu in dieser Pandemieübung war die Verzahnung mit den globalen Großkonzernen, auch den Pharmaunternehmen. Das verstörende am *Event 201* war, dass in der Übung ebenfalls ein Coronavirus den Ausbruch einer Pandemie verursachte und das zwei Monate vor dem tatsächlichen Ausbruch, so dass man sich fragen muss, ob es hier irgendwelche Zusammenhänge gibt. In der Simulation wurden 15 Führungskräfte trainiert, wie im Falle einer Pandemie zu reagieren wäre.

Das Szenario der Übung war dieses Mal das folgende: Ein neuartiges Coronavirus werde sich von Fledermäusen erst auf Schweine, dann auf den Menschen und schließlich von Mensch zu Mensch übertragen und sich zu einer schweren Pandemie entwickeln. Der Erreger war an SARS angelehnt. Im ersten Jahr steht kein Impfstoff zur Verfügung. Die Pandemie endet nach 18 Monaten mit 65 Mill.

Toten. Sie wird erst beendet sein, wenn es einen Impfstoff gibt. Diesmal gab es keinen terroristischen Hintergrund, und es handelte sich nicht um eine Biowaffe, sondern einen natürlichen Ausbruch. Alles wurde bis ins Detail durchgespielt. Bereits im Übungsdrehbuch tauchen Verschwörungstheorien auf, wonach die Pharmaindustrie das Virus selbst verbreitet habe.

Am *Event 201* nahmen Menschen teil, die auch in der realen Corona-Krise Entscheidungsträger waren und die Maßnahmen lenkten. Zu den sogenannten Playern der Simulations-Übung gehörten zum Beispiel Jane Halton, die Vorsitzende der *CEPI,* Hasti Thagi, die Vizepräsidentin von NBC Universal, Mathew Harrington, der Chef de PR-Agentur Edelman, Adrian Thomas, Vizepräsident von Johnson & Johnson und Avril Haines, die unter Obama Vizepräsidentin der CIA war. Zu ihnen gesellten sich Stephen Redd, der Chef der amerikanischen Seuchenschutzbehörde, George Fu Gao, Chef der chinesischen Seuchenschutzbehörde sowie Michael Ryan, seit 2019 WHO-Direktor für Gesundheitsnotfälle und 2020 Chefkrisenmanager der WHO für COVID-19 (per Videobotschaft zugeschaltet). Es fielen zudem drei Teilnehmer auf, die mit dem Thema Bevölkerungskontrolle zu tun hatten: Christopher Elias, Präsident der Abteilung für Globale Entwicklung in der *Bill und Melinda Gates Foundation*; Sofia Borges, Vizepräsidentin der *UN Foundation* und Timothy Grant Evans, Mitgründer der Impfallianz *Gavi*.[25]

# Bill Gates und die Rolle der WHO

Die WHO wird seit 2017 von dem Äthiopier **Dr. Tedros Adhanom Ghebreyesus** geleitet. Er ist Biologe und Immunologe, aber kein Mediziner. Von 2005 - 2012 war er Gesundheitsminister, von 2012 - 2016 Außenminister in seinem Land. Damals wurde ihm vorgeworfen, dass er während der Bekämpfung von drei Cholera-Epidemien diese als „wässrigen Durchfall" heruntergespielt hatte. Man bezichtigte ihn der Korruption und warf ihm vor, Verbrechen gegen die Menschlichkeit begangen zu haben, insbesondere am Volk der Amhara. Damals hatte er das äthiopische Gesundheitsministerium gezwungen, keine Cholera-Epidemie zu melden. Er selbst ist Nachfahre der Tigre-Ethnie. Zudem ignorierte er die Gesundheitsversorgung in Amhara. Das führte zur Dezimierung von 2,5 Millionen Mitgliedern der Amhara-Bevölkerung. Viele empfanden es unerträglich, dass jemand mit einem solchen Makel zum Generaldirektor der WHO gewählt wurde. Dies sei vor allem der Lobbyarbeit Chinas zu verdanken. Von 2006 bis 2017 war die Chinesin **Margaret Chan** Generaldirektorin der UNO. Sie galt als Symbol für Chinas Machtzuwachs auf dem internationalen Parkett. In ihrer Amtszeit begannen zahlreiche chinafreundliche Bürokraten bei der WHO zu arbeiten. Als Wunschkandidat Chinas hatte Tedros Adhanom Ghebreyesus gute Chancen auf die Nachfolge. Die Regierung sah in ihm einen Kandidaten, der sich für ihre Belange einsetzen würde.

Auch wegen anderer Delikte ist die WHO immer wieder mit Negativ-Schlagzeilen in die Presse gekommen, insbesondere was die Intransparenz bei der Zusammenarbeit mit Pharmafirmen betraf. Die WHO zählt zu den kleinsten Unterorganisationen der Vereinten Nationen. Es gibt einen Zweijahreshaushalt und einen jährlichen Umsatz von 4,4 Mrd. Dollar. Im Vergleich dazu hat die Berliner Charité allein 1,8 Mrd Euro. Insofern kann man verstehen, dass die WHO neben der Sicherstellung der Gesundheit auch Gewinne erwirtschaften möchte.

Im Mai 2009 wurden Pandemiekriterien gelockert, damit erhielt die WHO mehr Einfluss. Während eine Pandemie nach der ursprünglichen WHO-Definition durch überdurchschnittlich hohe Erkrankungs- und Sterberaten gekennzeichnet war, so hieß es seither, eine Krankheit müsse nur in vielen Ländern ausgebrochen sein. Die Gefährlichkeit des Erregers spielt seither kaum mehr eine Rolle. Somit konnte dann am 11. Juni 2009 die Schweinegrippe zur ersten Pandemie seit 40 Jahren erklärt werden.

Die WHO kann seit der Neudefinition der Pandemie im Grunde jede neu definierte Grippewelle zum internationalen Gesundheitsnotstand erklären und entsprechende Krisenmaßnahmen empfehlen beziehungsweise Notfallpläne einsetzen. Vor allem können mehr Ressourcen und Gelder freigesetzt werden.

Im Jahr 2017 brachte Lilian Franck, deutsche Regisseurin und Filmproduzentin und Mitgründerin der Produktionsfirma *OVALmedia*, eine Dokumentation mit dem Titel *Trust WHO* heraus. Hierin beschreibt sie die Machenschaften mit der Pharmaindustrie. Sie berichtet von einer Weltgesundheitsversammlung, des *World Health Summit*, wo Gesundheitsminister, WHO-Mitarbeiter und Vertreter der Pharmakonzerne zusammenkommen. Die Pharmakonzerne lassen sich diese Treffen einiges kosten. Es geht dort oft um das Geschäft mit den Impfstoffen. Unter den Firmen sind *GSK*, *Sanofi*, *Novartis* und viele andere. Inzwischen gibt es vermehrt private Empfänge.[26] Verbindungen der WHO bestehen vor allem auch zur *Bill und Melinda Gates Stiftung.*

Das Ziel des Microsoft-Gründers und zweitreichsten Mannes der Welt **Bill Gates** ist es, alle Bewohner des Planeten zu impfen. Hierauf machte er auf diversen Vortragsreisen aufmerksam. Er ist bereits sehr lange in dem Geschäftsfeld der Gesundheitssicherheit tätig. Als am 29. Januar 2000 auf dem *Weltwirtschaftsforum* in Davos die Impfallianz *Gavi* gegründet wurde, war er der Initiator, die *Bill & Melinda Gates Foundation* steuerte 750 Millionen US-Dollar bei. Über eine halbe Milliarde Kinder konnten weltweit geimpft werden, vor allem gegen Pocken, Diphtherie, Tetanus, Keuchhusten, Hepatitis B, Gelbfieber, etc. Die Sterblichkeit für Kinder unter fünf Jahren hat sich seither halbiert. Deutschland ist seit 2006 *Gavi*-Geberland. Anfangs lagen die Finanzierungszusagen bei 4 Millionen Euro pro Jahr. Im Januar 2015 war Deutschland im Rahmen der G7-Präsidentschaft Gastgeber für eine internationale Geberkonferenz für die *Gavi*. Schirmherrin Angela Merkel empfing 200 Gäste, darunter Bill Gates, die Pharmaunternehmen und die Organisation *One*, die vom irischen Musiker Bono gegründet wurde. Verschiedene Nichtregierungsorganisationen forderten im Vorfeld der Konferenz, dass die deutschen Zusagen auf 100 Millionen Euro jährlich erhöht werden sollten. In einer Rede auf der Konferenz kündigte Bundeskanzlerin Merkel an, die Unterstützung bis 2020 auf 600 Millionen Euro erhöhen zu wollen. Auf dem 50. Weltwirtschaftsforum in Davos 2020 sagte sie eine Finanzierung in Höhe von 600 Millionen Euro für den Zeitraum 2021–2025 zu.

Bereits im März 2015 warnte Bill Gates in einem Vortrag bei den Ted-Talks[27] vor einer Pandemie. Wenn eine globale Epidemie ausbräche, wären wir nicht darauf vorbereitet. Von neuartigen Krankheitserregern ginge heutzutage sogar eine größere Gefahr aus als von Atomraketen und militärischen Konflikten. Er plädierte dafür, im Kampf gegen Mikroben aufzurüsten. Auf einer großen Leinwand zeigte man ein Influenza-Virus, allerdings hatte es das typische Aussehen eines Coronavirus mit den gefährlich wirkenden Stacheln. Ein Jahr zuvor war in einigen westafrikanischen Staaten das Ebolafieber ausgebrochen.

Im Januar 2017 reiste Bill Gates zum Treffen des *World Economic Forum* nach Davos und erklärte dort, es müsse ernsthaft darüber diskutiert werden, wie die Vorbereitung auf einen möglichen Anschlag mit biologischen Waffen aussehen solle. Der wahre Hintergrund war aber wohl ein anderer. Der Anlass bestand darin, die von ihm und Vertretern der Pharmaindustrie gegründete *CEPI Coalition for Epidemic Preparedness Innovations* (Koalition für

Innovationen in der Epidemievorbeugung), für die er sich eine öffentliche Finanzierung erhoffte. Es war die Zeit, als Donald Trump ins weiße Haus einzog und eine wachsende Ungewissheit in Bezug auf die Außen- und Sicherheitspolitik in Europa und der Welt aufkam. Werden die Amerikaner die Europäer im Stich lassen? Zerfällt die NATO? Diese Fragen kamen auf.

Die Münchner Sicherheitskonferenz im Februar 2017 sollte Antworten auf die veränderte Weltlage bringen. Neben John McCain, dem damaligen Außenminister der USA, hielt auch Bill Gates eine Rede. Hier ist ein Auszug: „Es stimmt, dass die nächste Epidemie ihren Ursprung am Computerbildschirm eines Terroristen haben könnte, der mit Hilfe von Gentechnik eine synthetische Form des Pocken-Virus herstellt – oder einen hochansteckenden und tödlichen Erregerstamm des Grippevirus. Was ich damit sagen will: Wir ignorieren die Verbindung von Gesundheitsschutz und internationaler Sicherheit – und gefährden uns damit selbst. Laut Epidemiologen könnte ein sich schnell über die Luft ausbreitender Erreger mehr als 30 Millionen Menschen in weniger als einem Jahr töten – unabhängig davon, ob er eine Laune der Natur ist oder das Werk eines Terroristen. Die Forscher sagen zudem, dass es durchaus wahrscheinlich ist, dass es in den nächsten zehn bis 15 Jahren zu solch einem Ausbruch kommt. [...] Zuerst müssen wir ein Arsenal neuer Waffen aufbauen – Impfungen, Medikamente und Diagnostiken. Impfstoffe sind ein besonders wichtiges Mittel, Epidemien unter Kontrolle zu halten. Aber noch heute dauert es meist bis zu 10 Jahre, um einen neuen Impfstoff zu entwickeln und zuzulassen. Um die Todesopfer durch einen Erreger, der sich schnell durch die Luft überträgt, in Grenzen zu halten, müssen wir das schneller schaffen – in 90 Tagen oder weniger. Wir haben vergangenen Monat einen wichtigen Schritt in diese Richtung gemacht, indem wir eine neue öffentlich-private Partnerschaft gestartet haben: Die *Coalition for Epidemic Preparedness Innovations*. Wir hoffen, dass *CEPI* es möglich machen wird, wirksame Impfstoffe so schnell zu produzieren, wie neue Bedrohungen auftreten.[…] Es gibt einen dritten Schritt, den wir angehen müssen. Wir müssen uns auf Epidemien genauso vorbereiten wie das Militär auf Kriege. Dazu gehört es, Szenarien durchzuspielen und andere Übungen zur Vorbereitung durchzuführen. Nur so können wir besser verstehen, wie sich Krankheiten ausbreiten, wie Menschen im Falle einer Panik reagieren und wie wir mit überlasteten Autobahnen und Kommunikationssystemen umgehen sollen."[28]

Drei Monate später startete das *Johns Hopkins Center for Health Security* Planungen für das Pandemie-Manöver *Clade X.* (siehe das entsprechende Kapitel). Die Übung fand dann im nächsten Jahr am 15. Mai 2018 in einem Luxushotel in Washington D.C. statt.

Doch kommen wir zurück zu Bill Gates. Seit dieser nicht mehr im Aufsichtsrat seiner Firma Microsoft sitzt, betätigt er sich nun wieder als Philantrop. Als solcher beschäftigen ihn nun Weltthemen wie die der Überbevölkerung. War es bisher die Weltgesundheit, so rückt sein Fokus nun auf die Bevölkerungsdichte und entgegen der Ansicht, dass die Verbesserung der Gesundheit ein Bevölkerungswachstum bewirke, meint er, dass Impfen zur Reduktion der Bevölkerung führe. Seiner Meinung nach werden in einer gesünderen Welt weniger Kinder gezeugt. Er gibt sich anscheinend als Planer einer sogenannten neuen Weltordnung.

Impfkritiker aber sehen in Bill Gates in keiner Weise den Wohltäter, als der er sich ausgibt. Sie verweisen auf Impfschäden und behaupteten, in Indien seien 10 Tausende Kinder als Testpersonen missbraucht wurden. Tatsächlich wurde Bill Gates in Indien vom höchsten Gericht aufgrund von HPV-Impfungen verklagt.[29] Diese haben bereits Dutzenden das Leben gekostet, insbesondere bei Mädchen mit niedrigem Bildungsniveau wurden die Impfungen durchgeführt. Eine Hauptnebenwirkung sei Unfruchtbarkeit.[30]

Die WHO wird heute zu 80 % aus Spenden von privaten Geldgebern finanziert und nur zu 20 % von den Staaten. Sie kann deswegen nicht mehr als unabhängig betrachtet werden. Auf Betreiben der USA (Clinton-Administration) wurden bereits 1993 die Pflichtbeiträge der WHO-Mitgliedstaaten nicht mehr regelmäßig an das BIP angepasst, sondern eingefroren. Das führte zu massiver Unterfinanzierung. Seither ist die WHO abhängig vom Willen der jeweiligen Regierungen, von privaten Stiftungen oder auch Pharma-Unternehmen. Ein Großteil der Spenden an die WHO sind zweckgebunden und fließen in bestimmte Tätigkeitsbereiche der Organisation. Diese Spenden kommen im Unterschied zu den Pflichtzahlungen sowohl von Mitgliedsstaaten als auch von Organisationen – wie etwa der Impfallianz *Gavi*, der Weltbank, den *Rotariern* oder auch der *Bill-und-Melinda-Gates-Stiftung* als einem der größten Geldgeber. Sie ist der zweit größte Sponser der WHO nach der US-Regierung. Dadurch kann Bill Gates die Agenda der Organisation festlegen. Bill Gates hat im Jahr 2017 der WHO 327 Mill. Dollar gegeben und wird von dieser nun behandelt wie ein Staatschef. Seither kann die WHO nicht mehr als unabhängig bezeichnet werden. Ihre wissenschaftliche Glaubwürdigkeit ist dem Geschäftsinteresse ihrer Geldgeber preisgegeben, mit der Folge, dass ihren Empfehlungen zur Prävention und Kontrolle von Krankheiten nicht mehr vertraut werden kann. Der Einfluss auf die WHO, den Gates im Laufe von Margaret Chans Amtszeit gewonnen hatte, brachte ihm die Bezeichnung als »mächtigster Doktor der Welt« ein.[31]

2019 prognostizierte Bill Gates in einer Netflix-Dokumentation einen Coronavirus-ähnlichen Ausbruch, der seinen Ursprung auf einem chinesischen Tiermarkt in Wuhan haben wird. Der Milliardär sagte, die Welt sei schlecht vorbereitet, um mit der globalen Pandemie fertig zu werden. Es werden Millionen von Menschen umkommen.[32] Auch in vielen anderen Videos und auf Vortragsreihen hat er solche Vorhersagen gemacht. Aufgrund der zu erwartenden Millionen von Toten benötigten wir einen universell wirksamen Impfstoff.

Dann erfolgte die Krisensitzung, in welcher genau geplant wurde, was zu tun ist, wenn das Coronavirus ausbricht. Es geht um das *Event 201*.[33] (Siehe entsprechendes Kapitel) Bill Gates hatte an dieser

Sitzung zwar nicht teilgenommen, jedoch unterstützte er genau das Anliegen. Es ging ihm vorrangig um die Entwicklung des Impfstoffs. Auf dem *Event 201* wählten sie nun auch das Coronavirus als Erreger der Krankheit aus. Vielleicht ließen sie sich vom Netflix-Video beeinflussen? In jedem Fall handelt es sich hier wohl kaum um einen Zufall.

Das Unvorstellbare geschah dann wie beschrieben, in dem ein Ausbruch mit genau diesem Coronavirus erfolgte. Donald Trump allerdings glaubte nicht so recht an die Gefährlichkeit des Virus und machte die chinesische Regierung verantwortlich für die Vorkommnisse in China. Den wachsenden Einfluss des Reichs der Mitte auf die WHO kritisierte er scharf. Die US-Regierung fror demonstrativ die Zahlungen an die WHO ein. „Die WHO hat in ihrer grundlegenden Pflicht versagt und muss zur Rechenschaft gezogen werden", sagte Trump. Die USA würden die WHO-Maßnahmen zur Eindämmung des Virus überprüfen, bevor entschieden werde, die Beiträge vielleicht wieder zu zahlen. UN-Generalsekretär António Guterres verurteilte Trumps Schritt. Dieser entgegnete: „Wenn die UN-Organisation ihre Arbeit besser gemacht und frühe Berichte über das Virus aus China sorgfältiger geprüft hätte, dann hätte der Ausbruch an seinem Ausgangsort eingedämmt werden können". Wahrscheinlich ging er davon aus, dass die WHO ein solches Interesse gar nicht verfolgt hatte.

China hingegen nutzte die Krise, um nationale Stärke zu zeigen. Als im Mai die Gesundheitsminister der 194 Mitgliedsländer am Hauptsitz der WHO in Genf online zusammenkamen, ergriff Xi Jinping als erster Staatschef das Wort. Er versprach, Milliarden Dollar an die WHO zu zahlen.[34]

Auch in der EU war der Einfluss der WHO erfolgreicher. Die EU-Kommission hatte im Juni unter Leitung von Ursula von der Leyen in Zusammenarbeit mit der *Gates-Stiftung* eine Geberkonferenz unter dem Namen *Coronavirus Global Response* einberufen, an der 40 Staaten und private Organisationen teilnahmen. Es wurden 7,4 Mrd. Euro eingesammelt. Genau die Summe, die nach Angaben des *GPMB Global Prepareness Monitoring Board,* einem Beratergremium der WHO, benötigt würden, um angemessen auf die Pandemie zu reagieren. Es sind indirekt unsere Steuergelder. Das Geld geht auf intransparente Weise an Organisationen, die von Bill Gates und dem *Weltwirtschaftsforum* finanziert werden. Lange musste Gates der UN und den Regierungen Geld geben, um in der Welt mitregieren zu dürfen. Nun bekommt er das Geld von den Regierungen zurück.[35] Diese Geldmittel flossen unter anderem an die *CEPI* (Coalition for Epidemic Preparedness Innovations), an die *Gavi* (Global Alliance for Vaccines and Immunisation), die *COVID 19 Therapeutics Accelerator*, FIND (*Foundation for Innovative New Diagnostics*) und die WHO.

Hierüber berichtete auch das Fernsehen in der Sendung *Die Anstalt*: Max Uthoff versuchte gemeinsam mit dem digitalen Windows-Assistenten herauszufinden, warum die *Bill-und-Melinda-Gates-Stiftung* so viel Einfluss auf die globale Gesundheitspolitik nimmt. Die *Bill Gates Stiftung* sammele mit *Global Response* Steuergelder aus aller Welt, die an von der *Gates-Stiftung* finanzierte oder gegründete Organisationen weitergeleitet würden, und die dann ganz im Sinne der Überzeugungen von Bill Gates diese Steuergelder in Richtung der Pharmakonzerne lenken können.[36]

## Forschung über Coronaviren in China

Im Jahr 2015 wurde im *Wuhan Institute of Virology* (WIV) das erste Labor der Schutzstufe BSL-4 des Landes eingeweiht. Das 2018 fertiggestellte Zentrum für die Sammlung von Viruskulturen ist mit etwa 1500 Erregerstämmen die größte Virusbank Asiens. Die Forscherin **Shi Zhengli** und ihre Kollegin **Cui Jie** beschäftigten sich bereits seit Jahren mit Coronaviren. Am 4. April 2018 berichtete sie über die Übertragung der Coronaviren von Fledermäusen auf Schweine, und am 2. März 2019 hielt sie es für wahrscheinlich, dass es in China zu einem Übergang neuer Coronaviren auf den Menschen kommen könnte und warnte davor. Die US-Regierung finanzierte in den letzten zehn Jahren die Forschung des Coronavirus in China. So erhielt das *Wuhan Institute* von der US-Gesundheitsbehörde *National Institutes of Health* ein Forschungsstipendium in Höhe von 3,7 Millionen Dollar. Wissenschaftler sequenzierten das COVID-19-Genom und führten es auf Fledermäuse zurück, die in den Yunnan-Höhlen gefunden wurden. In anderen Quellen hieß es, das Virus stamme von einem Tiermarkt in Wuhan. Einige behaupteten auch, dass das neuartige Virus eine im Labor gezüchtete Biowaffe sein könne.[37] In einem Interview mit *Scientific American* im März 2020, in dem Shi als

Chinas „Fledermausfrau" bezeichnet wurde, sagte sie: „Von Fledermäusen übertragene Coronaviren werden mehr Ausbrüche verursachen. Wir müssen sie finden, bevor sie uns finden."[38] Bereits im Jahr 2015 gaben Wissenschaftler zu Bedenken, ob Shis Team nicht unnötige Risiken eingegangen wäre, wie in einem späteren Artikel in der *The Washington Post* vom April 2020 erwähnt wird. Dem zufolge hatten US-Beamte, die 2018 das *Institut für Virologie Wuhan* besucht hatten, zwei Berichte nach Washington zurückgeschickt, in denen sie vor den Sicherheits- und Managementschwächen im *Institut für Virologie*, dem Wuhan-Labor warnten. Auch hatten sie sich mit Shi Zhengli getroffen.

## Der Ausbruch

Dass nun der Ausbruch in China geschah, mag nicht verwundern. In dem Land wurden in der Öffentlichkeit schon seit Jahrzehnten Masken getragen. Sie sind Bestandteil der Zeichentrick- und Comic-Kultur. Aber auch wegen der Luftverschmutzung in den Großstädten sind sie allgemein üblich. Bereits im Film *Contagion* wurde Wuhan als Ort für einen Pandemie-Ausbruch gewählt. Kann das Zufall sein? Hier fand die spezielle Corona-Forschung statt, wie im vorherigen Kapitel berichtet. Alle neuen Viren werden in Wuhan in eine Datenbank eingespielt. In China ließ sich ein Ausbruch aufgrund des diktatorischen Regimes und der Unterdrückung der Medien kontrollieren. Informationen dringen nur gefiltert beziehungsweise gar nicht erst nach außen. Was sich genau in dem Land abspielt, lässt sich dann nur erahnen. Auf diese Art können auch im Ausland diese Informationen weiter manipuliert werden, und man kann immer alles auf das Ursprungsland schieben. So haben wir es dann in den USA laut Trump später auch mit einer *Kung-Flu* zu tun, wie er die Krankheit scherzhaft zu bezeichnen pflegt.

## Wuhan

Viele Gerüchte und Erzählungen gibt es über die Anfänge des Ausbruchs in Wuhan. Angesichts der Tatsache, dass Coronaviren völlig normal in Begleitung von grippalen Infekten auftreten und sich China auf dem höchsten Stand der Wissenschaft befindet, sich also mit Coronaviren bestens auskennt, waren einige Reaktionen der Behörden nicht nachvollziehbar.

Zunächst wurde berichtet, dass der erste bestätigte Fall einer Infizierung mit dem neuen Virus am 1. Dezember auftrat. In späteren Meldungen hieß es dann, dass sich bereits am 17. November 2019 laut Regierungsangaben ein Mensch infiziert hatte. Dies berichtete die *South China Morning Post*. Wie dem auch sei. Am 10. Dezember 2019 meldete sich die Shrimps-Verkäuferin Wei Guixian krank, die auf dem Huanan Fischmarkt gearbeitet hatte. Acht Tage später war die 57-Jährige in einem Krankenhausbett kaum bei Bewusstsein.

Am 26. Dezember beobachtete **Zhang Jixian**, Ärztin und Direktorin der Abteilung für Atemwegsmedizin am *Hubei Hospital für Integrierte Traditionelle Chinesische und Westliche Medizin*, bei einigen Patienten ein Lungenentzündungscluster unbekannter Ursache. Die CT-Scan-Ergebnisse des Brustkorbs eines Paares zeigten ungewöhnliche Veränderungen in der Lunge, die sich von denen bei jeder bekannten viralen Pneumonie unterschieden. Es waren auch wieder Patienten vom Huanan Seafood Market dabei. Einen Tag später, am 27. Dezember, teilte die Ärztin den lokalen Gesundheitsbehörden von Wuhan im Stadtbezirk Jianghan mit, dass die Krankheit durch ein neues Coronavirus verursacht wurde. Sie hatte bereits Erfahrung mit dem Coronavirus im Kampf gegen SARS im Jahr 2003. Ein paar Senioren, die in der Nähe von Zhangs Krankenhaus lebten, kamen ebenfalls wegen Fieber und Husten zu ihr. Bald waren mehr als 180 Menschen infiziert.

Ein anderer Arzt in China mit Namen **Li Wenliang** hatte schon frühzeitig vorm Coronavirus gewarnt. Er gilt als einer der Whistleblower. Am 30. Dezember informierte er in einer WeChat-Gruppe seine ärztlichen Kollegen über sieben Patienten, die mit Verdacht auf eine Infektion mit dem SARS-Virus im Zentralkrankenhaus Wuhan behandelt wurden. Am gleichen Tag soll es angeblich auch einzelne Todesfälle gegeben haben. Daraufhin wurden die acht Teilnehmer der Chatgruppe wegen Verbreitung von Gerüchten in das Sicherheitsbüro der Stadt Wuhan einbestellt und verwarnt. Li wurde genötigt, eine Erklärung zu unterschreiben, in der man ihn beschuldigte, „unwahre Behauptungen" gemacht zu haben, die die „gesellschaftliche Ordnung ernsthaft gestört" hätten. Das Schreiben endete mit der Feststellung: „Wir wünschen, dass

Sie sich beruhigen und sorgfältig nachdenken, und möchten Sie ernsthaft warnen: Wenn Sie weiter halsstarrig bleiben, Ihre Vergehen nicht bedauern und mit diesen illegalen Aktivitäten fortfahren, werden Sie strafrechtlich zur Rechenschaft gezogen – haben Sie das verstanden?" Li unterschrieb mit „Ich habe verstanden". Eine Woche nach der behördlichen Verwarnung, am 10. Januar, zeigte er selbst erste Symptome einer Krankheit. Auf Weibo, dem chinesischen Facebook, beschrieb er seine Beschwerden. Es begann mit einem Husten, einen Tag später entwickelte er Fieber und weitere zwei Tage später musste er im Krankenhaus als Patient aufgenommen werden. Seine Eltern waren nun ebenfalls erkrankt.[39]

Von einer weiteren Ärztin **Ai Fen** wurde berichtet, sie hätte am 30. Dezember auf dem Testblatt eines Patienten die Worte „SARS-Coronavirus, Pseudomonas Aeruginosa, 46 Arten von Bakterien zur oralen / respiratorischen Besiedlung" gesehen und meldete dies sofort bei der Abteilung für öffentliche Gesundheit und Infektion des Krankenhauses. Als studierte Kraft sollte sie eigentlich an nichts Ungewöhnliches dabei denken, denn Atemwegserkrankungen sind doch völlig normal. Es wurde berichtet, sie umkreiste dann das Wort „SARS", machte ein Bild davon und schickte es zu einem Arzt in einem anderen Krankenhaus in Wuhan. Ihr Spitzname war „Whistle-Giver". Wie das Magazin *60 Minuten Australia* berichtete, war Ai Fen mit einem Mal von der Bildfläche verschwunden.[40] Es gab Gerüchte, sie sei an Corona verstorben. Am 20. Februar meldete sie sich jedoch zurück, und gab an, sie sei gesund und würde wieder als Ärztin arbeiten. *Reporter ohne Grenzen* stellte fest, dass am 13. April ein Video von Ai Fen auf ihrem Weibo-Konto veröffentlicht wurde, was darauf hindeutet, dass sie sich frei bewegen konnte. Für die amerikanische Presse waren die Meldungen aus Wuhan ein gefundenes Fressen. Sie warfen der chinesischen Regierung Zensur vor. Weltweit wurden Bilder produziert vom Fischmarkt in Wuhan und von sterbenden Menschen in den Krankenhäusern.

Obwohl es keine offiziellen Todesfälle gab, informierten die Behörden am 31. Dezember die WHO. In einem Video der *ExpressZeitung* hieß es: „Dann ging es los. Die chinesischen Behörden meldeten der WHO ganze 27 Fälle von unklarer Lungenentzündung. Das waren 0,000002 % der chinesischen Bevölkerung. Lachhaft. Allein in Deutschland mit 81 Mill. Einwohnern gibt es 500 000 Lungenentzündungen pro Jahr, also 0,61 %. Hochgerechnet auf China bei 1,3 Mrd Einwohnern sind das 8 Mill. Lungenentzündungen pro Jahr, hochgerechnet auf die Provinz Hubei bei 58 Mill. Einwohnern sind das 350 000 Lungenentzündungen pro Jahr. Untypisch ist die eilige Meldung an die WHO obendrein. China ist ein strikt abgeschotteter Staat mit einer strengen Zensur. Jedes wirkliche Problem wird als Staatsgeheimnis betrachtet. Jetzt latscht China freiwillig mit einem statistischem Nichts umgehend zur WHO, um diese dort zu melden, und die WHO empfahl den Chinesen nicht etwa, mal locker zu machen, sondern nahm die Sache ernst. Warum meldete China die verschwindend geringen Fallzahlen der WHO und machte sie dadurch global bekannt?

Warum nahm die WHO das ernst? Das spricht für eine Absprache. China und die WHO stecken unter einer Decke, spielen sich die Bälle zu." [41]

Zunächst mal brachte man die Vorfälle in Verbindung mit dem Fischmarkt, der am 1. Januar zur Reinigung und Desinfektion geschlossen wurde.

Am 3. Januar verzeichnete die WHO insgesamt 44 Erkrankte, darunter mehrere Schwerkranke. [42] Die chinesische Regierung war in Erklärungsnot und ließ verlauten, die Menschen hätten sich auf dem Fischmarkt angesteckt. Noch am gleichen Tag berichtete die staatliche Nachrichtenagentur Xinhua, dass acht Personen in Wuhan strafrechtlich belangt würden, weil sie Falschinformationen im Internet verbreitet hätten, was „negative soziale Folgen" haben könne. In derselben Meldung wurde bekräftigt, dass es keine Anzeichen für eine Mensch-zu-Mensch-Übertragung der neuen Erkrankung oder eine Infektion des medizinischen Personals gäbe.

Selbst nachdem der chinesische Präsident Xi Jinping am 7. Januar den Beamten persönlich befohlen hatte, den Ausbruch zu kontrollieren, bestritten die Behörden immer wieder, dass es eine Von-Mensch-zu-Mensch-Übertragung geben könne, obwohl Ärzte seit Ende Dezember hiervon wussten. [43] Es war das „Wall Street Journal", welches am 8. Januar zum ersten Mal die Existenz eines neuen Coronavirus in den westlichen Medien bekannt gab. Diese Information kann nur von der WHO an das Journal gelangt sein, denn in den chinesischen Medien gab es noch keine Berichterstattung über die Erkrankten.

Am 9. Januar wurde das Virusgenom sequenziert und veröffentlicht. In einigen Fällen gab es laut einem Bericht des *CDC* China eine Verwandtschaft zum SARS-CoV-1.[44] Am 11. Januar wurde in Wuhan der erste Todesfall vermeldet.[45] Am 16. Januar hatte ein Team um **Professor Dr. Christian Drosten** des *Deutschen Zentrums für Infektionsforschung DZIF* an der *Charité* den ersten Diagnosetest entwickelt und zur Verfügung gestellt. Die WHO publizierte das Testprotokoll als ersten Leitfaden für Labore online.

Am 20. Januar gab der Facharzt **Zhong Nanshang** bekannt, dass die durch ein neuartiges Virus verursachte Lungenentzündung auch von Mensch zu Mensch übertragbar sei und sich bereits 14 Mitarbeiter des medizinischen Personals der Stadt angesteckt hätten. Der Arzt hatte bereits international Anerkennung erlangt für die Bewältigung der SARS-Pandemie 2002/2003. Von 2005 bis 2009 war er Präsident der *Chinese Medical Association*. 2010 wurde er zu einem der zehn besten Wissenschaftler Chinas gewählt. Er war es, der nun immer wieder auf die Gefährlichkeit des Virus aufmerksam machte. In der westlichen Presse hieß es, er hätte die offizielle Linie der Regierung widerlegt, die die Schwere der Krise heruntergespielt hatte. Es gab zu diesem Zeitpunkt aber noch keine großen Ausbrüche. Mit 200 wöchentlichen Infektionen war die Inzidenz niedrig.

Anfang Januar 2020 besuchte Zhong Wuhan als Reaktion auf eine wachsende Zahl von damals nicht identifizierten Lungenentzündungsfällen, und ihm wurde von den Gesundheitsbehörden der

Stadt versichert, dass die Krankheit kontrollierbar und vermeidbar sei. Er machte jedoch eine Neubewertung und kam zu dem Schluss, dass das neuartige Coronavirus ansteckender war als zuvor identifiziert und warnte das *Zentralkomitee der Kommunistischen Partei* Chinas vor den Behörden in Wuhan, welche die Schwere des Ausbruchs unterschätzen würden. Zhong ist selbst Mitglied des Zentralkomitees. Noch am selben Tag wurde dies öffentlich im staatlichen Fernsehen angekündigt. Nun wurde er zum Berater bei der Bewältigung der Krise.

Ebenfalls am 20. Januar, einen Tag vor der Eröffnung des *World Economic Forum (WEF)* in Davos, berichtete zum ersten Mal die Hauptausgabe der Tagesschau in Deutschland. Hier war es wie in den meisten westlichen Medien hochwillkommen, darüber zu berichten, dass in China Informationen unterdrückt worden wären. Somit wurde sofort angenommen, dass dies Virus tatsächlich um Lichtjahre gefährlicher sei, ohne dies zu hinterfragen. Es ist offensichtlich, dass die westlichen Leitmedien diesen Gerüchten immer mehr glaubten als den offiziellen Meldungen. Dies war natürlich ganz im Sinne derjenigen Akteure, die eine Pandemie zum Zwecke der Wiederauffüllung der Kassen oder anderer Ziele herbeiwünschten.

Diejenigen, die auf den Pandemieübungen im *Center for Health Security* auf einen Ausbruch vorbereitet wurden, traten nun in Erscheinung.

**George Fu Gao**, Virologe und Direktor des *Wuhan Centre for Disease Control and Prevention (WHCDC),* also praktisch der Seuchenschutzbehörde Chinas, veröffentlichte an jenem 20. Januar eine Arbeit mit dem Titel „A Novel Coronavirus from Patients with Pneumonia in China, 2019" (Ein neues Coronavirus bei Patienten mit Lungenentzündungen in China, 2019). Am 24. Januar publizierte er eine weitere Arbeit mit dem Titel „A Novel Coronavirus Outbreak of Global Health Concern" (Ein neuer Ausbruch des Coronavirus von Globaler Tragweite). Wir hatten es also eindeutig mit einem neuen Virus zu tun. Daran gab es keinen Zweifel.

Die *ExpressZeitung* kommentierte dies in dem bereits erwähnten Video-Feature wie folgt: „Da saß Gao im Oktober 2019 noch in einer Übung über eine Epidemie über ein fiktives neues Coronavirus und drei Monate später erfüllte sich die Prophezeiung, und er veröffentlichte eine Arbeit über genau diesen Erreger. Die Labore der chinesischen Seuchenstelle *WHCDC* befanden sich also unter der Kontrolle jenes Direktors, der schon an der Übung der Gates-Stiftung teilgenommen hatte."[46] Im Januar war das Team, dem er angehörte, das erste, das SARS-CoV-2 aus einem schweren akuten respiratorischen Syndrom isolierte und sequenzierte. Sein Team leistete auch einen maßgeblichen Beitrag zu einer gemeinsamen Mission chinesischer und internationaler Forscher, die unter der Schirmherrschaft der WHO einen wegweisenden Bericht veröffentlichten, nachdem sie China bereist hatten, um die Reaktion auf die Epidemie besser zu verstehen. Befragt nach den Maßnahmen, die in dieser gefährlichen Pandemiestimmung nun umzusetzen seien, nannte er die Soziale Distanzierung, Kranke zu isolieren, Kontaktfälle in Quarantäne zu begeben, alle Versammlungen zu verbieten und Kontrolleure und Koordinatoren einzubeziehen. Auch ist er ein Befürworter der Maskenpflicht und sorgte wohl für deren Einführung, woraufhin die WHO auch umschwenkte. Die allgemeine Temperaturmessung verhindere das Eindringen von Fieber. In Wuhan wurden fortan Personen mit positiven Testergebnissen, die aber asymptomatisch waren, in Ad-hoc-Einrichtungen unter Quarantäne gestellt. Besuche von Verwandten waren verboten. Es wurden Feldkrankenhäuser gebaut und Stadien in Krankenhäuser verwandelt.[47]

Am 21. Januar veröffentlichte die WHO ihren ersten öffentlichen „Coronavirus-Lagebericht", der seither täglich erfolgte. Am 22. Januar startete die *Johns Hopkins Universität* ihr *Covid-19-Dashboard*, eine online verfügbare Weltkarte, obwohl zu diesem Zeitpunkt nicht von einer weltweiten Verbreitung ausgegangen werden konnte. In eigenen Berichten, die der Presse übermittelt wurden, hieß es, es seien 444 Menschen ins Krankenhaus eingeliefert worden und 17 Menschen verstorben. Die Zahlen würden vermutlich schneller wachsen als nationale Quellen es zeigen. Verantwortlich für die Übermittlung der Daten zeigte sich Lauren Gardner, Professorin des *John Hopkins Institut* und zuständig für das Dashboard. Diese Daten speisten sich aus den Angaben der Weltgesundheitsorganisation (WHO) und lokaler Gesundheitsbehörden. Man kann sich vorstellen, welchen Einfluss diese Weltkarte hatte, die weltweit von einer offiziellen Institution veröffentlicht wurde.

Am 22. Januar bekräftigte George Fu Gao auf einer Pressekonferenz, dass das neue Coronavirus wohl auf dem Huanan-Fischmarkt in Wuhan von einem Tier auf den Menschen übergesprungen sei. Auf diese Weise wurde entkräftet, es könne sich um ein Laborvirus handeln.[48]

Am 23. Januar, einen Tag nach Veröffentlichung des *Covid-19-Dashboards*, wurde die gesamte 10-Millionen-Metropole Wuhan wegen der angeblichen Infektionsgefahr unter Massenquarantäne gestellt.

Zur gleichen Zeit vom 21. – 24. Januar tagten, wie bereits erwähnt, fast 3000 Politiker, Manager und Journalisten in Davos und wurden auf ihre nun anstehenden Aufgaben vorbereitet. Auch Merkel und Trump sowie die Impfmafia waren anwesend. Vor allem die Medien übernahmen nun das Dashboard und fingen an, täglich über die Verbreitung des Virus nach Vorlage zu berichten. Paul Schreyer sieht Parallelen zu der in der Übung *Atlantic Storm* durchgespielten Krise.[49] Kaum zu glauben ist die Tatsache, dass der Organisator des Jahrestreffens von Davos, das WEF, auch gleichzeitig einer der Hauptsponsoren des *Event 201* gewesen ist.

Am 24. Januar veröffentlichte das Magazin *The Lancet* eine Studie chinesischer Wissenschaftler mit dem Titel: „Clinical Features of Patients infected with 2019 novel Coronavirus in Wuhan, China", in welcher die Infektionen von 41 Patienten aus Wuhan zurückverfolgt wurden. Danach hatten 13 der 41 Infizierten keinerlei Verbindung zum Tiermarkt. Man schlussfolgerte, der Tiermarkt könne nicht die einzige Quelle für das Virus gewesen sein. Dann rückte das große Fledermausforschungsprogramm in Wuhan in den Mittelpunkt der Mutmaßungen. Ein Labor-Unfall könnte am plausibelsten zum Ausbruch der Pandemie geführt haben. Das Virus könnte aus dem *Wuhan Center for Disease Control and Prevention* stammen, das nur 300 Meter vom Huanan-Fischmarkt entfernt liegt.[50]

Am 31. Januar gab es 213 Tote, wie viele Infizierte war nicht bekannt, aber es gab 9 776 Infizierte laut Statistik, das entsprach einer Todesrate von 2 %, dennoch wurden die Städte abgeriegelt und 30 Millionen Menschen eingesperrt. Das gab es noch nie in der Menschheitsgeschichte.

Welche Hysterie in Wuhan herrschte, veranschaulicht ein Panorama-Bericht vom 1. Februar mit dem Titel „Passanten wagen nicht, sich dem Toten zu nähern". Ein Mensch lag tot auf der Straße, in der Hand hielt er noch eine Plastiktüte – wahrscheinlich wollte er gerade seine Einkäufe erledigen – und nun hatte ihn das neue Virus weggerafft. Im weiteren Verlauf der Pandemie gab es keinen vergleichbaren Fall. Menschen sind nie einfach so auf der Straße umgekippt. Aber derart wurde anfangs über die Ausbreitung in Wuhan berichtet. Diese Ängste waren zu sehen vor dem Hintergrund des von Bill Gates und anderen verbreiteten Voraussagen, in einer kommenden Pandemie werden 33 Millionen Menschen sterben. Dieses Narrativ hatte sich im kollektiven Unterbewusstsein eingeprägt.

In Wuhan gab es mit ca. 10 000 Infizierten und 213 Toten nach wie vor eigentlich keinen Grund zur Aufregung. Die Zahl war normal, angesichts einer

Bevölkerung von 50 Millionen Menschen allein in Hubei. Was für ein Test benutzt wurde, ist unklar. Bereits zu diesem Zeitpunkt rief die WHO den „Internationalen Notstand" aus. Singapur und die Mongolei ließen keine Chinesen mehr in ihre Länder. Auch Russland machte die Grenzen dicht. Der Erreger sollte aber bereits in der ganzen Welt verbreitet sein. Mehr als 20 Länder melden Infektionen. In Deutschland waren es ganze sechs Fälle.[51]

In Peking eröffnete am 3. Februar das erste von zwei Krankenhäusern, das speziell für die Behandlung von Coronapatienten in nur 10 Tagen Bauzeit errichtet wurde. Das Huoshenshan-Krankenhaus wurde von einer 7000-Fachkräftemannschaft bestehend aus Zimmerleuten, Klempnern, Elektrikern und anderen Spezialisten errichtet, wie *Xinhua* berichtete. Ob es für Coronapatienten genutzt werden sollte, war noch unklar. Es war das zweite Mal, dass China ein Behandlungszentrum praktisch über Nacht errichtet hatte. Bereits während der SARS-Pandemie 2003 hatte China eine Klinik, das Xiaotangshan-Krankenhaus in Peking innerhalb einer Woche gebaut. Dieses wurde nun renoviert. Angesichts der drohenden Pandemie war die staatliche Finanzierung solcher Großprojekte gesichert.

Zu diesem Zeitpunkt hatten sich 17 000 Menschen angesteckt, mehr als 360 waren gestorben. Tatsächlich konnte immer noch nicht vorhergesehen werden, dass ein Gefahrenpotenzial von dem Coronavirus ausgehen könnte. Die Medienberichterstattung zeigte immer propagandistische Züge. Man muss davon ausgehen, dass von der WHO und anderen verantwortlichen Akteuren Ängste künstlich geschürt wurden. Es ging um eine große Kampagne. In Deutschland wurde immer nur kommuniziert, die Chinesen hätten aufgrund der Zensur den Ausbruch einer „Pandemie" verschweigen wollen, dabei waren die Zahlen der Sterbefälle angesichts der Bevölkerungsdichte der Metropolregion um Wuhan von 40-50 Millionen Einwohnern normal.

Am 6. Februar starb **Li Wenliang**, der Arzt und Whistleblower, der die Lawine ins Rollen gebracht hatte, an den Folgen seiner Corona-Infektion.

Am 11. Februar hatte man für das Virus einen neuen Namen gefunden. Es wurde in Anlehnung an den ersten SARS-Ausbruch im Jahr 2002/2003 in SARS-CoV-2 umbenannt. Ob es sich um ein mutiertes, also neues Virus handelte, ist bis heute nicht offengelegt.

Bereits Mitte März beschloss das Politbüro, dass die Pandemie in der Volksrepublik China vorbei sei. Am 29. März wurden insgesamt 31 neue Infektionen gemeldet, von denen 30 Fälle importiert, also von Einreisenden stammen sollten.

Die englische *Mail on Sunday* berichtete am 11. April, die Covid-19-Viren könnten bei einem Unfall in dem *Wuhan Institute of Virology* freigesetzt worden sein. Im Rahmen der Forschungen habe das Labor Proben von Fledermäusen entnommen. Die US-Regierung hätte seit Jahren gefährliche und grausame Tierversuche am Wuhan-Institut mitfinanziert, die möglicherweise zur weltweiten Verbreitung des Coronavirus beigetragen haben. Daraufhin reagierte die chinesische Botschaft in London in einem offenen Brief. Darin hieß es: „Die

Entstehung eines Virus ist ein kompliziertes wissenschaftliches Problem. Es soll Wissenschaftlern und Ärzten überlassen bleiben, dies durch Studien und Forschung herauszufinden. Hastige und rücksichtslose Anschuldigungen wie die Nennung Chinas als Ursprung führen zum Versuch der Schuldverschiebung, bevor wissenschaftliche Aufklärung erfolgt, ist völlig unverantwortlich und schadet der internationalen Zusammenarbeit in dieser kritischen Zeit definitiv. Wang Yi weist darauf hin, dass einige Menschen alarmierend versuchten, die Epidemie zu politisieren, das Virus zu labeln und China zu stigmatisieren."

Am 13. April telefonierte dann der chinesischer Außenminister Wang Yi mit seinem Amtskollegen Dominic Raab aus Großbritannien. Er wies nochmals die Vorwürfe zurück, das Coronavirus stamme aus dem Fledermaus-Forschungslabor.[52]

Am 17. April 2020 korrigierte die Stadt Wuhan ihre Todeszahl von 2579 auf 3896. Als Grund wurde angegeben, dass viele anfangs zu Hause starben, Krankenhäuser und Personal mit dem Ansturm überfordert gewesen seien und das Krankenhäuser nicht am Meldesystem angeschlossen gewesen seien.[53]

Inzwischen kehrte in Wuhan die Alltags-Normalität zurück. Es fanden wieder Großveranstaltungen statt wie die Poolparty im *Maya Beach Water Park* mit über 1 000 Gästen ohne Maskenpflicht oder ein Oktoberfest, bereits im Juni, in Qingdao mit Hunderttausenden Gästen. Es gab keine Ausbrüche.

Im Zusammenhang mit dem Ausbruch gibt es auch in Wuhan einige Ungereimtheiten. Seltsam, dass China den Test nicht kannte, aber bereits im Januar eine neue Erkrankung meldete. Komplett ohne PCR-Test ist ihnen aufgefallen, dass da etwas sein muss. Sie waren im Winter mit 24 vermuteten Fällen wegen respiratorischer Symptome zum *Center for Disease Control and Prevention (WHCDC)* gelaufen, und das im Winter. Da gibt es doch viele Fälle grippebedingter Atemwegserkrankungen. China konnte eigentlich nichts Ungewöhnliches bemerkt haben. Das Infektionsgeschehen war statistisch nicht auffällig. Wie wollen sie etwas festgestellt haben? Irgendein Wissenschaftler hatte gezielt nach etwas Neuem gesucht und gefunden. Das kann man theoretisch beliebig oft noch so treiben („nicht-kodierte DNA"), man muss nur einen Test erfinden.

Doch was genau war geschehen? Ein paar Hundert Menschen und auch Ärzte waren gestorben. Dass Patienten in Krankenhäusern sterben ist normal. Aber wenn auch behandelnde Ärzte sterben, ist es auffällig. Dann muss es eine tiefere Ursache geben.

Um was für einen Erreger handelte es sich? Gab es womöglich einen Unfall? Das *Wuhan Institute of Virology (WIV), das* für 30 Millionen Dollar eingerichtet wurde, galt als das sicherste der Welt. Es ist nur 10 Meilen vom besagten Tiermarkt entfernt. In diesem Institut wurde auch das Ebola Virus untersucht. Dennoch gab es Berichte, dass sich hier Mitarbeiter infiziert und den Infekt in die Bevölkerung gebracht hätten.

An einem zweiten Institut, dem *Wuhan Centre for Disease Control and Prevention (WHCDC),* welches nur 300 Meter vom Tiermarkt entfernt ist, wurden seit Jahren Experimente mit Fledermäusen gemacht. Geleitet wird es seit 2017 von **George Fu Gao**, der ja auch am *Event 201* beteiligt war.

Nicht alle gehen davon aus, dass der Wildtiermarkt der Herkunftsort der Viren ist. Es sei an dieser Stelle angemerkt, dass alle Theorien über den Ursprung des Virus dessen Gefährlichkeit anerkannten. Es gab zu dieser Zeit keinerlei Studien über die Letalität, Mortalität oder Inzidenzen. Annahmen und Modellierungen über die Ausbreitung beriefen sich wohl somit auf die Prophezeiungen der Übungen aus dem Hause Johns Hopkins.

Auch wenn das Virus nicht gezüchtet wurde, so könnte es durchaus bei Analysen im Labor entwichen sein. Zu diesem Schluss kam eine Studie der *South China University of Technology* „The possible origins of 2019-nCoV coronavirus" von Botao Xiao und Lei Xiao. Das COVID-19-Virus sei wahrscheinlich aus dem *Center for Disease Control and Prevention* entwichen. Die Studie beschreibt ferner, dass die Wirtsfledermaus des SARS-CoV-2-Virus, die Java-Hufeisennase, in Wuhan nicht vorkäme, sondern erst in den etwa 900 km entfernten Provinzen Yunnan oder Zhejiang. Die Autoren beschreiben außerdem, dass Fledermäuse nicht als Lebensmittel auf dem Fischmarkt in Wuhan gehandelt würden. Das *WHCDC* liege etwa 300 m vom Wuhaner Fischmarkt entfernt.

In den westlichen Medien hieß es, die Studie sei der Zensur durch die Behörden zum Opfer gefallen und von der Webseite *ResearchGate* entfernt worden. Später hieß es, die Autoren hätten sie selbst zurückgezogen, weil sie keine direkten Belege für ihre Aussagen gehabt hätten.

Interessanterweise erschien in den *Beijing News* ein Bericht, in dem **Huang Yanling**, eine Forscherin am *Institute of Virology*, als „Patient Zero" identifiziert wurde – und nicht ein Besucher eines Markts für Wildtiere, wie vorher Peking behaupt. Dieser Bericht wurde vom Institut als „gefälschte Information" beschrieben. Huang hätte das Unternehmen bereits im Jahr 2015 verlassen und war bei guter Gesundheit, wurde nie mit COVID-19 diagnostiziert.

Als sich die Gerüchte verbreiteten, ging **Shi Zhengli**, die leitende Forscherin für Fledermausviren am Institut, an die Öffentlichkeit und sagte, sie habe „mit ihrem eigenen Leben garantiert", dass der Ausbruch nichts mit dem Labor zu tun habe. Obwohl die Regierung in Peking negierte, das Virus könne aus dem Labor stammen, wurden neue Gesetze erlassen, die ein verbessertes Management von Viren und Einrichtungen zur Gewährleistung der „biologischen Sicherheit" fordern.

Bereits im Jahr 2004 führte ein solches Leck zum Ausbruch eines schweren akuten respiratorischen Syndroms (SARS), bei dem eine Person getötet und neun weitere infiziert wurden. Die chinesische Regierung sagte, das Leck sei auf Fahrlässigkeit zurückzuführen, und fünf hochrangige Beamte des *Wuhan Center for Disease Control and Prevention* wurden bestraft.

In Bezug auf das COVID-19-Virus hatte die chinesische Botschaft in London in einem offenen Brief Berichte zurückgewiesen, nach denen das Virus durch einen Unfall in einem Corona-Forschungslabor im chinesischen Wuhan freigesetzt worden sein soll.[54] Aussagen, denen zu Folge das Virus aus einem der Labore in Wuhan stammen könnte, wurden auch in den deutschen öffentlich-rechtlichen Medien in der Regel als krude Verschwörungstheorie abgetan. Es seien zwar seit Jahren in dem Forschungslabor in Wuhan Corona-Viren erforscht worden, um den Ursachen für einen früheren Schweine-Grippe-Ausbruch auf die Spur zu kommen. Im Rahmen der Untersuchungen habe das Labor Proben von Fledermäusen entnommen. Im Verlauf der weiteren Forschungsarbeiten seien Ferkel im Labor zu Testzwecken mit dem bei den Fledermäusen isolierten Virus infiziert worden. Als vollkommen abwegig galt jedoch, dass es dabei einen Unfall gegeben haben könnte, bei dem Forscher mit infiziertem Blut in Kontakt gekommen seien. Dass auf diese Weise die COVID-19-Viren aus dem Labor heraus und in Kontakt mit der Bevölkerung von Wuhan gelangt wären, wurde ebenso hartnäckig verneint.

Das WHCDC befindet sich wohl nur rein zufällig in unmittelbarer Nähe zum besagten Tiermarkt, der bisher als der Ort galt, an dem das Virus von einem Tier auf einen Menschen übergesprungen sein soll. Westliche Medien gingen also bisher davon aus, dass dieser Fleischumschlagsplatz in Wuhan der Übertragungsort hierfür gewesen sei. Die Schlussfolgerung wurde gezogen, weil einige der zuerst Infizierten auf diesem Tiermarkt arbeiteten oder mit ihm in Kontakt waren.

Eine *Lancet-Studie* hatte dies jedoch bestritten. Demnach haben 13 der 41 Infizierten keinerlei Verbindung zum Tiermarkt. Die Schlussfolgerung: Der Tiermarkt konnte nicht die (einzige) Quelle für das COVID-19-Virus gewesen sein. Allerdings wurde nie in Frage gestellt, dass es sich eventuell gar nicht um ein so gefährliches Virus handelt. Die Letalität wurde immer mit ungefähr 10% angegeben, einer Zahl, die nicht übereinstimmt mit den neueren Studien von Hendrik Streek oder John Ioannides.

Wo das Virus auch immer herkam bzw. wie gefährlich es auch immer war, die rigiden Maßnahmen in Wuhan erzeugten weltweit Angst und Panik. Es war jenes totalitäre Regime, auf welches wir immer mit einem Gefühl der Überlegenheit geschaut hatten. Es starben in Wuhan nur circa 2800 Menschen mit positiven Corona-Testergebnis, so viele wie bei einer normalen Grippewelle. Angesichts dessen waren die Maßnahmen auch in Wuhan total überzogen.

Inwiefern Ausgangssperren und Abriegelungsmaßnahmen um Wuhan ein weiteres Ausbrechen des Virus verhindert haben, ist nicht bewiesen. Es waren die Inszenierungen des *Event 201*, die Panikmache und Seuchenstimmung, ein todbringendes Killervirus würde Millionen von Opfern bringen, die ein solch rigides Vorgehen in Wuhan ermöglichten. Die Pandemiepläne wurden vorher gemacht, mit dem Ziel, sie zu testen. Schon Jahre vorher wurden im Vorfeld die Kriterien für eine Pandemie gelockert, damit diese nun ausgerufen werden konnte. Es musste nur Infizierte in jedem Land der Erde geben und das unabhängig von ihrer Anzahl oder Erkrankung, eine beträchtliche Zahl von Toten war nicht mehr notwendig. Dadurch gab es direkte Einflussmöglichkeiten auf die Politik, um auch Zwangsmaßnahmen in den Ländern durchsetzen zu können. Dann musste nur noch die Angst und Panik in der Bevölkerung erzeugt werden. Ein Maskenzwang eignete sich hervorragend, um eine vermeintliche Pandemie sichtbar zu machen. In Wuhan war dies einfach, da es sowieso zum Stadtbild gehörte, dass 10 % der Bevölkerung aufgrund der Luftverschmutzung Masken trugen. Totalitäre Maßnahmen kannten wir aus China bereits, wie auch aus Hongkong. China ist gerade dabei, ein sogenanntes Sozialkredit-System (SKS), welches seit 2014 auf freiwilliger Basis besteht, verpflichtend für alle einzuführen. Es handelt sich um einen Versuch der totalen Kontrolle der Bevölkerung durch die Vergabe von „Punkten" für wünschenswertes Verhalten, beziehungsweise deren Entzug für negatives Verhalten. In Hongkong gab es 2019 die schwerste politische Krise seit der Übergabe der Stadt an die Volksrepublik China im Jahr 1997. Anlass war ein vorgeschlagenes Gesetz über flüchtige Straftäter und Rechtshilfe in Strafsachen, das unter anderem Auslieferungen von Häftlingen an China ermöglichen sollte. Massenproteste eskalierten immer wieder. Die COVID-19-Pandemie führte zunächst zu einer Unterbrechung der Proteste. Nun hat die Volksrepublik ein sogenanntes „Sicherheitsgesetz" eingeführt, womit Hongkongs Autonomie-Status praktisch beendet und demokratische Strukturen in der Stadt de facto abgeschafft sind. Durch das Gesetz können Verdächtige nach Festlandchina überführt werden, wo diese bei „schweren Vergehen" zu lebenslanger Haft oder einem Minimum von zehn Jahren Gefängnis verurteilt werden. Dies gilt auch für Vergehen, die von Ausländern in oder außerhalb von China begangen wurden – dazu zählt etwa auch die Unterstützung der Demokratiebewegung oder der Aufruf zu Sanktionen. Die meisten der Anführer der demokratischen Bewegungen sind aus Angst vor politischer Verfolgung zurückgetreten. Die Pandemie überschattete diese Ereignisse.

Im Juli verschärfte China aufgrund der Zunahme von Coronavirus-Neuinfektionen in Hongkong auch die Hygienemaßnahmen. Eine Ausgehsperre gab es zwar nicht, jedoch wurde das Tragen eines Mund-Nasen-Schutzes im öffentlichen Raum zur Pflicht. Auch wurden Geschäfte geschlossen und ein Versammlungsverbot eingeführt. Es war allerdings völlig unverhältnismäßig wegen 100 Neuinfektionen pro Tag in einer Riesenmetropole wie Hongkong solche Maßnahmen einzuführen.


## Chinas Bürgerjournalisten

In der Corona-Krise hatte China seine Zensur verschärft. Wer der Staatslinie widersprach, musste zum Polizeiverhör. Zugleich attackierte die Staatsführung im Netz ausländische Kritiker. Zwei Bürgerjournalisten aus Wuhan verschwanden, der Blogger **Fang Bin** und auch **Chen Qiuchi**. Fang Bin hatte in einem Krankenhaus verbotenerweise gefilmt. Man sah die Leichensäcke auf den Fluren. Er wurde mehrmals verhaftet und tauchte nicht wieder auf. Auch Chen Qiushi verschwand, nachdem er zwei Wochen aus Wuhan berichtet hatte.

Dennoch ist die Mehrheit der Bevölkerung trotz großer Unterdrückungsmechanismen sehr loyal gegenüber der kommunistischen Regierung und vor allem gegenüber Xi Jinping, da dieser ihnen einen gesellschaftlichen Aufstieg ermöglicht hatte. Die meisten Chinesen haben eine kleine oder größere Aufsteigerbiografie. Insofern gibt es Identifikationspotenzial mit dem Staat.[55]

Ebenfalls wurde die Bürgerjournalistin **Zhang Zhan** angeklagt, da sie die Maßnahmen der chinesischen Behörden in Wuhan kritisiert hatte. Sie berichtete über überfüllte Krankenhäuser und abgewiesene Patienten, über die abgeriegelte Zwölf-Millionenstadt, die entgegen der offiziellen staatlichen Propaganda mit dem Ausbruch des Coronavirus völlig überfordert war. Und über unverhältnismäßige Maßnahmen, die gegen die Menschenrechte verstoßen hatten. Ihre Eltern waren informiert worden, hatten aber aus Angst geschwiegen. „Streit angefangen und öffentlichen Ärger provoziert", – so lautete der offizielle Anklagepunkt, der in China immer wieder für Aktivisten und Dissidenten genutzt wird. Zhang befand sich dann in einem Gefängnis in Shanghai. Dort hatte sie im September 2019 schon einmal gesessen, weil sie öffentlich mit den pro-demokratischen Protesten in Hongkong sympathisiert hatte.[56]

Wir wissen heute nicht, was an den Berichten von den frühen Bürgerjournalisten der Wahrheit entsprach. Später gab es auch einige offizielle Bilder von überfüllten Krankenhäusern, und in einer Zwölf-Millionen-Metropole ist es durchaus möglich, dass es mal zu Engpässen kommt. Die Maßnahmen und die Einschränkungen der Freiheitsrechte müssen in jedem Fall erschreckend gewesen sein. Das steht außer Frage. Doch die Sterbezahlen in China lassen nur auf ein völlig normales Krankheitsgeschehen schließen. Die Statistik vermeldete zumindest am Ende der saisonalen Welle eine Zahl von 3600 Corona-Toten, was angesichts der Millionen Opfer, die es angeblich im Verlauf der Pandemie gegeben haben soll, verschwindend gering ist. Wie faktenbasiert und wahrheitsgemäß sind die Berichte tatsächlich gewesen?

Ein anderer Bürgerjournalist **Xu Xiaodong**, von Beruf Mixed-Martial-Arts-Kämpfer, war ein guter Freund von Chen Qiushi und neben Zhang einer von drei weiteren Bürgerjournalisten, die nach dem Ausbruch des Coronavirus aus Wuhan berichteten und dann verschwanden. Nur einer von ihnen, **Li Zehua**, tauchte wieder auf. Tausende Internetnutzer wurden zudem bestraft, weil sie angeblich Gerüchte über das Coronavirus im Internet verbreitet hätten. Kritische Fragen zu stellen ist gefährlich. Die Volksrepublik duldete keine unabhängige alternative Berichterstattung zur Corona-Pandemie im Land. Die Kommunistische Partei Chinas beansprucht die alleinige Deutungshoheit. Jedes Interview muss durch das Propaganda-Ministerium.[57]

**Fang Fang** veröffentlichte das „Wuhan Diary – Tagebuch aus einer gesperrten Stadt". Darin berichtet sie aus der Zeit der Isolation. Auch sie selbst war in ihrer eigenen Wohnung in Wuhan eingesperrt. Sie erzählt von den Ängsten und Nöten der Menschen, die aufgrund der Zensur nicht wirklich wissen, wie groß die Gefahr ist. Eine Stadt mit 12 Millionen Einwohnern wurde von der Außenwelt abgeriegelt. Diese rigiden Maßnahmen allerdings ließen das Schlimmste befürchten. Millionen Chinesen folgten Fangs Gedanken und ihren Geschichten aus dem unvorstellbaren Alltag. Das Buch gilt als ein einzigartiges, ergreifendes Zeitdokument über den Kampf gegen einen unsichtbaren Feind. Es ist ein Bericht über das Leiden der Menschen in einem totalitären Regime. Vor allem aber litten die Menschen aufgrund der Hysterie und der Maßnahmen der Regierung. Ob die Abriegelung einer Region mit 50 Millionen Einwohnern notwendig war – angesichts von nur 3600 Todesfällen, wie später herauskam – ist fragwürdig, wird allerdings von der westlichen Presse nicht angezweifelt. Die Achtlosigkeit und Untätigkeit der Wuhaner Behörden hätten in der Bevölkerung eine Panik ausgelöst, wird berichtet. Es wurden dann für alle Schutzmasken empfohlen. Das Virus würde keinen Unterschied machen zwischen gewöhnlichen Bürgern und leitenden Funktionären. Der Tenor ist hier wohl eindeutig. Angesichts der Verhaftungen von anderen sogenannten Bürger-Journalisten sollte man auch bei dieser Lektüre gesunde Skepsis bewahren. Panik brach wahrscheinlich eher aufgrund der Maßnahmen aus. Die Kontrolle und Bevormundung ist ja nicht mit einem Mal beseitigt, dadurch, dass nun China die Gefährlichkeit bestätigte und drastische

Maßnahmen zur Bewältigung einer Pandemie eingeführt hatte. Stattdessen wird dieses Buch präsentiert als eine kritische Stimme, die Behörden hätten nicht gleich hart genug durchgegriffen und erst das Zentralkomitee hätte alles gerichtet. Nun würde China einen Weg des Diskurses beschreiten. Kritik an zu rigiden Maßnahmen beziehungsweise an einer kontroversen Diskussion hierüber sind somit auf alle Zeit abgeschmettert und im Keime erstickt.

## Deutung und Berichterstattung bei uns

Dass wir über die Chinesen nicht immer positiv berichten, ist wohl allgemein bekannt. Und so war nach dem Corona-Ausbruch nicht anders zu erwarten, dass auch hier Berichte erschienen, in denen es hieß, die chinesische Presse verschwiege das wirkliche Ausmaß. Natürlich konnten die Bilder, die uns erreichten nicht lügen und es war offensichtlich, dass angesichts der Maßnahmen das Land in Aufruhr war. **Ulf Röller**, ZDF-China-Korrespondent, berichtete aus China über die Totalüberwachung. Selbst im Hotel wurden ständig seine Temperatur gemessen und die Handydaten verlangt, um ein lückenloses Bewegungsprofil zu erstellen. Nur wer einen grünen Code vorweisen konnte, durfte das Hotel verlassen und beispielsweise zum Einkaufen gehen. Am 27. Mai wurde er bei Marcus Lanz zugeschaltet. Er berichtete: "Man kann in dem Land ohne gültige Gesundheits-App nicht mehr reisen. Wenn sie nicht auf Grün ist, dann kann man sich nicht bewegen. Es werden Bilder vom Ende Januar bis zur Mitte des Februars gezeigt: Leute mauerten die Haustür von anderen zu, damit jene nicht rauskamen, so sehr fürchteten sie die Krankheit. Andere wurden aus ihren Wohnungen abgeführt und in Krankenhäuser gebracht, weil man sie für infiziert hielt. Das wollten sie nicht, da diese vollkommen überfüllt waren. Bürgerreporter, die diese Bilder aufgenommen hatten, wurden festgenommen und tauchten bis heute nicht wieder auf." [58]

„Gesundheitscodes sind das neue Lieblingsinstrument des Überwachungsstaates in China", berichtete Stefanie Schoeneborn. Die Angst vor der Krankheit gibt China eine ideale Gelegenheit, die Digitale Diktatur zu legitimieren.[59] Während sich im Verlauf der Pandemie auf der ganzen Welt das Virus ausbreitete, kehrte China sehr schnell zur Normalität zurück. In dieser Ausnahmesituation erleben wir die Beschleunigung bekannter Entwicklungen. Dazu gehört der Aufstieg Chinas zur Weltmacht. Das Land geht aus der Corona-Krise gestärkt hervor. Es bekam die Pandemie schneller unter Kontrolle, überwindet dadurch auch die Rezession rascher.

## Italien

Solange die Corona-Epidemie auf dem chinesischen Kontinent stattfand, glaubte bei uns niemand so recht, dass sie sich auch hier ausbreiten könnte. Man schob immer die meisten Katastrophen weit von sich. Ein Szenario, wie es in Wuhan stattfand, mit Lockdown, Tragen von Masken und eventuellen Ausgangssperren, konnte man sich für Europa

nicht ausmalen. Umso perplexer waren die Reaktionen, als die ersten Horrormeldungen aus der
norditalienischen Provinz zu uns drangen.

Alles fing an in der Notaufnahme des Krankenhauses von Codogno in der Lombardei, als ein 38
Jahre alter Mann eingeliefert wurde, der unter Fieber und Grippesymptomen litt. Der erste Tote, der
das Coronavirus in sich trug, wurde am 21. Februar
in Venetien gemeldet. Der verstorbene 78-jährige
Italiener war zuvor positiv getestet worden. Er war
wegen einer anderen Krankheit behandelt worden.
In der benachbarten Lombardei gab es 15 positiv
Getestete.

Bereits am 23. Februar hatte Ministerpräsident
Giuseppe Conte in zahlreichen Dekreten eine umfassende Ausgangssperre über ganz Italien verhängt. Den Karneval sagte er ab, nachdem 130
Menschen positiv auf das Coronavirus getestet
wurden und eine weitere Person verstarb.[60] Conte sagte, er wolle aus Italien kein „Lazarett" machen. Gleichzeitig warnte er vor Alarmismus und
Panikmache. Das widersprach sich aber. Die Maßnahmen erinnerten an die rigide Vorgehensweise
gegen das Virus in China. Es war noch nicht mal
gesichert, dass der Tod von zwei Menschen wirklich in Verbindung mit einer Corona-Infektion stand.
Aber von nun an wurde verstärkt getestet.

Einen Tag später berichtete auch die Tagesschau
im deutschen Fernsehen, der Gesundheitsminister
Spahn befürchte eine Verbreitung des Corona-Virus in der Bundesrepublik. Ein Infektionsgeschehen
konnte keine Hinweise auf derartige Annahmen gegeben haben. Nur die Maßnahmen und die mit ih-

nen in Verbindung stehenden Bilder erzeugten jene Stimmung einer schweren Katastrophe.

Am 25. Februar berichtete die Tagesschau, die WHO dränge Regierungen weltweit, sich auf den Ausbruch von Corona vorzubereiten. Am gleichen Tag verfügte Conte die Einstellung jeder Wirtschaftstätigkeit mit Ausnahme lebensnotwendiger Produktionen und Dienstleistungen. Die Tätigkeit des Parlaments wurde ausgesetzt. Conte kommunizierte und regierte von nun an ausschließlich über das soziale Netzwerk Facebook.

In den Tagen danach verbreitete sich das Virus rasend schnell vor allem in der Lombardei. Es gab dort eine zunehmende Zahl von Chinesen, die unter prekären Bedingungen arbeiteten und lebten. Am stärksten präsent sind sie in Mailand und in der Stadt Prato nahe Florenz vertreten. In dieser kleinen Stadt dominieren sie die Textilindustrie. Später lieferten sie von hier aus Atemschutzmasken in die Lombardei. Nach den medialen Horrorgeschichten aus Wuhan wurde sofort angenommen, Chinesen könnten das Virus eingeschleppt haben, woraufhin man besonders in Bergamo und Brescia speziell an ihnen Tests durchgeführt hatte, die jedoch alle negativ waren. Der Ursprung der italienischen Pandemie ist somit unbekannt.[61]

Besonders in Bergamo und Brescia gab es eine hohe Zahl an Infizierten und Toten. Am 3. März waren laut Statistik über 10 % der positiv diagnostizierten Personen auf Intensivstationen. Am 19. März zählte Italien 3 405 COVID-19-Todesfälle und damit erstmals mehr Opfer als in China, hieß es. Die errechnete Sterblichkeit soll am 21. März bei

9 % gelegen haben. Eine solche Zahl verursachte Panik. Aber anscheinend ging es genau darum, die Menschen in Angst und Schrecken zu versetzen. In Italien wurde genauso wie in China noch anders getestet als später in der übrigen Welt. Zu dieser Zeit wurde noch über die Sterberate die Gefährlichkeit des Virus beschrieben, später dann über die gigantische Aufsummierung der sogenannten Fälle. Während der Test in Deutschland zu Lebzeiten der Erkrankten positiv gewesen sein muss, wurde in Italien auch nach dem Tod getestet. Dadurch gab es viele positiv getestete Tote und eine massiv unterschätzte Zahl an tatsächlich Infizierten. Die hohe Letalitätsrate war schlicht und einfach hierauf zurückzuführen. Sie wurde überschätzt.[62]

Immer dann, wenn zwischendurch erwähnt wurde, dass sich unter den Toten nur über 70-Jährige befanden, musste man stutzen. Diese Zahl kannte man nicht aus den Erzählungen aus China. Handelte es sich doch um ein ganz anderes Virus oder war es nun schon wieder mutiert? Das durchschnittliche Sterbealter erhöhte sich im Verlauf der wissenschaftlichen Erkenntnislage auf 81 Jahre und lag somit dann sogar über der natürlichen Lebenserwartung. Es wurde natürlich nur auf das Corona-Virus getestet, nicht auf das Influenza-Virus. Ansonsten hätte sich die Lage noch mal wieder ganz anders dargestellt.

Den Impuls für den Corona-Lockdown in Italien hatte **Prof. Walter Ricciardi** gegeben. Er ist Mitglied der WHO und Chefberater der italienischen Regierung. Am 4. März schloss die italienische Regierung alle Schulen und Universitäten und riegelte am 10. März weite Teile des Landes ab. Mehr als 10 Millionen Bürger durften ihre Region nicht mehr verlassen.

Obwohl Ricciardi gegenüber der Regierung für einen Lockdown plädiert hatte, kannte er die wahren Gründe für die Probleme in Norditalien recht gut. Er machte auch auf das Verfahren aufmerksam, wie Todesfälle verzeichnet wurden: „Die Art und Weise, wie wir Todesfälle in unserem Land kodieren, ist sehr großzügig in dem Sinne, dass alle Menschen, die in Krankenhäusern »mit« dem Coronavirus sterben, «an» dem Coronavirus sterben.“

Nach einer Neubewertung durch das *National Institute of Health* hatten nur 12 Prozent der Sterbeurkunden eine direkte Ursache für das Coronavirus gezeigt, während 88 % der verstorbenen Patienten mindestens eine Prä-Morbidität aufwiesen – viele hatten zwei oder drei.

All diese Fakten, die in den Medien nur am Rande erwähnt wurden, wiesen vor allem auf eines hin. Das Gesundheitssystem in Italien war marode und hatte nicht funktioniert. Es gab enorme Lücken, viermal weniger Intensivbetten als in Deutschland. Hier wäre es nicht ansatzweise zu einer Überlastung gekommen.

Am 11. März wurde von der WHO die weltweite Pandemie ausgerufen. Am 19. März liefen die Schockbilder einer Kolonne von Militär-LKWs in Bergamo über die Bildschirme der Fernseher weltweit, prägten sich tief ins kollektive Gedächtnis ein und traumatisierten die Zuschauer.

Bereits zwei Jahre zuvor stand das italienische Gesundheitssystem aufgrund einer Grippewelle schon einmal kurz vor einem Kollaps, damals blieb es allerdings unbemerkt. Keiner interessierte sich für soziale Notlagen im widerspenstigen Pleiteland Italien.[63] Einer weiteren Studie des *National Institute of Health* vom 17. März zufolge hatten sogar 99 % der Verstorbenen an einer oder mehrerer Vorerkrankungen gelitten, 49 % unter drei Vorerkrankungen. Das Durchschnittsalter betrug 80 Jahre.

Es waren also wohl solche Bilder notwendig, um derartige und andere Fakten zu überspielen.

Am 23. März forderten die Führer der drei rechten Oppositionsparteien Lega, Brüder Italiens und Forza Italia, Matteo Salvini, Giorgia Meloni und Silvio Berlusconi eine Dringlichkeitssitzung des Parlaments, um über die von Conte und dessen Kabinett durchgesetzten Maßnahmen sowie über mögliche weitere Erlasse zu debattieren.

Obwohl es drakonische Strafen bei Übertretung gab, war die Bevölkerung weitgehend mit den Regierungsmaßnahmen einverstanden. Unberechtigte Autofahrten wurden mit einer Strafe in Höhe von 4000 Euro geahndet. Damit sollte verhindert werden, dass Arbeiter und Angestellte von Unternehmen im Norden des Landes, die ihren Betrieb einstellen mussten, in ihre Heimatorte nach Süditalien zurückkehrten.[64] Auch für Quarantäne-Brecher verschärfte Italien die Strafen drastisch: Wer positiv getestet wurde und seine Wohnung verließ, riskierte bis zu fünf Jahre Gefängnis. Italiens Polizei hatte seit Einführung der Ausgangsverbote am 10. März mehr als zwei Millionen Menschen kontrolliert. Dabei habe es mehr als 100 000 Anzeigen wegen Verstößen gegeben, berichtete die Nachrichtenagentur *Ansa*.[65]

Auf diese Art wurde auch nochmals kommuniziert, wie gefährlich dieses Virus sei. Wer dies durch sein Handeln anzweifelte, sollte die Autorität des Staates zu spüren bekommen.

Wie bereits mehrfach erwähnt, war das Gesundheitssystem in vielen norditalienischen Provinzen überlastet, so dass viele Patienten nicht oder nicht angemessen behandelt werden konnten. In den Pflegeeinrichtungen und Krankenhäusern fehlten Schutzmasken. Unter anderem deshalb hatten sich auch viele Angehörige des medizinischen Personals mit dem Virus infiziert. Eine Studie italienischer Ärzte in Bergamo kam zu dem Ergebnis, dass die Krankenhäuser selbst Quelle für Coronavirus-Infektionen gewesen sind. COVID-19-Patienten gaben indirekt Infektionen an Nicht-COVID-19-Patienten weiter. Sanitäter der Krankenwagen und infiziertes Personal, insbesondere solche ohne Symptome, übertrugen die Ansteckung sowohl auf andere Patienten als auch zurück in die Gemeinschaft, hieß es. COVID-19-Patienten wurden eingeliefert und die Infektionsrate bei anderen Patienten stieg.[66] Dieses Narrativ, auch absolut gesunde Menschen könnten das Virus übertragen, sich schuldig machen am Tod einer anderen, insbesondere alten Person, war wichtig für den weiteren Verlauf der Aufrechterhaltung der Pandemie. Daher rückte nun der PCR-Test wieder ins Zentrum.

Es wurde berichtet, dass sich auch Ärzte unter den Toten befanden. Wie sich allerdings herausstellte, waren die meisten von ihnen bereits pensioniert.

Ende März hatte eine Gruppe italienischer Ärzte bei der Regierung eine Petition eingereicht, in der sie die sofortige Aufhebung der verfassungswidrigen Eindämmungsmaßnahmen forderten, da die tatsächlichen Voraussetzungen fehlten. Die Verbreitung von alarmistischen Nachrichten in den Medien wäre absolut ungerechtfertigt. Die Ärzte waren davon überzeugt, dass sich COVID-19 als eine Form der Grippe erwiesen hätte, dessen Erreger nicht schwerwiegender gewesen wäre als andere saisonale Coronaviren. Es seien Grippe, grippale Infekte und respiratorische Symptome zu SARS-CoV-2 hinzugezählt worden, auch ohne Tests. Die Ärzte kritisierten auch die Verwendung von Masken, Das stundenlange Tragen belaste die Gesundheit, führe zur Hyperkapnie und zu Superinfektionen durch Mikroorganismen.[67]

Das Hinzuzählen der Grippeviren geschah allerdings auch in Deutschland. (siehe die Wochenberichte Influenza des RKI) Später stellte sich heraus, dass die Gesamtsterbezahlen der statistischen Bundesämter nicht höher waren. Komischerweise erhoben aber gerade die „Vorzeige-Worst-Case"-Länder keine Statistik.

Eine weitere interessante Theorie, warum in der norditalienischen Region so viele Menschen an Lungenentzündungen erkrankten, stammte von **Antonietta Gatti** und **Stefano Montanari**, die Forscher auf dem Gebiet der Nanopathologie waren. Sie vertreten die Ansicht, dass Nanopartikel als Virusträger fungieren. Insbesondere auf die Luftverschmutzung sei es zurückzuführen gewesen, dass so viele Erkrankungen auftraten. Mit einen Brief an die *Europäische Union* forderten die Wissenschaftler, die Forschung zu erweitern und alle Begleit-Faktoren in den Regionen Mailand, Brescia und Bergamo zu analysieren. Die Maskenpflicht war für sie aber dennoch mehr als alles andere nur eine schädliche Maskerade, und sie erkannten die „Klappe" als Schweigegebot, die ihnen auferlegt wurde, insbesondere als Wissenschaftler.[68]

Mehrere Wissenschaftler hatten unterdessen unabhängig voneinander auf einen Zusammenhang der Corona-Todesfälle mit der Luftverschmutzung hingedeutet. Insbesondere in der Po-Ebene wurden überdurchschnittlich hohe Feinstaub-Werte gemessen. Dies zeigten auch Satellitenaufnahmen. Ein Positionspapier dreier italienischer Institute hatte die Luftverschmutzungsdaten eines bestimmten Zeitraums mit der Ausbreitung des Virus verglichen. Dafür wurde die Inkubationszeit von 14 Tagen eingerechnet. Das Ergebnis war eindeutig. Sowohl kurz- als auch langfristige Anstiege der Feinstaubbelastung führten demnach zu mehr Fällen, die im Krankenhaus behandelt wurden. Es ist auch denkbar, dass die langfristige Luftverschmutzung in der Region die Menschen für Pneumonien besonders anfällig macht.[69] Das Gleiche gilt natürlich auch für Großstädte, in denen die Feinstaubbelastung bekanntermaßen besonders hoch ist.

Eine weitere Theorie machte die Runde. Im Januar 2020 wurden in Bergamo in einer von den Behörden initiierten Aktion 34 000 Menschen gegen Meningokokken C geimpft. Eine Nebenwirkung des Impfens kann das Guillain-Barré-Syndrom sein, das in 25 % der Fälle eine Lähmung der Atemwegsmuskulatur verursacht. Hatte eventuell eine solche Impfwelle mit den Sterbefällen in der Region zu tun gehabt? Zumindest hätten solche Behauptungen überprüft werden müssen, was in der Regel nicht geschah.[70]

Im Juni 2020 verkündete der bekannte italienische Arzt **Dr. Alberto Zangrillo**, Leiter der Intensivstation des San-Raffaele-Krankenhauses in Mailand und Leibarzt des ehemaligen italienischen Ministerpräsidenten Silvio Berlusconi, dass das Virus inzwischen harmlos geworden wäre. Abstriche der letzten zehn Tage zeigten quantitativ eine Viruslast, die absolut verschwindend gering sei, im Vergleich zu den Abstrichen, die an Patienten im März und April durchgeführt wurden. Dennoch hielt die WHO an der Theorie des Killervirus fest.[71]

Wenn man zurückdenkt, so ist zudem anzumerken, dass sich Europa in der Krise alles andere als solidarisch verhielt. Dies betonte auch Ulrike Guérot: „Wer in Italien hilft, das sind die Russen, das sind die Chinesen und kubanische Ärzte. Aber es gab keine schwedischen Ärzte im italienischen Bergamo", gab sie zu bedenken.[72]

# Zahlen und Fakten

Um die Gefährlichkeit eines Virus beurteilen zu können, sind viele Faktoren zu beachten, doch sollte man sich auch einen Überblick über die Corona-Sterbezahlen in Relation zu anderen Todesursachen verschaffen. Jedes Jahr stirbt durchschnittlich weltweit eine gigantische Anzahl an Menschen. Die Zahlen mögen je nach Studie differieren und sich überschneiden, sie sollen nur einen ungefähren Eindruck vermitteln.

- 7, 2 Mill.  Herzinfarkt
- 7,1 Mill.  Rauchen
- 5,7 Mill.  Schlaganfall
- 4,2 Mill.  Lungenentzündung
- 3 Millionen COPD  Chronisch obstruktive Lungenerkrankung
- 3 Mill.  Alkoholmissbrauch
- 2,2 Millionen  Durchfallerkrankungen:
- 2 Millionen  Aids
- 1,5 Millionen  Tuberkulose
- 1,3 Millionen  Lungen-, Bronchien- und Luftröhrenkrebs
- 1,3 Millionen  Verkehrsunfälle
- 1,2 Millionen  Frühgeburt und zu geringes Geburtsgewicht

Es sterben laut Angaben der Institute dieses Jahr über eine Million Menschen „an" oder „mit" Corona. Diese Zahl erscheint zunächst gigantisch, sie muss allerdings noch relativiert werden. Die genaue Zahl erschließt sich uns nicht, da alle, die positiv getestet wurden, in die Statistik Eingang finden, auch wenn die Todesursache eine andere war. Hierauf machten alle unabhängigen Wissenschaftler immer wieder aufmerksam.

In dem Buch „Corona Fehlalarm? – Zahlen, Daten und Hintergründe" von Karina Reiss und Sucharit Bhakdi heißt es: „Das Problem mit den Todeszahlen ist ein ganz generelles, da diese Zahlen nur als Schätzungen betrachtet werden können. In Belgien wurden nicht nur alle Verstorbenen mitgezählt, welche auf COVID-19 positiv getestet wurden, sondern sogar alle jene, bei denen auch nur ein Verdacht bestand. Bei allem, was man weiß, müssen wir also davon ausgehen, dass die Anzahl an »echten« Corona-Toten in den meisten Ländern und auch in Deutschland um ein Vielfaches kleiner war."[73]

Die Sterbezahlen sind auch in diesem Jahr stabil geblieben. Es gibt für das Jahr 2020 keine Übersterblichkeit, weder in Deutschland noch weltweit. Menschen sterben, wenn sie älter sind, wenn sie immungeschwächt sind, an den Folgen eines Schnupfens oder einer leichten Erkältung, ausgelöst durch irgendeinen Erreger und einer sich anschließenden Lungenentzündung. Wir können nicht mit Gewissheit sagen, ob das Coronavirus zum Tod geführt hat oder ob es die Influenza war. Es wurde nur nach Coronaviren getestet. Beide Erkrankungen weisen annähernd die gleichen Symptome auf.

Angesichts dieser Zahlen und in Anbetracht der drastischen Corona-Einschränkungen (Lockdown und Maskenpflicht) müsste man sich fragen, warum nicht Rauchen oder Alkohol verboten oder das Autofahren eingeschränkt wird.

Bisher nicht genannt wurden die Hungertoten. Alle zehn Sekunden stirbt ein Kind an Unterernährung und täglich haben wir 12 000 Sterbefälle aufgrund von Hunger. Es gibt bereits jetzt Hunger-Epizentren, die durch Covid-19 verursacht wurden.

In diesem Jahr könnten laut einer *Oxfam*-Studie 121 Millionen Menschen infolge der sozialen und wirtschaftlichen Auswirkungen der Corona-Pandemie wie Massenarbeitslosigkeit, Unterbrechung der Nahrungsmittelversorgung und rückläufiger Hilfsgelder, an den Rand des Verhungerns getrieben werden. Mehr Menschen könnten verhungern als am Virus sterben.[74]

Aber auch in den wirtschaftlich stärkeren Ländern hat ein Lockdown die schlimmsten Nebenwirkungen. Hierauf wies schon im April der Epidemiologe John Ioannidis mit seiner Studie „A Fiasco in the Making" hin. Er kam zu dem Ergebnis, dass es mehr Tote durch einen Lockdown geben würde als durch Corona selbst und sprach von einem „Evidenz-Fiasko, wie es in einem Jahrhundert nur einmal vorkommt".[75] Seine Ergebnisse wurden kaum beachtet.

Ein Chart Display für Corona, so wie es von der *Johns Hopkins Universität* und anderen Instituten aufgestellt wurde, mit x Infizierten und x bestätigten

Toten könnten wir auch für Masern, Pocken, Influenza, Tuberkulose und Hunger aufstellen. Die Zahlen wären ebenso erschreckend.

Noch am 24. März verkündete Prof. Dr. Lothar H. Wieler, Präsident des *Robert Koch-Instituts*, anlässlich des Welttuberkulosetags: „Tuberkulose ist eine in der Regel gut behandelbare Infektionskrankheit, an der weltweit dennoch jedes Jahr etwa 10 Millionen Menschen erkranken und etwa 1,5 Millionen sterben – und die damit mehr Todesfälle verursacht als jede andere Infektionskrankheit." In den Medien wird die Krankheit dennoch meist nur einmal im Jahr, nämlich am Welttuberkulosetag erwähnt. Die Zahlen über das Coronavirus werden uns jedoch tagtäglich übermittelt. Hier zeigt sich offensichtlich ein Missverhältnis in der Bewertung. Es sollte jedem auffallen, dass die tägliche Berichterstattung über Corona-Zahlen nur den einen Sinn hat, Panik zu verbreiten.

## Epidemiologische Rechengrößen:

In der Epidemiologie bezeichnet der Ausdruck *Superspreader* Menschen, die infiziert sind und besonders viele Menschen anstecken. Meist liegt es nicht unbedingt an den Menschen selbst, dass sie viele andere anstecken, sondern an den Umständen. Zu vielen Ansteckungen kommt es beispielsweise bei so genannten Superspreading-Events, also Zusammenkünften von mehreren Menschen, bei denen sich Viren wie SARS-CoV-2 dann besonders gut verbreiten können. Jeder der infiziert ist und mit vielen Menschen auf einmal Kontakt hat, kann zum Superspreader werden.

Die Zahl der Menschen, die ein Infizierter ansteckt, wird mit der so genannten *Reproduktionszahl R* angegeben. Bei SARS-CoV-2 liegt R normalerweise zwischen 2 und 3. Das bedeutet, ein Infizierter steckt zwei bis drei weitere Menschen an. Das Ziel der Maßnahmen war es, diese Zahl zu drosseln, R sollte so gering gehalten werden wie möglich. Denn je kleiner R ist, desto schneller nimmt die Zahl der Neuinfektionen ab.

Allerdings ist R nur ein Durchschnittswert. Denn die meisten Menschen, betont James Lloyd-Smith von der *University of California* in Los Angeles im *Science-Magazine*, würden trotz Infektion niemanden anstecken. Dafür stecken einige wenige Menschen vergleichsweise viele andere an. Eine Studie besagt sogar, dass die Wahrscheinlichkeit sich anzustecken bei Mitgliedern, die in einem Haushalt leben, nur bei 15 Prozent liegt. Woran das liegt, können Wissenschaftler bisher nicht genau sagen. Ein Grund könnte sein, dass Infizierte nur wenige Tage besonders ansteckend sind. Aber auch eine unerkannte Hintergrund-Immunität könnte damit zu tun haben, vermutet Virologe Christian Drosten in dem NDR-Podcast „Corona Update". Dazu gibt es aber bislang kaum Daten.

Auch wenn R weiterhin eine wichtige Zahl zur Einordnung der Verbreitung einer Infektionskrankheit hat, sind auch andere Parameter wichtig.

*Dispersionsfaktor:* Neben R ist auch der so genannte *Dispersionsfaktor K* ein aussagekräftiger Parameter. Er gibt Häufungen einer Krankheit an und wird auch als Streuparameter bezeichnet. Er beschreibt, wie häufig eine Krankheit auftritt und inwiefern sie zur Cluster-Bildung neigt.

Grundsätzlich gilt: Je kleiner K ist, desto mehr Infektionen lassen sich auf eine oder wenige Personen zurückführen. Das bedeutet: Desto größer ist die Rolle von Superspreading-Events. Bei der Saisonalen Grippe liegt der K-Wert bei ungefähr 1, Superspreader-Ereignisse spielen keine große Rolle.

Bei der SARS-Epidemie 2002/2003 hingegen spielte Superspreading eine besonders große Rolle, wie eine Untersuchung aus dem Jahr 2005 von James Lloyd-Smith zeigt. Der K-Wert lag, entsprechend seinen Berechnungen, bei etwa 0,16. Bei dem Middle East Respiratory Syndrome Coronavirus MERS, das sich 2012 verbreitete, lag der Wert bei 0,25. Für die Spanische Grippe kommt Lloyd-Smith auf einen Wert von 1 – Superspreading und Superspreading-Events spielten damals entsprechend keine Rolle.

Wie hoch ist der Dispersionsfaktor beim neuartigen Coronavirus? Wie groß genau der Dispersionsfaktor K beim SARS-CoV-2-Virus ist, wissen Experten bisher nicht genau. Einige Wissenschaftler gehen davon aus, dass er höher ist als bei SARS und MERS – dass Superspreading also eine etwas kleinere Rolle spielt. Auch Infektionsbiologe Udo Buchholz aus der Fachabteilung für respiratorische Erkrankungen beim *RKI* meint, dass K bei SARS und MERS eine größere Rolle gespielt habe als bei der aktuellen Pandemie. Als Grund nennt er den seiner Ansicht nach häufigsten Übertragungsweg:

„Der Regelfall derzeit ist weiterhin die Tröpfchen-infektion."

Bisher gibt es keine eindeutigen wissenschaft-lichen Daten zum Faktor K. Während Buchholz von einem eher höheren Dispersionsfaktor beim neuartigen Coronavirus ausgeht, kommen in einer aktuellen Studie Akira Endo, Adam Kucharski und Sebastian Funk von der *London School of Hygiene and Tropical Diseases* in einem Preprint – also einer bisher nicht dem Peer-Review unterzogenen Vorveröffentlichung – zu dem Ergebnis, dass K sogar nur bei 0,1 liegen könnte. 10 Prozent der Infizierten könnten für 80 Prozent der Ansteckungen verantwortlich sein, schreiben sie. In einer weiteren Preprint-Veröffentlichung haben Gabriel Leung und Kollegen berechnet, dass K bei SARS-CoV-2 bei 0,45 liege.

Andere Wissenschaftler – auch der Virologe Christian Drosten von der *Charité* gehen davon aus, dass 20 Prozent der Infizierten für 80 Prozent der Ansteckungen verantwortlich sind. Das bedeutet also: Die meisten Infizierten stecken wahrscheinlich nur wenige bis keinen an, aber wenige Infizierte stecken sehr viele Menschen an.[76]

## Die Zeugen Coronas

**Christian Drosten** ist der deutsche Star-Virologe. Von 2007 bis 2017 war er Professor an der Universität Bonn. Seit 2017 ist er Leiter der Virologie an der *Charité* in Berlin. Einer seiner Forschungsschwerpunkte sind neuauftretende Viren. Bekannt wurde er einer breiten Öffentlichkeit im Zuge der

COVID-19-Pandemie, unter anderem durch den *NDR-Podcast „Coronavirus-Update"*.

Drosten gehört zu den Mitentdeckern des SARS-assoziierten Coronavirus (SARS-CoV). Mit Stephan Günther gelang ihm im Jahr 2003, wenige Tage nach der Identifizierung und noch vor den *Centers for Disease Control and Prevention* (*CDC*) die Entwicklung eines diagnostischen Tests auf das neu identifizierte Virus. Seine Erkenntnisse zu SARS stellte Drosten der Wissenschaftsgemeinde über das Internet sofort zur Verfügung, noch bevor sein Beitrag im Mai 2003 im *New England Journal of Medicine* erschien. Dies wurde u. a. von der Zeitschrift *Nature* gewürdigt. Als Anfang des Jahres 2020 in der chinesischen Stadt Wuhan immer mehr Menschen an einem noch nicht eindeutig identifizierten Virus erkrankten, stellte er seinen am *Charité* entwickelten PCR-Test zur Verfügung, der später weltweit Anwendung fand. Von Corona-Skeptikern wird die Zuverlässigkeit dieses Tests bestritten. PCR-Tests seien oft falsch positiv. Nur aufgrund dieser Tests waren die Maßnahmen der Regierungen jedoch zu rechtfertigen. Drostens Aussagen und Empfehlungen beeinflusste die politische Debatte und Entscheidungen maßgeblich. Im März betonte er jedoch, dass er nur einer von vielen Wissenschaftlern sei, die die Bundesregierung zu Rate ziehe, die Hauptrolle komme dabei dem *Robert-Koch-Institut* zu, insbesondere habe er aber nicht über die Notwendigkeit von Maßnahmen wie einer Ausgangssperre mit der Regierung gesprochen.

Das Wissenschaftsmagazin *Science* zählt ihn zu den „weltweit führenden Experten im Hinblick auf

Coronaviren". Nachdem er sich aus Talkshows zurückgezogen hatte, da er nicht als Comicfigur in die Geschichte eingehen wollte, übernahm Wieler die Hauptrolle im öffentlich-rechtlichen Fernsehen. Drosten betrieb jedoch weiterhin seinen Podcast im NDR.

Am 29. April veröffentlichte das *Institut für Virologie* an der Berliner *Charité* eine Corona-Studie über ansteckende Kinder – mit weitreichenden politischen Konsequenzen. Sein Forscherteam hatte behauptet, dass Kinder genauso ansteckend seien wie Erwachsene. Drosten lag mit dieser Studie komplett daneben, wie sich später herausstellte.[77]

Obwohl viele seiner Ergebnisse und Aussagen über das Virus sehr fragwürdig sind, wurde er am 1. Oktober mit dem Bundesverdienstkreuz ausgezeichnet.

**Lothar H. Wieler** ist ein deutscher Tierarzt und Fachtierarzt für Mikrobiologie. Seit März 2015 ist er Präsident des *Robert Koch-Instituts*. In dieser Funktion erreichte er eine deutschlandweite Bekanntheit während der Corona-Pandemie 2020.

Wieler hat noch viele weitere Ämter inne. Seit Juni 2019 ist er Co-Vorsitzender der *Working Group on Influenza Preparedness and Response* der WHO. Diese Arbeitsgruppe arbeitete Leitfäden und Vorsorgepläne im Falle einer pandemischen Influenza aus. Es geht darin um die Rolle der WHO und um Empfehlungen für nationale Maßnahmen während Pandemien.

Seit Mai 2018 ist er Mitglied der *Strategic and Technical Advisory Group for Infectious Hazards*

*(STAG-IH)* der WHO, das ist die Strategische Beratergruppe für Infektionsgefahren. Sie wurde während des Ebola-Ausbruchs eingerichtet.

Seit Februar 2018 sitzt er im *Beirat für Gesundheitsforschung (European Advisory Committee on Health Research)* des WHO Regionalbüros Europa. Dieses Büro kümmert sich um *Evidenzgeleitete Politikgestaltung*, also darum, wie Einfluss auf die Politik genommen werden kann.

Seit Oktober 2017 sitzt er im Vorstand der *International Association of National Public Health Institutes (IANPHI)*, finanziert und gesponsert von der *Rockefeller Foundation.* Diese ist eine Mitgliedsorganisation von Regierungsbehörden, die sich für die Verbesserung der nationalen Prävention und Reaktion im Falle von Krankheiten einsetzen. Die *IANPHI* besteht aus mehr als 100 Mitgliedern in ungefähr 90 Ländern. Ein wichtiges Ziel der *IANPHI* ist die Verbesserung der Gesundheitsergebnisse durch Stärkung oder Schaffung von *NPHIs (National Public Health Institutes)*.

Wieler ist, wie wir sehen, sehr verstrickt mit der WHO. Diese ist praktisch ein weiterer Arbeitgeber neben dem *RKI*. Einer der Sponsoren des *RKI* ist übrigens Bill Gates. Es ist anzunehmen, dass Wieler in seinem Denken und Handeln von seinen Geldgebern beeinflusst wird. Außerdem arbeitet das *RKI* noch mit der *Leopoldina*, der *Nationalen Akademie der Wissenschaften*, zusammen. Mitglied der *Leopoldina* ist auch Joachim Sauer, der Ehemann von Angela Merkel.[78] Verstrickungen gibt es viele.

Auf *phoenix persönlich* im Gespräch mit Alfred Schier vertritt Wieler am 15. Oktober die Theorie, das Virus werde sich im Verlauf der weiteren Pandemie wie ein harmloses Schnupfenvirus entwickeln.[79]

**Jens Spahn**, deutscher Gesundheitsminister, hat im Grunde keine Ausbildung im Bereich des Gesundheitswesens, wurde 2012 zu den *40under40 – European Young Leaders* gewählt, also den 40 einflussreichsten europäischen Führungskräften oder Politikern unter 40 Jahren. Er absolvierte das *American Council on Germany*, dieses ist mit dem *Council of Foreign Relations* affiliiert. Diese wiederum ist eine amerikanische Denkfabrik, die in den 20er Jahren von einer Finanzelite gegründet wurde. Der *American Council on Germany* wurde gleichzeitig mit seiner deutschen Schwesterorganisation *Atlantik-Brücke* ins Leben gerufen. Diese hat ein transatlantisches Netzwerk. Jens Spahn ist auch Mitglied in diesem Lobbyistenverband. Es gibt also Verstrickungen zur Finanzelite. Medienorganisationen und die Öffentlich-Rechtlichen sind alle in irgendeiner Form bei der *Atlantik-Brücke* vertreten. Spahn ist mit dem Chef-Lobbyisten Daniel Funke von *Burda-Media* verheiratet. Auch auf der *Bilderberg-Konferenz* ist Jens Spahn gewesen. Dort war im Jahr 2016 auch Wolfgang Schäuble. Einige Monate danach wurde Spahn zum Gesundheitsminister ernannt, obwohl er in seiner gesamten Laufbahn keine Ausbildung im Gesundheitsbereich hatte. Er hatte dann ein umstrittenes digitales Versorgungsgesetz erlassen.[80] Hier ging es um eine Gesundheitsapp, auf der alle Patientendaten gespeichert werden sollten. Eine Möglichkeit für Versicherte, der Weitergabe ihrer Daten zu widersprechen, war nicht vorgesehen. Es gab daher erhebliche datenschutzrechtliche Bedenken gegen das Gesetz.

Anfang 2020 hatte Spahn eine neue Abteilung für Gesundheitssicherheit geschaffen, deren Gründung schon 2019 geplant worden war. Geleitet wird diese Abteilung von **Hans-Ulrich Holtherm**, einem Bundeswehrgeneral, der zuvor eine neu gegründete NATO-Behörde geführt hatte, wo es um »frühzeitige Detektion von infektiösen Krankheitsausbrüchen in nahezu Echtzeit« ging sowie eine »zentralisierte Überwachung der eingesetzten Streitkräfte«. Holtherm trägt bei seiner jetzigen Arbeit im Gesundheitsministerium weiterhin Uniform, leitet den Corona-Krisenstab und berät Jens Spahn beim Krisenmanagement. Mit der Verschmelzung von Militär und Medizin liegt der Gesundheitsminister im Trend.[81]

Während der Corona-Krise ist Spahn sehr auf eine Corona-Warn-App fokussiert, Apple und Google möchten jedoch aus Datenschutzgründen Daten weiterhin dezentral speichern, und so bestehen Differenzen. Seit Juni ist die App in Deutschland und seit Anfang Juli auch in allen Staaten der EU zum Download verfügbar.

Im September wird bekannt, dass Jens Spahn gemeinsam mit seinem Mann eine Vier-Millionen-Euro-Villa in Dahlem kauft. Auch für einen Politiker ist so ein Investment für eine Luxusvilla nicht gerade leicht zu stemmen. Etwa 20 000 Euro brutto im Monat verdient Spahn als Gesundheitsminister und

Bundestagsabgeordneter. Medien und Youtubern, die den Kaufpreis seiner Villa erwähnten, drohte er mit einer Klage.

**Prof. Alexander Kekulé** ist seit 1999 Inhaber des Lehrstuhls für Medizinische Mikrobiologie und Virologie der *Martin-Luther-Universität Halle-Wittenberg* und Direktor des *Instituts für Medizinische Mikrobiologie* des *Universitätsklinikums Halle (Saale)*. Sein beruflicher Werdegang war geprägt vom Bild der steilen Karriereleiter. Er studierte Philosophie, Biochemie und Humanmedizin an der *Freien Universität Berlin* und an der *Ludwig-Maximilians-Universität München* bis 1987. 1988 arbeitete er als Summer Associate für die Unternehmensberatung *McKinsey & Company* in New York City. Er forschte im *Max-Planck-Institut für Biochemie* in München. 1993 habilitierte er sich im Fach Medizinische Mikrobiologie/Virologie an der *Technischen Universität München*. Seine Forschungsschwerpunkte sind Infektionskrankheiten, biologischer Bevölkerungsschutz und Bioethik. Kekulé ist Mehrheitsgesellschafter und Geschäftsführer des *Instituts für Biologische Sicherheitsforschung (IBS)* in Halle, das 2006 zur „Erforschung, Entwicklung und Vermarktung biologischer und medizinischer Innovationen mit dem Schwerpunkt biologische Sicherheit" gegründet wurde.

Im Jahr 2003 verfasste er einen Beitrag über Biowaffen im Irak mit dem Titel „Bio-Tod in 45 Minuten? – Fakten und Fiktionen zum irakischen Biowaffenprogramm", welcher im Buch „Brandherd Irak: US-Hegemonieanspruch, die UNO und die Rolle Europas“ veröffentlicht wurde. Bekanntlich erwies sich das Biowaffenarsenal nach dem Irakkrieg als Flop. Im Jahr 2006 schrieb er einen Bericht der Schutzkommission mit dem Titel „Schutz der Bevölkerung vor neu auftretenden Influenzaviren“. Hierin warnte er vor Gefahren einer Influenza-Pandemie, die im Gegensatz zur Vogelgrippe ganz andere Ausmaße annehmen könne und machte darauf aufmerksam, dass es für ein Worst-case-Szenario nach dem Vorbild der „Spanischen Grippe“ von 1918 keine adäquaten Planungen gäbe.[82] Pandemieplanung war schon damals ein Schwerpunkt seiner Tätigkeit. Zuletzt veröffentlichte er als Repräsentant des *IBS* 2015 eine Analyse der Ebola-Epidemie in Westafrika und empfahl Maßnahmen für eine bessere Handhabung zukünftiger Ausbrüche von Infektionskrankheiten.

Von Anbeginn des Corona-Ausbruchs in Deutschland vertrat er die folgenden Standpunkte. Unabhängig von den Infektionszahlen sei das Coronavirus zehnmal so tödlich wie die Grippe. Es gäbe keine Immunität in der Bevölkerung, weder durch bewältigte Infektionen noch durch Impfung, da kein Impfstoff entwickelt ist. Er forderte Einreisekontrollen an den Flughäfen und missbilligte, Gesundheitsminister Jens Spahn hätte sie zunächst abgelehnt, obwohl andere Länder diese bereits umgesetzt hätten. Zum Thema Mundschutz hieß es zunächst, das wäre „Quatsch“, der schützte nur davor, dass der Operateur das Umfeld kontaminiere. Die Masken aber seien nicht virendicht.[83]

Nach dem Lockdown ließ er verlauten, man dürfe es nicht versäumen, die Faktoren zu untersuchen, die dazu geführt hätten, in die Grundrechte einzugreifen, um sie auch wieder zulassen zu können. Er war aber ein Befürworter von Maßnahmen wie dem *Smart Distancing* und änderte wie alle anderen Experten seine Meinung zum Tragen von Masken, sie seien notwendig, um so schnell wie möglich durch die Pandemie zu kommen. Kekulé sagte im Gespräch mit dem *Deutschlandfunk*, dass er ebenso wie Drosten der Meinung seit, dass Kinder genauso ansteckend wie Erwachsene wären, es läge aber noch im Bereich „des Glaubens".

Der MDR produziert seit dem 16. März das Podcast *Kekulés Corona-Kompass*.

**Anthony Fauci**, Direktor des *National Institute of Allergy and Infectious Diseases (NIAID)*, Berater von sechs US-Präsidenten und ihrer Regierungen auf den Gebieten der Biogefährdung sowie der Infektion mit HIV und anderen Viren. Mit seinen öffentlichen Aussagen wurde er zum Teil als Gegenpart zu US-Präsident Donald Trump wahrgenommen. Im Januar 2017 warnte er kurz vor dessen Inauguration, der kommende Präsident würde in seiner Amtszeit ohne Zweifel mit einem überraschenden Ausbruch einer neuen Infektionskrankheit konfrontiert sein. Auch während eines Forums zur Vorbereitung auf Pandemien an der *Georgetown University* hatte er derartige Voraussagen gemacht. Ging es ihm um vermehrte finanzielle Zuwendungen, oder hatte er tatsächlich Informationen über zukünftige Pandemien? Das könnte Anlass zu vagen Spekulationen geben.

**Bill Gates**, Milliardär, mit einem Vermögen von 110 Milliarden Dollar, ist einer der reichsten Menschen der Welt. Im Jahr 2008 zog er sich aus dem operativen Geschäft zurück und ist seither über die von ihm und seiner Frau gegründete wohltätige *Bill & Melinda Gates Foundation* hauptsächlich als Philanthrop aktiv. An diese hatte Gates im Rahmen der *The Giving Pledge* bis 2011 bereits ein Drittel seines Vermögens (knapp 28 Mrd. US-Dollar) gespendet. Inzwischen (Stand: 2018) hat Gates über 36 Mrd. US-Dollar an sie abgetreten sowie angekündigt, bis zum Lebensende 95 Prozent seines Vermögens an sie abgeben zu wollen.

Die *Bill & Melinda Gates Foundation* besteht seit 1999. Bill Gates warnte bereits seit Jahren – auch schon vor der COVID-19-Pandemie 2020 – vor den Gefahren einer weltweiten Pandemie.[84] Die *Globale Allianz für Impfstoffe und Immunisierung (Gavi)* wird zu 17 % (1,5 Mrd. US-Dollar) von der *Bill & Melinda Gates Foundation* finanziert, die, im Gegensatz zu den UN-Organisationen (WHO), dort auch einen ständigen Sitz im Aufsichtsrat hat. Am 29. Januar 2010 gaben Bill und Melinda Gates bekannt, dass sie in den nächsten 10 Jahren insgesamt 10 Milliarden US-Dollar für Impfstoffe spenden wollen.

Bislang hat die größte private Stiftung der Welt mehr als 250 Millionen US-Dollar zur Verfügung gestellt, um die Entwicklung von Diagnostika, Therapeutika und Impfstoffen gegen Covid-19 zu fördern und die Gesundheitssysteme in Afrika und Südasien beim Umgang mit der Covid-19-Pandemie zu unterstützen.

Bill Gates ist auch maßgeblich daran beteiligt, 5G zu etablieren. Das „G" steht dabei für „Global" und die 5 für die fünf Programmbereiche, in denen sich die *Bill & Melinda Gates Foundation* engagiert: „Global Health", „Global Development", „Global Growth & Opportunity", „Global Policy & Advocacy" – und noch ein fünfter Bereich, der sich für bessere Bildungschancen von Kindern aus armen Familien in den USA einsetzt.

## Soziale Medien und kritische Stimmen

Nur in sozialen Medien findet kritische Berichterstattung statt. Vieles von dem, was vorher als Enthüllungsjournalismus galt, wird nun als Verschwörungstheorie abgetan. In den Mainstream-Medien gibt es keine echte Opposition.[85]

**Dr. Wolfgang Wodarg** ist ein deutscher Mediziner und Politiker. 1981 übernahm er die Leitung des Gesundheitsamts der Stadt Flensburg, wo er bis 1994 als Amtsarzt arbeitete. Er hat an der *Johns Hopkins Universität* studiert, war Vorsitzender des Gesundheitsausschusses im Europarat und saß von 1994-2009 im Bundestag (SPD). Während seiner Tätigkeit im Ausschuss für „Wirtschaftliche Zusammenarbeit und Entwicklung" von 2005 bis 2009 war Wodarg Berichterstatter für alle gesundheitsbezogenen Themen mit folgenden Schwerpunkten: Maßnahmen im weltweiten Kampf gegen HIV/Aids,

Malaria, Tuberkulose und vernachlässigte Krankheiten in den armen Ländern. Er war der Initiator der Untersuchungen des Europarates zur Pandemie H1N1, zur Rolle der Impfstoff-Hersteller und der WHO. 2009 berichtete er hierüber in der Arte-Reportage *Profiteure der Angst – Das Geschäft mit der Schweinegrippe.* Er hielt den Umgang mit der Schweinegrippe für einen der größten Medizinskandale des Jahrhunderts. Es gab im Vorfeld eine Simulation des *Bundesamts für Bevölkerungsschutz und Katastrophenhilfe* einer weltweiten Influenza-Pandemie, ähnlich wie im Jahr 2019 das *Event 201* der *Melinda Gates Stiftung.* Angeblich würden ohne Maßnahmen eine 1/2 Million Menschen an der Schweinegrippe sterben. Nachdem die WHO die Schweinegrippe zur weltweiten Seuche erklärt hatte, aktivierten die Behörden rund um den Globus ihre Notfallpläne. Ein Schweinegrippe-Impfstoff sollte her, in kürzester Zeit, für Millionen Menschen. Nur so, das war der Gedanke dahinter, könne der Mensch die Macht über die Verbreitung des Virus zurückgewinnen.

Um die Produktion zu beschleunigen, mischte das Pharmaunternehmen *GSK* seinem Impfstoff einen Wirkverstärker bei. So konnten Unternehmen und Behörden weniger Wirkstoff auf mehr Menschen verteilen. Bislang galt vor allem diese sogenannte Adjuvans als problematischer Teil des Impfstoffs. Später berichtete das *British Medical Journal*, dass es auch beim Herstellungsprozess des europäischen Mittels Probleme gegeben haben könnte.[86]

Es gab keine Käufer für den Schweinegrippen-Impfstoff. Alle Verhandlungen über den Verkauf von überschüssigen Impfdosen waren gescheitert. Anfang Mai 2010 waren in den deutschen Bundesländern noch etwa 28,3 Millionen von insgesamt 34 Millionen beschafften Präparaten nicht verwendet. 236 Millionen Euro Verlust. Nach erster Angst gab es kein Interesse mehr am Schweinegrippe-Impfstoff.[87] Tatsächlich war die Welle eine der schwächsten der letzten Jahre. Dies berichtete ich bereits.

Im Jahr 2019 brachte der Gesundheitsminister Jens Spahn im Rahmen einer Digitalisierung des Gesundheitssystems einige Gesetze ein, die den Zugriff auf Patientendaten und Gesundheitsdaten für eine zentralisierte Datenspeicherung und -verarbeitung legitimierten. Am 9. November 2019 erging daraufhin ein Offener Brief an den Bundespräsidenten, in dem sich Wodarg seinem Ärger über die Gesetze von Spahn Luft machte. Er verglich die Gesetzgebung mit einem Staatsstreich.

Als sich nun Anfang 2020 mit der ausgerufenen Corona-Pandemie die Ereignisse der Schweinegrippe zu wiederholen begannen, war Wodarg einer der ersten, der auf die Barrikaden ging. In einem Meinungsbeitrag und in der am 10. März ausgestrahlten Sendung *Frontal21* bezeichnete er die Quarantänemaßnahmen und Verbotsregelungen als „Panikmache" und erklärte, Epidemien mit Coronaviren träten jedes Jahr auf und bedürften keiner besonderen Schutzvorkehrungen oder Tests. Hierbei bezog er sich auf eine in *PNAS* veröffentlichte schottische Studie. Das *RKI* und die WHO distanzierten sich von Wodargs Aussagen. Seither wurde Wodarg von den öffentlich-rechtlichen Medien geschasst. Am 17. März gab er Ken Jebsen ein Interview.[88] Wenn es den Test nicht gäbe, dann würden wir von einer Pandemie gar nichts bemerken. Viren gehörten zu uns. Am 25. März entschied *Transparency International Deutschland*, Wodargs Vereinsmitgliedschaft „bis auf Weiteres ruhend" zu stellen. Auch die Politik bezog gegen ihn Stellung. In einer Fernsehansprache am 18. März betonte Angela Merkel, man solle nur den offiziellen Medien glauben. Zwischen 25 und 30 Millionen Menschen sahen die in den Medien teils als „historisch" bezeichnete Rede.

Am 25. März erging ein offener Protestbrief an Politik und Medien mit dem Titel: „Aufruf zur Aufhebung der Corona Zwangs-Maßnahmen!", unterschrieben von 27 Fachärzten, darunter Dr. Wolfgang Wodarg, Dr. Rolf Kron, Dr. Claus Köhnlein, Dr. Andres Bircher, Dr. Hans Tolzin sowie Prof. Dr. Sucharit Bhakdi.

In einem Artikel „Krieg gegen einen Joker" vom 4. Mai verdeutlichte Wodarg, um was es aus seiner Sicht tatsächlich bei der ausgerufenen Pandemie geht. Darin hieß es: „Die Pharma-Industrie und ihre Virologen versuchen derzeit, aus durchsichtigen Gründen, den Erreger SARS-CoV-2 als stabilen Feind zu definieren. Für den »Krieg gegen das Virus« braucht man die Gefahr in Form einer Stachelkugel. Eine »coronafreie Welt« ist das erklärte Ziel des impf-besessenen Bill Gates und seiner politischen Freunde. Auch in Hinblick auf eine mögliche Impfung versucht man, uns die Illusion eines klar definierbaren Gegners in der Welt der Viren einzureden. Denn das ist die Voraussetzung für das

Geschäft mit der Testerei und die staatliche Durchsetzung einer weltweiten und für die Impfstoffhersteller risikolosen Impforgie. Heute, am 4.5.2020 findet eine Online-Geberkonferenz zur »Schaffung einer coronafreien Welt« (ARD-Tagesschau) statt, und Kanzlerin Merkel verspricht Milliarden unserer Steuergelder dafür hinzugeben. Aus wissenschaftlicher Sicht handelt es sich bei allen diesen Bemühungen – schonend ausgedrückt – um gefährliche Irrwege. Ich spreche hier noch nicht von den Profiteuren dieses Irrsinns." [89]

Er weist in dem Artikel darauf hin, dass neben Tausenden von SARS-CoV-2 Viren ebenfalls viele andere humane Coronaviren existieren, die alle ständig mutieren. Diese Mutationen häufen sich in der Regel in einem Maße, so dass sich auch dieses neue Virus in seiner Gensequenz schnell wieder verändert und bereits jetzt „Schnee von gestern" sein könnte. Es gibt Kreuzimmunitäten mit anderen Coronaviren, daher sind Massentests und Impfungen Nonsens, Immunitätsnachweise eine Farce. Zoonose sei ein überflüssiger Kampfbegriff, denn der Mensch ist auch ein Zoon. Solche Hypothesen aufzustellen, sei aber die übliche Praxis der Virologie. Sie findet eine virale Gensequenz, die sie noch nicht kennt und erklärt ein neu entdecktes Virus zum Todesvirus. Nun kommt die Zoonose-Hypothese ins Spiel. Dank dieser Hypothese, dass ein Erreger Ende 2019 neu von einem tierischen Wirt auf den Menschen übergesprungen sei, könne man dem Virus eine erhöhte Pathogenität unterstellen. Der Erreger sei für den Menschen neu, deshalb hätten die Menschen keine Gelegenheit gehabt, eine Immunabwehr aufzubauen.

Für die Verbreitung bedurfte es eines maroden Tests, überhasteter Maßnahmen und der blinden Gläubigkeit in Wissenschaft und Autoritäten. Alles basiert jedoch auf falschen Prioritäten und täuschenden Zahlen. Bei den meisten der Infizierten traten keine Symptome auf. 40% der Intensivpatienten waren bereits schwerstpflegebedürftig und kamen direkt aus dem Pflegeheim auf die Intensivstation. Die Schwerbetroffenen seien im Schnitt über 80 Jahre alt und litten in der weit überwiegenden Mehrzahl der Fälle unter schweren Vorerkrankungen. Wie viele von ihnen an den Folgen der voreiligen Beatmung gestorben sind, kann niemand sagen.

Wodarg folgert: „Die Wissenschaft und die von ihr beratene Politik werden nun weiterhin ihrer selbstgemachten Krise nachlaufen müssen. Es handelt sich um Fehlalarme, um eine soziale Autoimmunkrankheit". Er bezweifelt, dass es bei dem herrschenden medialen Klima und unter dem politischen Druck, die drakonischen Maßnahmen und deren Folgen zu rechtfertigen, zur Zoonose-Hypothese und zu einer umsichtigen Risikoabschätzung noch eine unabhängige wissenschaftliche Diskussion geben wird.

„Die Evolution läuft schon Millionen Jahre, und in den letzten 20 Jahren werden durch Virologen alle 3-5 Jahre neue »Todesviren« herausgesucht, welche die Menschheit angeblich schwer bedrohen sollen? MERS, SARS(1), SARS(2), Schweinegrippe,

Vogelgrippe? Sind wir wirklich so blind? Oder sehen wir, dass der Kaiser nackt ist?"

So wie im Märchen von Hans Christian Andersen ist die Obrigkeit anscheinend einem Betrug aufgesessen. Die Politiker vertrauten leichtgläubig einigen Experten, und die offensichtliche Wahrheit bleibt weiterhin verborgen.

Die Virologin Prof. **Dr. Karin Mölling** ist bekannt durch ihr Buch „Supermacht des Lebens – Reise in die erstaunliche Welt der Viren". Am 14. März erregte sie Aufmerksamkeit mit einem Interview von *Radio Eins*, in dem sie erklärte, Corona wäre kein schweres Killervirus, die Panikmache sei das Problem. Auf einer Gefährlichkeitsskala von 1 bis 10 würde sie das Virus nur mit 3 bis 4 einstufen. Die damals offiziell gemeldeten Todesfälle (acht nach der Meldung des *RKI* vom 14. März in Deutschland) ständen in keinem Verhältnis zu den ergriffenen oder geplanten Maßnahmen. Über die 2000 bis 3000 Influenzatoten in Deutschland 2020 (bis 14. März) würde keiner reden und auch nicht über die 25 000 Toten der Influenzaepidemie zwei Jahre zuvor. *Radio Eins* distanzierte sich in einer Stellungnahme: Mölling vertrete eine Einzelmeinung, lasse bestimmte Fakten außer Acht, und ihre Aufrechnung mit anderen Todesfällen sei zynisch. Für den etwa entstandenen Eindruck der Verharmlosung entschuldigte sich die Redaktion. Mölling nahm außerdem am 17. März an der Fernsehsendung *Phoenix Runde* mit dem Thema „Die Coronakrise – Reichen die Maßnahmen?" teil, in der sie ihre Meinung bekräftigte, die Maßnahmen der Regierung seien stark überzogen. Aufgrund der hochgerechneten Sterbezahlen, die von anderen Erregern (Influenza, Multiresistente Keime) übertroffen würden, gebe es keinen Grund, die gesamte Bevölkerung in Quarantäne zu stellen. Die veröffentlichten Zahlen zur Pandemie seien unvollständig. Sie verspreche sich einen höheren Effekt und Schutz des Gemeinwohls, nur die Risikogruppen (zu denen sie auch zählt) durch Isolation zu schützen. Im Interview mit *KenFM* am 24. März verneinte sie die Frage von **Ken Jebsen**, ob sie eine Herdenimmunisierung unterstütze. Diese sei „heute eine ethisch sehr zweifelhafte Angelegenheit. Sie gehöre zu den „Hilflosigkeitsreaktionen, weil man versuchen müsse, was zu tun", aber „Entscheidungsträger" dürften Leute nicht „ins offene Messer laufen lassen". Über die COVID-19-Pandemie sagte sie: „Ich hätte dieses nie für möglich gehalten [...] Was jetzt läuft, sprengt jede Fantasie."

**Sucharit Bhakdi**, Facharzt für Mikrobiologie und Infektionsepidemiologie. Er ist emeritierter Professor der *Johannes Gutenberg-Universität Mainz* und war von 1991 bis 2012 Leiter des dortigen *Instituts für Medizinische Mikrobiologie und Hygiene*. Am 18. März 2020 richtete Bhakdi einen eigenen YouTube-Kanal ein und äußerte sich in drei kurz hintereinander veröffentlichten Videos kritisch zur Datengrundlage, die das Fundament für die verordneten Maßnahmen gegen die COVID-19-Pandemie in Deutschland bildete. Er kritisierte, dass in den Massenmedien oft mit Infizierten-Zahlen argumentiert werde, ohne nach der Schwere der

Symptome zu differenzieren, und dass man Menschen als „Coronatote" klassifiziere, wenn ein positives Testergebnis vorliege, ohne die Todesursache zu ermitteln, selbst dann nicht, wenn multiple Vorerkrankungen andere Ursachen nahelegten. Es sei auch methodisch falsch, das Verhältnis von Toten zu Infizierten aus der Anfangszeit der Epidemie zu verwenden, um neuere Infiziertenzahlen auf zu erwartende Tote hochzurechnen. Am 26. März verfasste Bhakdi zu seiner Argumentation einen fünf Fragen aufwerfenden offenen Brief an Bundeskanzlerin Angela Merkel und verbreitete ihn am 29. März öffentlich, in dem er als viertes Video ähnlich der Kanzlerin eine Ansprache an seine „Mitbürger" richtete. Sein Resümee war, dass er die verordneten Maßnahmen des Lockdowns als Verletzung der Grundrechte klassifizierte. Bhakdis Thesen wurden in Medien weitgehend verrissen. Seine fünf Videos auf YouTube hatten nach sechs Wochen knapp 50 000 Abonnenten und über 4 Millionen Aufrufe, davon mehr als die Hälfte durch den Vortrag des offenen Briefes an Kanzlerin Merkel.

Am 3. Juni veröffentliche er gemeinsam mit seiner Frau **Karina Reiss** ein Buch mit dem Titel „Corona Fehlalarm? Zahlen, Daten und Hintergründe", welches das Thema kritisch beleuchtete und innerhalb weniger Tage zum Amazon wie auch Spiegel-Bestseller Nr 1 wurde.

**Beate Bahner**, Fachanwältin für Medizinrecht aus Heidelberg, wollte im April 2020 gegen die Corona-Verordnungen vor Gericht ziehen. Das Bundesverfassungsgericht lehnte jedoch einen Eilantrag gegen die Corona-Verordnungen ab. Bahner wurde in eine psychiatrische Einrichtung gebracht – und kurz darauf wieder entlassen. Nach einer Demo für die Anwältin vor einer Polizei-Wache am 15. April wurden anhand von Überwachungsbildern 32 Personen identifiziert und Anzeigen erhoben

**Stefan Homburg**, Professor für Öffentliche Finanzen, Ökonom der *Universität Hannover*, behauptet, man müsse kein Mediziner sein, um die Daten zu verstehen: Laut den Zahlen des Robert-Koch-Instituts sei der Lockdown unnötig gewesen – und müsse deshalb beendet werden. Die Bundesregierung habe das schon lange gewusst. Der sogenannte Lockdown ab dem 23. März war ohnehin nur der vorläufige Höhepunkt einer ganzen Reihe von Maßnahmen. Gemäß der Vereinbarung von Bund und Ländern wurden schon nach dem 16. März nicht nur Bars, Kinos, Clubs, Schwimmbäder und Museen geschlossen. Auch viele Läden des Einzelhandels mussten dicht machen. Übernachtungen in Hotels waren für Touristen ebenso nicht mehr möglich. Zu diesem Zeitpunkt lag die Reproduktionszahl in Deutschland noch deutlich über 1.

Homburg merkte an, die Beschlüsse der Bundesregierung vom 22. März würden suggerieren, dass diese die Wirtschaft gewissermaßen lahmgelegt hätten. Das wäre nicht der Fall gewesen. Großkonzerne wie Daimler und VW hätten schon in der Woche zuvor Fabriken geschlossen. Den Autobauern wären Absatzmärkte weggebrochen, außerdem hätten sie Lieferschwierigkeiten etwa wegen der Lage in Italien und China gehabt.

**Anselm Lenz**, deutscher Dramaturg, Schriftsteller, Journalist und Mitorganisator von Protesten gegen staatliche Coronaschutzmaßnahmen. Auch ist er Mitherausgeber der Protestzeitung *Demokratischer Widerstand*, die er auf Demonstrationen verteilte. Er wurde am 1. Mai und 29. August 2020 von der Polizei abgeführt und kurzzeitig festgenommen.

**Dr. Claus Köhnlein,** Internist in Kiel, behauptete in einem Interview am 15. März mit RT Deutsch, bei den PCR-Tests seien „falsch-positive Ergebnisse vorprogrammiert", die positiv Getesteten seien also nicht wirklich infiziert. Laut seiner Schätzung träfe das auf 50 Prozent der Testergebnisse zu. Ferner sagte er, es handele sich nicht um ein neues Virus, sondern nur um einen neuen Test. Der Durchseuchungsgrad würde daher gleich bleiben. Es gäbe klinisch keine Regung, keine neuen Krankheitsbilder, nicht mal ein vermehrtes Auftreten von Husten oder Schnupfen. Man müsse nur aufhören zu testen, dann wäre das Virus auch weg. Das Youtube Video mit den Aufzeichnungen wurde gelöscht. NDR interviewte ihn ebenfalls, berichtete aber abschätzig.

Bereits in der Vergangenheit bestritt **Köhnlein** vehement die Entstehung von AIDS. Eine HIV-Infektion habe damit gar nichts zu tun. Seiner Meinung nach führte der Konsum von Drogen, Medikamenteneinnahme, Anwesenheit von Pestiziden und Schwermetallen, Mangelernährung, Luftverschmutzung oder nur Stress zu der Erkrankung. Zudem gilt er als ausgesprochener Impfgegner, Krankheiten wie Schweinegrippe, Vogelgrippe, SARS, Hepatitis C, Ebola und BSE wurden nur „aus Profitzwecken erfunden". Die Existenz und krankmachende/tödliche Wirkung dieser „Erreger" sei nie nachgewiesen worden. Dass das Medizin-Establishment und die ihm folgenden Medien dennoch behaupten, die Beweise seien erbracht, liege allein daran, dass man sich vor einigen Jahrzehnten vom direkten Virusnachweis verabschiedet hatte und sich stattdessen mit indirekten Nachweisverfahren (u.a. Antikörper- und PCR-Tests) begnügt hätte.

Diese Ansichten publizierte er auch gemeinsam mit dem Wissenschaftsjournalisten **Torsten Engelbrecht** bereits 2006 in einem Buch mit dem Titel „Virus-Wahn". Im Juli 2020 dann erschien eine Neuauflage des Buches, ergänzt durch einige Kapitel zum Thema Corona und dem Nutzen von Impfungen. Der Untertitel des Buches erklärt bereits, worum es in dem Buch geht: "Corona/COVID-19, Masern, Schweinegrippe, Vogelgrippe, SARS, BSE, Hepatitis C, AIDS, Polio: Wie die Medizin-Industrie ständig Seuchen erfindet und auf Kosten der Allgemeinheit Milliarden-Profite macht".[90]

**Dr. Bodo Schiffmann** ist Facharzt für Hals-Nasen-Ohrenheilkunde & Leiter der Schwindelambulanz Sinsheim. Er gründete zusammen mit Rechtsanwalt Ralf Ludwig und Victoria Hamm im April 2020 die Partei *Widerstand 2020*. Diese hatte innerhalb von zwei Wochen 40 000 Mitglieder, mehr als die AFD. Er wendete sich an Politiker des Bundestages, sie sollten übertreten, noch innerhalb der Legislaturperiode ihre Stimme seiner Partei geben, so dass politische Einflussnahme wieder möglich würden. Am 4. Mai trat Schiffmann wieder aus der Partei aus. Es soll Streitereien darüber gegeben haben.[91] Auf der Großdemo in Berlin am 1. Oktober kam er nicht zu Wort, da die Demo aufgelöst wurde. Seither ist er gemeinsam mit dem Laienprediger Samuel Eckert und Rechtsanwalt Ralf Ludwig auf der *Corona-Info-Tour*. Sie steuerten bereits über 40 Städte in der Bundesrepublik an. Am 27. Oktober kam es zu einer Hausdurchsuchung, da der HNO-Arzt Patienten angeblich unbegründete Atteste ausgestellt haben soll.

**Michael Ballweg**, Stuttgarter IT-Unternehmer, gründete im April 2020 die deutsche Demonstrationsbewegung *Querdenken 711*. Ballweg organisierte in Stuttgart Demonstrationen gegen die Corona-Maßnahmen der Bundes- und Landesregierung und meldete im August 2020 zwei Demonstrationen in Berlin an, bei denen zehntausende Teilnehmer gezählt wurden. Der Namensbestandteil „711" bezieht sich auf die Stuttgarter Telefonvorwahl.

**Hendrik Streeck** ist ein deutscher HIV-Forscher. Er ist Professor für Virologie und Direktor des *Instituts für Virologie und HIV-Forschung* an der *Medizinischen Fakultät der Universität Bonn*. Dort leitete er eine Studie über den Ausbruch nach einer Karnevalsfeier in Gangelt, einer Gemeinde im nordrhein-westfälischen Kreis Heinsberg. Ein infiziertes Ehepaar hatte dort die erste größere Ausbreitung der

Pandemie in Deutschland verursacht. Diese am 4. Mai veröffentlichte sogenannte COVID-19 Case-Cluster-Study (Heinsberg-Studie) ergab, dass in Bezug auf Infizierte eine große Dunkelziffer existierte, die 10 mal größer war, als ursprünglich angenommen. Somit gab es bundesweit 160 000 Infizierte und 130 000 Genesene. Von den Infizierten hatten 22 % keine Symptome. Die Sterblichkeitsrate in Gangelt lag also bei 0,37 Prozent und somit auf Höhe der Influenza.[92] Die Studie wurde von der PR-Agentur *StoryMachine* vom 6. bis zum 12. April mit zehn Mitarbeitern begleitet. Diese geriet in Kritik, es sei ihr darum gegangen, in der Öffentlichkeit die Botschaft zu vermitteln, dass die Lockerung des Lockdowns eine gute Sache wäre. Sowohl Drosten als auch Wieler kritisierten die Studie und die Politiker Peter Altmaier und Bundeskanzlerin Angela Merkel warnten vor voreiligen Schritten. Laschet setzte eine Expertengruppe ein, der unter anderem Hendrik Streeck, Udo Di Fabio, Christiane Woopen und Christoph M. Schmidt angehörten. Diese hatte vorgeschlagen, einzelne Bereiche des öffentlichen Lebens nach und nach wieder zuzulassen und Eindämmungsmaßnahmen differenzierter zu steuern, darunter Schulen, Universitäten und den Einzelhandel. Dies wurde von der Politik abgelehnt.

**Angela Spelsberg** ist die Ex-Frau von Karl Lauterbach. Gemeinsam hatten sie in Harvard studiert, er Health Policy und Management und sie Epidemiologie. Sie vertritt genau entgegengesetzte Positionen wie er. Am 27. August wurde sie im „Talk im Hangar" von Michael Fleischhacker zur Lage der

Nation befragt. Ihre Antwort war die folgende: „Der Verlauf der vergangenen Monate hat uns gezeigt, dass die Bevölkerung nicht so schutzlos ist, wie sie denkt. Das Virus ist das eine, aber die Bevölkerung das andere, dass es Immunkompetenzen gibt, die in dieser Zeit, in der das Virus durch die Bevölkerung gegangen ist, aufgebaut wurden. Wir haben dazu recht gute Daten, Seroprävalenzdaten auch Daten über die Aktivität von T-Zellen, bedeutet, das wir Erinnerungen des Immunsystems, langfristig nachweisen können, die uns schützen, auch vor einer Exposition (Ausgesetztsein von Lebewesen gegenüber schädigenden Umwelteinflüssen wie Krankheitserregern) Es ist mir nicht klar, wie man solche Daten jetzt nach dem Anlauf dieser Epidemie nicht zur Kenntnis nehmen kann und will, sondern so tut, als wären wir immer noch am Anfang der Ausbreitung. Das sind wir nicht. Wir sind am Ende der Ausbreitung. Die Lockdownmaßnahmen sollten ja das Gesundheitssystem schützen vor Überlastung und gleichzeitig (Flatten the Curve) die Infektionszahlen schnell herunterbringen. Wir haben bei uns die glückliche Situation, dass nur wenig Menschen schwer erkrankt und gestorben sind, wir haben keine Übersterblichkeit, auch in Österreich nicht, das bedeutet letztlich, dass wir es mit einer beherrschbaren Infektion zu tun gehabt haben und wir sehr viele gute Daten darüber haben, dass die Infection Fatality Rate (Mortalität) nicht wie zuerst prognostiziert bei 0,9 oder 1 % lag, sondern dass sie sich im Bereich 0,1 bis 0,2 % bewegt, das sind sehr ermutigende Zahlen, stattdessen wird Alarm geblasen, weil es einen Anstieg an positiven

PCR-Tests gibt. Es wird behauptet, dass wären Infektiöse oder Infizierte, das ist nicht bewiesen, im
Gegenteil , das *RKI* hat bei uns über 10 Millionen
Tests durchgeführt, am Anfang waren es 7000 pro
Tag , jetzt werden 200 000 pro Tag durchgezogen,
das bedeutet, dass wir es mit einer un-standardi-
sierten Massentestung zu tun haben, wo sehr viele
Fehler auch passieren können, und das wichtigste
Merkmal, wie wir Infektiosität abgrenzen können
von einem nicht relevanten Befund ist, dass wir
uns den Zyklus Schwellenwert anschauen, wie viele Amplifizierungsschleifen bei der Testung notwendig waren, um genügend Virusmaterial nachweisen
zu können... Die Immunität hat das Virus verlangsamt und es ist nun zum Erliegen gekommen, wir
haben seit Mai keine steigenden Hospitalisierungs
oder Sterbezahlen mehr, das ist relativ stabil geblieben (Politiker überbieten sich gegenseitig mit
schärferen Maßnahmen), so dass sie sich im Bereich der normalen Grippe bewegt. Die Annahme
zu Anfang war, es ist ein neues Virus, das hat sich
als falsch erwiesen, ein Virus, auch wenn es verschiedene Mutationen durchlaufen hat, die wir über
Gen-Sequenzierung nachweisen können, ist trotzdem für unser Immunsystem nicht neu und deshalb
haben wir Immunantworten gefunden, deshalb ist
diese Infektion sehr milde verlaufen, die Modell-
rechnungen waren 1 % Sterblichkeit, wir sind aber
bei 0,1 % Sterblichkeit".
Gemeinsam mit ihrem Ex-Mann Karl Lauterbach
hatte sie, wie erwähnt, in Harvard studiert. Warum
sie zu anderen Ergebnissen komme als ihr Mann
antwortete sie: „Man muss sein Handwerk verste-

hen. Man muss sich Zeit nehmen. Ein Politiker hat keine Zeit. Politiker wurden nur von zwei Seiten beraten, zum einen von den Virologen selbst, die natürlich selbst an ihre eigene Virustheorie geglaubt haben, und es waren die Modellierer, die daraus geschlossen haben, dass wir mit 40 Millionen Toten zu rechnen haben, 5 % der Erkrankten werden auf Intensivstationen sein und 1 % wird sterben. All das hat sich nicht bewahrheitet. Jetzt sollten wir die richtigen Schlüsse ziehen. Bislang ist aber die Diskussion um die Immunität nie geführt worden. Die Wissenschaft ist sich nicht einig. Positiv getestet heißt nicht infiziert. Infiziert heißt nicht krank, es heißt eigentlich nicht viel. Es ist aber so: täglich werden eben jene gezählt, und die werden immer mehr. Es gibt eine Ampelkennziffer: von 10 000 sind ungefähr 50 Positiv Getestete. 1 % Positiv Falsch Getestete, 1 % von 10 000 sind 100, dann sind alle 50 Positive Getesteten Falsche. Warum sollten wir Maßnahmen ergreifen, die notwendig wären für Länder mit schlechten gesundheitlichen Systemen? Brasilien, Spanien, USA. Es gibt Wissenschaftler, die erklären, dass der Replikationsfaktor bereits zurückgegangen ist, bevor die Maßnahmen gesetzt wurden und lange bevor die Maske eingeführt wurde. Die Daten aus den 60er Jahren beschreiben schon die strenge Saisonalität von Coronaviren, wir kennen Corona-Viren schon viele Jahren, dieses ist nun ein neues Coronavirus, dennoch hat unser Immunsystem Erfahrung mit Corona. Deswegen ist die Grundannahme, dass wir keine Immunantwort auf dieses Virus hatten, falsch.

In Island wurden schon früh Studien gemacht und 3 % Antikörper-Seroprävalenz festgestellt, das war viel für ein Virus, das ja angeblich neu ist und das sich ja dort noch gar nicht ausgebreitet haben kann, das sagt uns sehr viel, denn es sagt, es gibt eine Grundimmunität, und die wird getriggert wenn das Virus aufschlägt, es wird dieser Antikörperspiegel sehr schnell steigen, auch gibt es die zelluläre Immunantwort, Sie wissen das (gemeint war Georg Scheuch, der ihr gegenüber saß), aber sie bringen das Wissen nicht zusammen. Das ist ja, was ich an Einseitigkeit in dieser Debatte von Anfang an kritisiert habe, dass wir das Wissen, das wir haben, nicht zusammen bringen.“[93]

Georg Scheuch (berät das *RKI*) meinte, Händewaschen oder Zauberspruch aufsagen wäre ungefähr das Gleiche. Er als Aerosole-Fachmann behauptet, Aerosole enthalten Viren, können sich in Innenräumen anreichern, aber die Transmission findet nicht über direkte Kontaktübertragung statt. Es handelt sich zu 99 % um ein Innenraumproblem. (Studien aus China belegen dies). Angela Spelsberg daraufhin: „Infektionalität der Aerosole steht auf sehr wackligen Füßen. Wir haben mittlerweile sehr gute Daten darüber, dass wir eine Immunität in der Bevölkerung erreicht haben, die von der Öffentlichkeit noch nicht wahrgenommen wird. Wenn wir immer nur auf das Virus schauen, werden wir die Antwort nicht bekommen (Kontakt oder Aerosolübertragung), wir müssen auf die Menschen schauen, die auf die Partikel treffen, und wir müssen schauen, ob die Partikel überhaupt infektiös sind. Es ist ein Trugschluss und eine Einseitigkeit, wie ich es nicht begreifen kann, dass man einen Keim jetzt herausgreift, keine andere Erkrankung hat jetzt mehr Bedeutung, 99 % der Menschen sterben an anderen Erkrankungen, nur 1 % an Corona, in einen Wahn haben wir uns hereingesteigert, und da müssen wir jetzt mal ganz schön wieder runterfahren. Das können wir am besten, in dem wir Transparenz schaffen, über die Daten der Testergebnisse.

Wie viele Zyklen hat es gebraucht? Über 24, dann ist der Mensch nicht infektiös, das *RKI* muss die Daten nur offenlegen. Politiker dürfen solche Maßnahmen gar nicht einführen ohne eine evidenzbasierte Grundlage, sondern machen sich des Totalitarismus schuldig. Wir haben die Daten schon. Die Politiker nehmen sie nicht zur Kenntnis. Die Arbeiten von John Ioannidis werden nicht zur Kenntnis genommen, nicht mal diskutiert. Es ist eine partielle Amnesie."[94]

Zur Situation in den Alters- und Pflegeheimen äußerte sich die evangelische Theologin **Margot Käßmann** in einem beeindruckenden Feature: „Jeder Tote ist zu bedauern. Aber wenn es um Maßnahmen geht, dann müssen wir abwägen. Der Tod wird in unserer Gesellschaft ganz weit weggeschoben, Sterben betrifft den einzelnen persönlich überhaupt nicht. Es gibt immer mehr anonyme Bestattungen. Sterben findet in den Altersheimen statt und nicht mehr zu Hause. Das Virus ist nun ein Hammerschlag. Der Tod könnte uns nun doch betreffen. Dabei werden wir laut Prognosen dieses Jahr 520 000 Krebstote haben. Davor kann uns der Staat nicht schützen. Wenn ich zur gefährdeten Gruppe gehöre, kann ich mich auch mal selbst schützen. Familien zerbrechen am aufgebauten Druck."[95]

Auch in den USA gab es von Anfang an kritische Stimmen. **Professor John Ioannidis** ist ein griechisch-amerikanischer Gesundheitswissenschaftler und Statistiker. Er ist Professor für Medizin und Professor für Epidemiologie und Bevölkerungsgesundheit an der *Stanford University School of Medicine*, Ko-Direktor des *Innovationszentrum für Meta-Forschung* in Stanford.

Im März kritisierte Ioannidis in einem Editorial auf der Website *STAT* den Mangel an empirischen Belegen bei der politischen Entscheidungsfindung in der weltweiten Reaktion auf die COVID-19-Pandemie und nannte sie ein „Evidenz-Fiasko, wie es in einem Jahrhundert nur einmal vorkommt". In einem Interview bezeichnete Ioannidis die Szenarien von 40 Millionen Todesfällen weltweit und über zwei Millionen Todesfällen in den Vereinigten Staaten im Falle eines Nichttuns für „augenscheinlich Science-Fiction". Er kam in einer *Stanford Studie*, die im Santa Clara County, Kalifornien durchgeführt wurde, zu dem Ergebnis, dass Coronaviren nicht gefährlicher sind als Influenzaviren. In acht Interview-Episoden mit dem Titel „Perspectives on the Pandemic" berichtete er über die Ergebnisse auf youtube.[96] [97] Wie zu erwarten, wurde die Studie reflexartig von den noch „viel besseren" Experten in Zweifel gezogen, und auch das *RKI* winkte ab, wenn es darum ging, die tatsächlichen Infektionszahlen zu ermitteln. Davon hielt ihr Leiter Lothar

Wieler nichts. Es wurde lieber weiterhin mit einer vermeintlichen Gefährlichkeit Angst geschürt und der Lockdown verlängert, damit die Bürger die Glaubwürdigkeit der Politiker bloß nicht in Frage stellten![98]

Am 14. Oktober erschien von ihm eine weitere Corona-Studie, nach der bereits mehr als 500 Millionen Menschen weltweit mit COVID-19 infiziert sein sollen. In Deutschland gäbe es danach statt der 400 000 laborbestätigten COVID-19-Fälle um die 4 Millionen. Wenn wöchentlich in Deutschland etwa eine Million Menschen getestet werden, wüsste man eben über die restlichen 81 Millionen nichts. Die Infektionssterblichkeit läge im Median bei nur 0,23 Prozent. Diese Studie wurde von der WHO veröffentlicht.[99]

**Jean-Dominique Michel** ist Gesundheitsanthropologe. Er schrieb das Buch „COVID: Anatomie d'une Crise sanitaire".[100] Hierin analysiert er die Kluft zwischen der Realität der Epidemie und der Rhetorik der politischen und gesundheitlichen Behörden. Er beschreibt das Fehlen von Screening-Tests, die blinde Eingrenzung der gesamten Bevölkerung, das Fehlen von Krankenbetten und Beatmungsgeräten, Lügen über die Rolle von Masken. Das Buch machte deutlich, wie absurd die Entscheidungen der Politik sind. Der Autor versucht aufzuzeigen, warum Deutschland in der Pandemie besser abgeschnitten hat als Frankreich. Immer wieder kommt er auf heruntergewirtschaftete Gesundheitssysteme zu sprechen. Für ihn ist es Zeit, eine echte „Gesundheitsdemokratie" aufzubauen.

# Gezüchtet

In sozialen Medien und Online-Artikeln kursiert die Verschwörungstheorie, das neue Coronavirus sei gezielt im Labor gezüchtet worden – z. B. für den Einsatz als Biowaffe. Dass das Virus gerade in Wuhan ausbrach, wo sich doch genau dort ein Labor befindet, in welchem speziell mit diesen Coronaviren intensiv geforscht wurde, ist schon seltsam. Der Erreger könnte dort natürlich auch durch einen Fehler freigesetzt worden sein. Wäre er von den Chinesen als Waffe angedacht gewesen sein, so hätten sie ihn bestimmt nicht in ihrer eigenen Region zum Ausbruch kommen lassen. Von anderer Seite gibt es ebenfalls wilde Spekulationen. Donald Trump und die USA seien für die Verbreitung des Coronavirus verantwortlich. Das Virus sei den Amerikanern entkommen und zwar noch vor dem 19. Juli 2019. An jenem Tag wurde auf Anordnung der *CDC* das Hochsicherheitsmilitär-Labor Fort Detrik geschlossen. Das Labor hatte mit der Einstufung S4 die gleiche Sicherheitsstufe wie das zivile Labor in Wuhan. Als Grund für die Schließung wurde ein Kontaminierungsproblem des Abwassers genannt. Eine verfrühte grippeähnliche Welle sei darauf zurückzuführen gewesen. Im Oktober 2019 kamen zu den 7. Militärwettspiele des internationalen Weltsportverbandes Hunderte US-Soldaten nach Wuhan angereist, die bereits bei der Ankunft ziemlich kränklich wirkten.[101] Als vermeintlicher Beweis wurde angeführt, dass ausgerechnet die Länder besonders schwer unter dem Virus litten, die mit Washington in einem Konflikt ständen: China und der Iran. All diese Theorien sind genau so abwegig wie jene, dass es sich um ein neuartiges Killervirus handle.

Sollte es sich tatsächlich um eine neue Mutation handeln, was ja nicht bewiesen ist, dann ist die wahrscheinlichste Theorie jene, dass das SARS-CoV-2 Virus nicht von einem Tier übertragen wurde, sondern aus dem Labor in Wuhan *WIV* selbst entkommen ist. Es wurde mit zu hohen Dosen experimentiert. Dann ist ein Unfall passiert. Dieser Meinung ist auch der französische Virologe **Luc Montagnier**, der 2008 für seine Erforschung des HIV-Virus mit dem Nobelpreis ausgezeichnet wurde. Wie chinesische Forscher nämlich feststellten, entwickeln die aggressivsten Varianten eine 270 Mal höhere Viruslast als die schwächsten. Sie töteten dann auch die menschlichen Zellen am schnellsten. Die Variabilität von SARS-CoV-2 ist damit stark unterschätzt worden. Die hohe Mutationsdiversität könnte somit Probleme für Impfmittel, aber auch für Therapien mit sich bringen.[102]

Auch **Li-Meng Yan** ist eine chinesische Virologin, die im Rahmen ihrer Arbeit behauptete, bereits Ende Dezember 2019 Kenntnis von der Mensch-zu-Mensch-Übertragung des SARS-CoV-2 gewusst zu haben. Sie versuchte im Januar 2020, ihre Vorgesetzten über die Risiken aufzuklären. Sie behauptete, dass auch die chinesische Regierung und die WHO früher von der Mensch-zu-Mensch-Übertragung gewusst hätten, als sie öffentlich berichteten und dass diese sowohl ihre als auch andere Forschungen unterdrückten. Im April 2020 floh sie in die USA, wo sie im September 2020 ein umstrittenes Forschungspapier mitverfasste, in dem behauptet wurde, SARS-CoV-2 sei in einem chinesischen Regierungslabor hergestellt worden.[103] Inwieweit ihre Äußerungen über die Herkunft des Virus politisch motiviert sind, lässt sich nur erahnen.

# Weitere Entwicklung

Interessant war, wie im Verlauf der Ausbreitung der Epidemie die verschiedenen Staaten der Welt mit dem Finger auf die jeweils anderen zeigten, sich gegenseitig den schwarzen Peter zuspielten. Erst schimpfte Deutschland über China, sie hätten viel zu spät reagiert und aufgrund der Zensur wären keine Informationen bekannt geworden. Bei uns wäre es nicht so weit gekommen. USA schimpften über die Europäer, diese hätten den Flugverkehr von und nach China nicht früh genug eingestellt, auch hätten sie sich wirtschaftlich zu sehr von anderen abhängig gemacht. Die Europäer schauten auf Trump und die USA, das Gesundheitssystem wäre unterentwickelt und die Dunkelziffer hätte viel höher gelegen, China wiederum auf die USA, es könnten US-Militärs gewesen sein, die die Epidemie nach Wuhan gebracht hätten. Auch der Iran, Erzfeind der USA, war stark betroffen. Die USA beschuldigten deren Politik, es hätten noch sehr lange Direktflüge zwischen China und dem Iran gegeben. Der Iran schimpfte wiederum über die USA, sie sollten ihre Sanktionen einstellen, und doch wenigstens Atemmasken schicken. Rouhani warnte, das Virus dürfe nicht zur Waffe der Feinde werden. 16 000 Menschen wären in den USA an der einfachen Grippe gestorben. Aber sie redeten nicht über ihre eigenen Toten, sondern schauten auf den Iran. Innerhalb Europas beschuldigte man sich ebenfalls gegenseitig. Deutschland zeigte vorwurfsvoll auf Italien. Sie beschäftigten chinesische Schwarzarbeiter. Die Italiener wiederum schauten auf Deutschland, die Letalität von knapp 0,17 Prozent in Deutschland sei 30-mal niedriger als in Italien, was nicht sein könne. Grenzen wurden einseitig geschlossen. Einreisen verboten, Ausreisen waren zunächst möglich. Auf jeden Fall schienen nun die Asiaten doch viel besser mit der Krise umgehen zu können, so dass sie nun Italien noch unterstützten. Erfahrungsgemäß können allerdings auch mehrere Wellen auftreten. Die EU beschuldigte Russland, das Virus nicht ernst zu nehmen und eine Desinformationskampagne zu betreiben.

Anstatt sich mit dem Wesen von COVID-19 auseinanderzusetzen, sich mit den Theorien der unabhängigen Virologen zu beschäftigen, betrieben die Medien Desinformation und Panikmache.

## Deutschland

Anscheinend wurde zu jener Zeit, als in Davos auf dem Gipfel des WEF Politiker und Manager tagten und in China die 50 Millionen-Metropole Hubei abgesperrt wurde, auch in Deutschland eine Propaganda-Maschine gestartet: Am 23. Januar verbreitete sich in Deutschland auf dem Kanal „Odysseus" über WhatsApp ein YouTube-Video mit dem Titel „Die Corona-Pandemie ist weitaus schlimmer, als

man euch glauben machen will." Dann wurde berichtet:

- Die Inkubationszeit des Virus, innerhalb derer
  keine Symptome auftreten, betrage 14 Tage, so
  dass eine Infektion spät erkannt werde.

- Flüssigkeiten verlängerten und verstärkten seine Lebensdauer.

- Es rufe einen bestimmten Hautausschlag („rote
  Punkte mit schwarzem Punkt in der Mitte, ver-
  härtet und stark juckend") hervor.

- Es könne nur „mit eigener Körperkraft besiegt
  werden. Ärztliche Heilung gebe es nicht.

- Schon am 12. Januar hätten Ärzte empfohlen,
  Wuhan abzuriegeln, „weil die Situation völlig
  außer Kontrolle" sei.

- Menschen würden auf offener Straße „einfach
  umkippen". Dazu zeigten Bilder unklarer Herkunft Menschen am Boden liegend, teilweise
  blutend.

- Gewöhnliche deutsche Medien berichteten
  nicht oder nicht genug darüber und verschwiegen „die wirkliche Gefahr", etwa die Lage in der
  Provinz Hubei.

- Man solle Menschenansammlungen meiden.
  Alle aus Asien einreisenden Menschen könnten
  Überträger sein.

- Der Kanal „Odysseus", auf dem das Video erschien, besitze geheime, exklusive Informationen zu der Gefahr.

Die Ausbreitung des Virus begann dann in der Firmenzentrale eines Automobilzulieferers in der Gemeinde Gauting im Landkreis Starnberg bei München. Eine Frau aus China war auf Geschäftsreise in Deutschland, um Seminare zu geben. Sie fühlte sich leicht unwohl, aber nicht wirklich krank. Zurück in China wurde sie positiv auf das neue Coronavirus Sars-CoV-2 getestet. Ohne es zu ahnen, wurde die Geschäftsfrau zur Patientin Null des Ausbruchs in Deutschland. Am Montagabend, dem 27. Januar, meldete das bayerische Gesundheitsministerium, ein Mitarbeiter der Firma sei infiziert und hätte zuvor Fieber und Husten entwickelt.

Im Kreis Heinsberg kam es zum Wendepunkt der Epidemie in Deutschland. Ein 47-jähriger Mann wurde am 25. Februar positiv auf Sars-CoV-2 getestet. Er erkrankte schwer an COVID-19 und musste auf die Intensivstation. Seine Frau zeigte leichte Symptome. Zuvor hatten sie am 15. Februar an einer Karnevalsfeier teilgenommen. Der Krisenstab der örtlichen Behörden versuchte noch, alle Besucherinnen und Besucher ausfindig zu machen. Sie, ihre Partner, Kinder und andere Mitbewohner mussten für 14 Tage in häusliche Quarantäne. Bis zum 10. März hatten sich im Landkreis Heinsberg 323 Menschen mit dem Sars-CoV-2-Virus infiziert. Das *RKI* erklärte die Region in ganz Deutschland zu einem „besonders betroffenen Gebiet".[104]

Am 9. März wurden dann die ersten beiden Todesfälle angekündigt, eine 89-jährige Frau und ein 78-jähriger Mann. Beide hatten schwere Vorerkrankungen. Dennoch wurde das Ereignis medial ausgeschlachtet. Bis zum 10. März hatte das *Robert*

*Koch-Institut* in Berlin Daten von 1296 Menschen gesammelt, die sich nachweislich mit dem neuartigen Coronavirus infiziert hatten. Am Tag zuvor waren zudem die ersten beiden Menschen hierzulande an den Folgen einer COVID-19-Erkrankung gestorben. Am 11. März wurde von der WHO die weltweite Pandemie ausgerufen. Am Freitag, den 13., stellte die Bundesliga den Spielbetrieb ein. Ebenfalls wurden Schulen und Kindergärten beschlossen, Besuche in Altersheimen untersagt.

Mitte März warnte das Gesundheitsministerium vor dem Gerücht, dass bald massive weitere Einschränkungen des Lebens angekündigt würden, und auch der bayerische Ministerpräsident Markus Söder wies Gerüchte über eine Zwangsschließung von Gaststätten zurück. Drei Tage später teilte Bundeskanzlerin Angela Merkel mit, dass Gaststätten und Freizeiteinrichtungen geschlossen werden. Sie sagte auch, dass Maßnahmen nötig seien, um die Ausbreitung des Virus zu verlangsamen, die es so in Deutschland noch nicht gegeben habe. Am 12. März wurde auf der Ministerpräsidentenkonferenz die generelle Absage von Großveranstaltungen beschlossen. Am 13. März wurde der Einkauf von Schutzmaterial in Höhe von 163 Mill. Euro bekannt gegeben. Baden-Württemberg hatte ab dem 18. März gemäß der Corona-Verordnung der Landesregierung sämtliche Versammlungen und Veranstaltungen untersagt, Kirchen, Synagogen, Moscheen, Kultur- und Bildungseinrichtungen geschlossen. Am 20. März verkündete dann auch Söder für den Freistaat Bayern eine Ausgangssperre. Am 22. März kam ein Kontaktverbot hinzu. Am 23. März befand sich die Bundesrepublik im Lockdown. Es gab Ausgangsbeschränkungen, Kontaktverbote; alle Restaurants, Cafés und Bars wurden geschlossen. Auch viele Läden des Einzelhandels mussten dichtmachen. Übernachtungen in Hotels waren für Touristen ebenso nicht mehr möglich. Begründet wurde dieser bundesweite Shutdown mit den gestiegenen Fallzahlen, die sich in einer Woche verdreifacht hatten. Für die Experten unter den Virologen war dies eine Beweis für das exponentielle Wachstum. Mit diesen Fallzahlen erzeugten die Medien jeden Tag in der Bevölkerung Angst und Panik. Verschwiegen wurde, dass die rasante Zunahme der Fallzahlen im Wesentlichen aus einer Zunahme der Anzahl der Tests resultierte. Diese hatten sich ebenfalls verdreifacht. Auf diese Irreführung machte das Magazin Multipolar in einer Studie aufmerksam.[105] Das Täuschungsmanöver durch die Regierung und die Medien hätte eigentlich jedem auffallen müssen. Doch saß die Angst, erzeugt durch die Schockbilder aus Italien, den Menschen noch tief im Nacken. Am 25. März beschloss der Bundestag das „Gesetz zum Schutz der Bevölkerung bei einer epidemischen Lage von nationaler Tragweite". Auch das Infektionsschutzgesetz wurde geändert. Laut § 32 IfSG dürfen Landesregierungen Grundrechte einschränken, um die Ausbreitung von Krankheiten einzudämmen. Das Gesetz bezieht sich auf die Grundrechte der Freiheit der Person, der Freizügigkeit, der Versammlungsfreiheit, der Unverletzlichkeit der Wohnung und das Brief- und Postgeheimnis. § 54a IfSG regelt den Vollzug des Infektionsschutzgesetzes durch die Bundeswehr. Der Verfassungsrechtler Christoph Möllers kritisierte, dass auf Grundlage des Gesetzes eine einzige Person, nämlich Bundesgesundheitsminister Jens Spahn, Gesetze vollziehen dürfe. Der Rechtswissenschaftler Hans Michael Heinig warnte vor einem „faschistoid-hysterischen Hygienestaat".

Wie aus dem vorherigen zu entnehmen ist, erlaubt das Infektionsschutzgesetz erhebliche Eingriffe in Grundrechte. Normalerweise entscheidet der Gesetzgeber selbst darüber. Viele Entscheidungsbefugnisse gingen nun an die Exekutive über, z.B. an das Bundesministerium für Gesundheit.

Dieses ist somit ermächtigt, Maßnahmen zur Grundversorgung mit Arzneimitteln, einschließlich Betäubungsmitteln, Medizinprodukten, Labordiagnostik, Hilfsmitteln, Gegenständen der persönlichen Schutzausrüstung und Produkten zur Desinfektion sowie zur Stärkung der personellen Ressourcen im Gesundheitswesen zu treffen, ohne dass der Bundesrat etwaigen Anordnungen oder Rechtsverordnungen zustimmen muss. Rechtsverordnungen können also nun ohne Zustimmung des Bundesrats – und damit ohne Mitwirkung der Länder – erlassen werden. Dies steht in Widerspruch zu Art. 80 Abs. 2 des Grundgesetzes. Die Befugnisse bestehen nur, wenn der Deutsche Bundestag gem. § 5 Abs. 1 IfSG eine „epidemische Lage von nationaler Tragweite" feststellt.

Unmittelbar nach Verabschiedung des Gesetzes stellte der Bundestag aufgrund der derzeitigen Ausbreitung des SARS-CoV-2 in Deutschland eine solche Ausnahmelage fest. Für diesen Beschluss stimmten die Abgeordneten von CDU/CSU, SPD, FDP und Bündnis 90/Grüne. Die Abgeordneten der AfD und der Linken enthielten sich.

An alle Abgeordneten erging ein Strategiepapier des Bundesinnenministeriums zur Eindämmung von COVID-19. Hierin steht unter anderem: 1. wir müssen die URANGST schüren, die Angst vor dem ERSTICKUNGSTOD; 2. Kinder töten ihre Eltern, usw.

Am 7. April wurde gemeldet, Bundeskanzlerin Merkel habe in direkten Verhandlungen mit Chinas Staatspräsident Xi erreicht, dass Deutschland Schutzausrüstung aus dem Land erhalten würde. Über die von allen Ländern angenommene „dringende Empfehlung" vom 15. April zum Tragen von Alltagsmasken im ÖPNV und in Läden hinaus, beschlossen in der zweiten Aprilhälfte sukzessive alle Bundesländer eine Tragepflicht. Protest formierte sich. Die Partei *Widerstand 2020* gründete sich mit Bodo Schiffmann, Victoria Hamm und Ralf Ludwig. (Victoria Hamm ist nach kurzer Zeit wieder ausgestiegen.) Nachdem am 27. April die Mundschutzpflicht in Deutschland eingeführt war, beschloss das Bundeskabinett am 29. April zudem eine Änderung des Infektionsschutzgesetzes.

Aufgrund der Bilder aus Italien ging man von einem äußerst gefährlichen Virus aus. Zu einem anderen Ergebnis kam Prof. Dr. Hendrik Streeck. Er leitete eine Studie in Heinsberg, welche am 4. Mai veröffentlicht wurde. Diese *Heinsberg-Studie* kam zu dem Ergebnis, dass die Letalität von COVD-19 bei 0,37 % liegt und somit in etwa der der Grippe entspricht. Drosten und Wieler steuerten dagegen, die Studie würde keine neuen Ergebnisse liefern. Eine von Armin Laschet eingesetzte Expertengruppe, der unter anderem Hendrik Streeck, Udo Di Fabio, Christiane Woopen und Christoph M. Schmidt angehörten, hatte vorgeschlagen, „einzelne Bereiche des öffentlichen Lebens nach und nach wieder zuzulassen und Eindämmungsmaßnahmen differenzierter zu steuern", darunter Schulen, Universitäten und den Einzelhandel.

Am 9. Mai wurde durch Kardinal Müller und andere Geistliche ein Text unter dem Titel „Aufruf für die Kirche und für die Welt an Katholiken und alle Menschen guten Willens" in Umlauf gebracht, der kritische Thesen zu COVID-19 verbreitete. So warnte er vor der »Schaffung einer Weltregierung, die sich jeder Kontrolle entzieht«. Die Unterzeichner beklagten, dass unter dem Vorwand der COVID-19-Epidemie Bürgerrechte wie das Recht auf Religionsfreiheit und freie Meinungsäußerung eingeschränkt würden. Im Stile von Verschwörungstheoretikern unkten sie von Kräften, die daran interessiert seien, in der Bevölkerung Panik zu erzeugen, um damit »dauerhaft Formen inakzeptabler Freiheitsbegrenzung und der damit verbundenen Kontrolle über Personen und der Verfolgung all ihrer Bewegungen« durchzusetzen. Zudem warnten sie davor, sich »mit Impfstoffen behandeln zu lassen, zu deren Herstellung Material von abgetriebenen Föten verwendet« würde.[106]

Einige Tage später am 12. Mai hat **Stephan Kohn**, ein Mitarbeiter des Bundesinnenministeriums, in einem Dokument mit den Corona-Maßnahmen der Bundesregierung abgerechnet. Die Behörde selbst wies die vorgebliche Analyse scharf zurück – und entband den Mann von seinen Dienstpflichten. Auf Umwegen war das laut „Spiegel" etwa 80 Seiten umfassende Papier samt Briefkopf des Ministeriums beim rechtskonservativen Online-Portal „Tichys Einblick" gelandet. Demnach hielt der Initiator, offenbar ein BMI-Referent aus dem „Referat KM 4 Schutz kritischer Infrastrukturen", die durch das Virus verursachte Lungenkrankheit COVID-19 für einen „Fehlalarm". Die Maßnahmen der Bundesregierung und der Bundesländer zur Eindämmung von SARS-CoV-2 wären seiner Meinung nach weit übertrieben. Der Verfasser selbst – wohlgemerkt nur einer von bundesweit 1500 BMI-Mitarbeitern – soll dem „Spiegel" zufolge allerdings dienstlich gar nichts mit der Bewältigung der Coronavirus-Pandemie zu tun gehabt haben.(Spiegel) Das Papier von Stephan Kohn sorgte seinerzeit für ordentlich Wirbel. Sein Fazit war: Es gibt mehr Tote wegen Corona-Regeln, als durch Corona selbst. Die Folge: Kohn musste seinen Job im Innenministerium an den Nagel hängen! Doch mit seinen Thesen steht er nicht alleine da. Unterstützung bekam er von **Prof. Peter Schirmacher**, dem Chef-Pathologen aus Heidelberg.[107]

Ein Alarmruf ging auch von Professoren der *Leopoldina,* der ältesten naturwissenschaftlich-medizinischen Gelehrtengesellschaft (Nationale Akademie der Wissenschaften) in Halle aus. In einer 19-seitigen Ad-hoc-Stellungnahme vom 13. April 2020 ging es vor allem um die schrittweise Normalisierung des öffentlichen Lebens.[108]

Auch aus Hamburg meldete sich der Rechtsmediziner **Prof. Dr. med. Klaus Püschel**, zu der Zeit noch Leiter des *Instituts für Rechtsmedizin am Universitätsklinikum Hamburg-Eppendorf*, zu Wort

Die Angst vor dem Virus sei überzogen. In Hamburg wäre bisher kein Mensch ohne Vorerkrankung gestorben, teilte er am 7. April der Zeitung *Die Welt* mit. Am 9. April 2020 kritisierte er in der Talkshow von Markus Lanz die *RKI*-Empfehlung, Obduktionen wegen der Aerosolbildung und der damit einhergehenden Infektionsausbreitung zu vermeiden. Dies sei kontraproduktiv und gäbe keine Aufschlüsse über COVID-19, die wir aber dringend benötigten.

Bis zum 27. Mai obduzierte er über 200 verstorbene COVID-19-Patienten. Die sorgfältige Untersuchung der Toten ergab, dass die Corona-Todesopfer allesamt sowieso sehr bald verstorben wären. Praktisch alle hätten bereits Vorerkrankungen gehabt und waren zum Großteil in einem betagten Alter. Tatsächlich lag das durchschnittliche Sterbealter der Toten bei über 80 Jahren. Der Tod in Folge des Coronavirus wäre somit nur früher eingetreten. Als Vorerkrankungen gab er Krebs oder eine chronische Lungenerkrankung an. Andere Patienten seien starke Raucher oder schwer fettleibig gewesen, litten an Diabetes oder hatten eine Herz-Kreislauf-Erkrankung. Auf lange Sicht würde es keine Übersterblichkeit geben, also ein Übermaß an Todesfällen etwa im Jahresdurchschnitt.

Um die Argumente zu entkräften, wurde sodann eine Studie aus Glasgow herbeigezogen, die zu einem ganz anderen Ergebnis kam. Forscher der

Universität Glasgow hatten gemeinsam mit der schottischen Gesundheitsbehörde die Annahme untersucht und herausgefunden, dass männliche Coronavirus-Opfer im Schnitt 13 Jahre Lebenszeit verloren haben. Bei Frauen seien es elf Jahre. Miteinbezogen hatten die Forscher in ihrer Rechnung auch die Vorerkrankungen und das Alter der Verstorbenen. Wie ließ sich aber dies mit dem Durchschnittsalter der Verstorbenen von über 80 Jahren in Einklang bringen?

Seit 44 Jahren hatte Püschel Leichen obduziert. Seit 30 Jahren war er Leiter des Instituts. Ende September ging er in den Ruhestand.

Es waren die Bilder der Toten, der überlasteten Notaufnahmen, und der Särge in Militärfahrzeugen sowie auch der Massengräber aus Ländern wie China, Italien, Spanien, USA, Brasilien, gekoppelt mit der Präsentation der Sterbeziffern, die Angst, Hysterie und Panik geschürt hatten, die aus heutiger Sicht stark übertrieben und von den Medien aufgebauscht wurden.[109] Später stellte sich heraus, dass Bilder eines angeblichen Massenbegräbnisses in Norditalien tatsächlich aus dem Flüchtlingscamp Lampedusa kamen, wo ein Schiff gekentert war. Dennoch wurde an den Maßnahmen von der Regierung festgehalten.

Am 3. Juni veröffentlichen **Sucharit Bhakdi** und seine Frau **Karina Reiss** ein Buch „Corona Fehlalarm? Zahlen, Daten und Hintergründe", welches das Thema kritisch beleuchtete und innerhalb weniger Tage zum Amazon wie auch Spiegel-Bestseller Nr 1 wurde. Von der Politik und den Medien fand es aber nicht die geringste Beachtung. Bhakdi wurde weiterhin nicht in Talkshows eingeladen.

Am 5. Juni kam es in einem Göttinger Hochhaus zu einer Ansteckung bei einem Zuckerfest: Bei Massentests wurden 120 der insgesamt 700 Bewohner positiv auf COVID-19 getestet, woraufhin Sicherheitskräfte um das Gebäude in der Groner Landstraße 9 einen Metallzaun errichteten. Rund 300 Beamte sorgten für die Einhaltung der Quarantänebestimmungen. Am Wochenende kam es zu gewaltsamen Ausschreitungen. Einige Bewohner bewarfen Beamte mit Steinen, acht von ihnen wurden dabei verletzt.

Bald gab es mit Gütersloh, Göttingen und Magdeburg drei Corona-Hotspots, die mit Hilfe von Bauzäunen abgeriegelt wurden. Hunderte Menschen durften ihre Wohnungen nicht verlassen. Es handelte sich in allen Fällen um soziale Brennpunkte.

Der Lockdown traf sozial Schwache weit härter als die Mitte der Gesellschaft. In bildungsorientierten Familien hatte das Home-Schooling noch einigermaßen geklappt, nicht aber bei den sowieso schon Benachteiligten. Viele junge Männer mussten in den vergangenen Monaten auf den dringend benötigten Ausgleich verzichten. Genannt seien Sportvereine und Diskotheken, die wichtige Orte des Austobens, des Kennenlernens, der Interaktion, der Rollenübung und Gruppenbildung sind. Der wirtschaftliche Abschwung machte den Schwächeren ebenfalls mehr zu schaffen. Ein Familienvater verlor plötzlich seinen Job als Lastwagenfahrer, das Geld wurde knapp, die Wohnung war eng, und die Kneipe blieb dennoch geschlossen. Sozial Schwache gerieten sehr viel stärker in Stress als jene, die besser dastanden. In dieser Frust-Szene entstand auch Potenzial für Gewalt.[110] Die aufgestaute Wut entlud sich am 20. Juni in heftigen Krawallen in der Innenstadt von Stuttgart. Scheiben wurden eingeschlagen und Geschäfte geplündert. Hunderte lieferten sich Straßenschlachten mit der Polizei. 19 Beamte wurden nach Angaben der Polizei verletzt und 24 Randalierer festgenommen.

Ein weiterer Infektionsausbruch erfolgte am 23. Juni im Tönnies-Stammwerk in Rheda-Wiedenbrück. Knapp 30 Menschen mit Bezug zum Fleischverarbeiter Tönnies befanden sich in Krankenhäusern in Ostwestfalen-Lippe. Acht Patienten wurden auf Intensivstationen behandelt, zwei davon mit Beatmung. Im weiteren Verlauf des Monats Juni ergaben behördlich angeordnete Massentests von etwa 7000 Tönnies-Werksmitarbeitern, dass sich mindestens 1553 Arbeitnehmer infiziert hatten. Alle Werksmitarbeiter wurden unter Quarantäne gestellt. In der kreisfreien Stadt Hamm schickten die Behörden drei Schulklassen in Quarantäne, weil unter den Schülern drei Kinder mit positiven Testergebnis von Tönnies-Mitarbeitern waren. Die umliegenden Krankenhäuser bekamen Ausgleichszahlungen aus dem Schutzschirm der Bundesregierung.

Am 1. August fand die erste Großdemo in Berlin statt, organisiert vom Verein *Querdenken 711*. Waren es tatsächlich eine Million Menschen oder doch nur 10 000? Hierüber stritten sich die Gegner und Zeugen Coronas. Als Folge der Demo erließ die Bundesregierung am 2. August in einem Schnellverfahren ein Strafgesetz gegen Corona-Leugner, das sogenannte Coronagesetz § 130b StGB. Wer künftig Corona leugnet, muss nun mit einer hohen Geldstrafe oder bis zu 5 Jahren Gefängnis rechnen. Das neue Gesetz wurde auch ohne Strafantrag rigoros durchgesetzt. Sollte jemand zusätzlich auch noch „antisemitisches Geschwurbel" mit seiner Corona-Leugnung kombinieren, wurde das Strafmaß aus § 130 Absatz 3 StGB sogar verdoppelt.[111] Hiermit war die Demokratie ausgehöhlt und die freie Meinungsäußerung gänzlich abgeschafft.

Seit dem 4. August mussten Kinder in NRW in der Schule während des Unterrichts Masken tragen. Am 8. August gab es bereits die nächste Demo Stuttgart. Am 10. August traten Gesundheitsämter in mehreren Bundesländern dafür ein, Kinder von ihren Eltern im Falle einer Quarantäne zu trennen.[112]

Die Kritik der Oppositionsbewegungen wurde anscheinend nun auch von etablierten Blättern aufgegriffen. Ebenfalls am 10. August veröffentlichte die TAZ einen Artikel mit dem Titel „Astronomische Fehlrechnungen". Hierin hieß es, die Politik hätte sich bei den Maßnahmen gegen Corona auf den Rat von zu wenigen Fachleuten gestützt. „Es geht auch um die „Abschätzung des tatsächlichen Nutzens der Maßnahmen für die Eindämmung der Pandemie; und nicht zuletzt geht es auch um die Beurteilung der durch die Maßnahmen möglicherweise verursachten Kollateralschäden – nicht nur für die Gesundheit, sondern auch für Gesellschaft, Demokratie, Kultur, Bildung und Wirtschaft." hieß es.[113]

Auf der Demo am 29.8 in Berlin erschienen ungefähr 40 000 Menschen. Sie wurde zunächst verboten, in letzter Instanz jedoch dann doch genehmigt. Auf einer abgelegenen zweiten Kundgebung, auf der vermehrt Reichstagsflaggen zu sehen waren, rief eine Frau namens Tamara Kirschbaum dazu auf, die Treppen des Reichstags zu besetzen. Dieses Ereignis wurde schnell von den öffentlich-rechtlichen Medien als „Sturm auf den Reichstag" bezeichnet. Die von Telepolis scherzhaft als „Möchtegern-Jeanne D'Arc" titulierte Heilpraktikerin erklärte später in einem Interview, dass der Reichstagssturm mit der Polizei abgeklärt gewesen sei. Später behaupteten die meisten Demonstranten, dass hier eine organisierte Inszenierung stattgefunden hatte, um sie zu verunglimpfen. Dafür deute auch die Tatsache, dass der Reichstag angesichts der ausgehenden Gefahr von nur drei Polizisten bewacht wurde. Die meisten der Demonstranten distanzierten sich. Tatsächlich handelte es sich um zwei Demos, die getrennt voneinander stattfanden. Die Medien trieben in der Folge ein einseitiges Spiel. Tamara K. soll auch eine geistige Nähe zu der Gedankenwelt von QAnon, einer Sekte, gehabt haben. Diese Sekte glaubt, dass eine satanistische Elite, der hochrangige Politiker und Demokraten angehören, angeblich einen internationalen Kinderhändlerring zur Prostitution Minderjähriger betreibt. Sie wird auch oft mit weiteren Verschwörungsthesen verknüpft. Seither wurde jegliche Opposition gegen die Corona-Politik in Zusammenhang mit QAnon und anderen „kruden" Verschwörungstheorien gebracht und auf diese Art und Weise verfemt. Die Demonstranten wurden alle durchweg als rechts, Nazis, Covidioten oder Verschwörungstheoretiker denunziert. Es fand eine regelrechte Hetzkampagne in den Mainstream-Medien statt, an denen sich auch der ehemalige Star der Piratenpartei Marina Weisband beteiligte.

Wer sich kritisch über Corona informieren wollte, musste auf andere Medien ausweichen. Red-Bull-Mediahouse-Sender *Servus TV* strahlte immer einmal wöchentlich eine Sendung mit dem Namen *Im Hangar-7* aus, die auch andere Meinungen zulässt. Bisher hatte Moderator Michael Fleischhauer immer eine Person interviewt, aber auch kontroverse Talkrunden waren möglich, anders als im deutschen Fernsehen. Die Sendung wird nicht aus einem herkömmlichen Fernsehstudio ausgestrahlt, sondern aus dem *Hangar-7* am Flughafen Salzburg. Ab dem 20. September strahlt der Sender immer Sonntags das *Corona-Quartett* aus. Hier wird ebenfalls entgegen den Mainstream-Medien kontrovers diskutiert, sachlich, ehrlich, kritisch, fundiert, unabhängig und ohne Moderation. Es treffen sich Corona-Fachexperten aus Österreich, Deutschland und der Welt. In der ersten Sendung diskutierten Prof. Sucharit Bhakdi, die Ärztin und ehemalige österreichische Gesundheitsministerin Dr. Andrea Kdolsky und der Finanzwissenschaftler Prof. Stefan Homburg.

In der Talkshow „Hart aber Fair" am 21. September mit Frank Plasberg zeichnete sich eine zunehmende Kritik in der öffentlich-rechtlichen Berichterstattung ab, da sich die Infizierten-Zahlen bereits seit April konstant auf einem sehr niedrigen Level hielten. Es bildete sich eine deutliche Front gegen den einzigen Epidemiologen der Runde, Karl Lauterbach. Dieter Hallervorden warf ihm Panikmache vor. Es gab im September lediglich 267 Patienten auf den Intensivstationen. Nicht mal ein Prozent der 30 000 Intensivbetten war belegt.

Der Rechtsanwalt **Dr. Reiner Fuellmich** plant eine gigantische Klage gegen Prof. Christian Drosten & Umfeld. Er castet seit Monaten eine hochkarätige Rechtsanwaltsmannschaft zusammen. Unter den Beratern befinden sich Experten, die eine Sammelklage von nie gekanntem, historischem Ausmaß vorbereiten. Fuellmich selbst ist zugelassener Anwalt in den USA und in Deutschland. Fuellmich bringt es auf den Punkt: „PCR - Tests können und dürfen Infektionen nicht feststellen. (…) Ohne PCR-Test keine Pandemie."[114]

**Dr. Heiko Schöning**, Arzt aus Hamburg, gründete eine Initiative mit dem Namen „Ärzte für Aufklärung", dem sich nach kurzer Zeit bereits im Juni über 500 Ärzte angeschlossen hatten. Ein *Außerparlamentarischer Corona Untersuchungsausschuss ACU* wurde eingesetzt.[115] [116]

Die Initiative hat im Rahmen einer Aufklärungskampagne 500 Bücher von Professor Bhakti und Dr. Reiss mit dem Titel „Corona – Fehlalarm!" an Ortsämter in der ganzen BRD verschickt.

Am 26. September wird Schöning in London verhaftet. Er nahm an einer Demonstration auf dem Trafalgar Square in London teil, um gegen die Corona-Maßnahmen der britischen Regierung zu protestieren.

Anfang Oktober startete die *Corona Info Tour*. Mit einem Bus tourten der HNO-Arzt Bodo Schiffmann und der Prediger Samuel Eckert durch Deutschland. Am 6.10. war man in Chemnitz, am 7.10. in Speyer, am 11.10. in Bremen und an vielen anderen Orten. In den Medien brach ein massiver Shitstorm über sie herein.

Inzwischen brach in Europa das Infektionsgeschehen angesichts der massiven Ausweitung der Testungen wieder aus und obwohl es weiterhin keine erhöhten Sterbezahlen gab, wurden auch in der BRD die Maßnahmen erheblich verschärft. Länder mit mehr als 50 Neuinfektionen pro 100 000 Menschen in einer Woche wurden zu Risikogebieten erklärt, darunter Berlin, Köln, Frankfurt, Bremen, Dortmund und Bochum. Die Einführung eines Beherbergungsverbotes führte zu innerdeutschen Auseinandersetzungen.

Am 15. Oktober veranstalte Jens Spahn mit einer am eigenen Körper durchgeführten Grippeimpfung eine mediale Inszenierung. Mit rund 25 Millionen Impfdosen auf Vorrat gäbe es so viele Dosen wie noch nie. Eine Woche nach der Impfung wurde er positiv auf Corona getestet. Symptome hatte er keine. Er ist konsequenter Maskenträger. Bei ihm scheint die Maske zumindest keine Wirkung gehabt zu haben.

Der Präsident der Bundesärztekammer Klaus Reinhardt nimmt bei „Lanz" gegen Masken Stellung und entfacht erneut die Diskussion über deren Nutzen. Karl Lauterbach meinte, der Politiker sollte über seine Kündigung nachdenken. Dessen Ex-

Frau Angela Spelsberg ließ zeitgleich verkünden, dass sie keine Maske trage.

Der Bus der *Corona Info Tour* hatte mittlerweile mindestens 40 Städte in der Bundesrepublik angesteuert. Von den Gegnern der Maßnahmen gefeiert, gab es in der Presse regelmäßig Hetzkampagnen. In Köln wurde der Bus abgewiesen, da angeblich die Maßnahmen nicht eingehalten werden könnten. In Freiburg wollte die Polizei alle Personen ohne Maske kontrollieren und gegebenenfalls Bußgeldbescheide verteilen. Ralph Ludwig machte den Menschen Mut, gewaltfreien Widerstand zu leisten, die Masken nicht zu tragen. Die Auflagen der Behörden seien eine Straftat. „Atmen nur mit Attest – Staatsterror" stand auf dem Banner eines Demonstranten. Am 25. – 27. Oktober tagte der *World Health Summit* in Berlin, dieses Mal jedoch online. Hier kommen die Gesundheitsminister und Regierungsvertreter, die WHO und die Pharmakonzerne zusammen. Er gilt als eines der bedeutendsten internationalen Foren für globale Gesundheitsfragen, strategische Entwicklungen und Entscheidungen im Gesundheitsbereich. Der Bundespräsident Frank-Walter Steinmeier sprach sich gegen einen „Impfstoff-Nationalismus" aus und forderte eine globale Impfstoff-Allianz in der Coronakrise. „Fast die Hälfte der Weltbevölkerung lebt in Staaten, die nicht über die Mittel verfügen, sich den Herstellern als Vorzugskunden anzudienen", erklärte er in einem übermittelten Videobeitrag für den Gipfel: „Die Folge wird sein, dass in ärmeren, aber nicht weniger bedürftigen Ländern nur ein geringer Teil der Bevölkerung geimpft werden kann, in reicheren Ländern hingegen ein ungleich größerer Teil." Eine Massendemonstration beglei-tete die Veranstaltung. Die Polizei griff äußerst hart durch. Es gab diverse Verhaftungen. In der Tages-schau wurden den Protesten aus der Bevölkerung ganze zwei Sekunden Sendezeit eingeräumt. *RT Deutschland* hingegen übertrug eine Life-Bericht-erstattung, die 5 1/2 Stunden dauerte.

## Frankreich, Spanien

Erste Ausbreitungsherde in Frankreich gab es im Elsass und in der Region Île-de-France. Im ganzen Land wurde getestet und die Fallzahlen schnellten laut Dashboard in die Höhe. Der Präsident **Emma-nuel Macron** stimmte die Franzosen mit einer mar-tialischen Rede am 16. März in Paris auf die Aus-gangssperre ein und erklärte: „Wir sind im Krieg". Er sprach immer wieder von einem »unsichtbaren Feind«. Diese Formel fiel in seiner 20-minütigen Ansprache sechs Mal. Dann hieß es weiter: „Ich appelliere an alle politischen, wirtschaftlichen, so-zialen und Vereins-Akteure, an alle Franzosen, sich in diesen nationalen Zusammenschluss einzu-reihen, dank dem unser Land schon so viele Krisen überwunden hat".

Am 24. Mai wies die amtliche Statistik 144 921 Infektionsfälle seit Beginn der Epidemie aus, da-runter 28 367 Tote. Von diesen waren 18 022 in Krankenhäusern gestorben und 10 345 in *ESMS (Établissements sociaux et médico-sociaux*, me-dizinisch-soziale Einrichtungen). Insgesamt waren etwa die Hälfte der Toten (14 061 Personen) Heimbewohner.

Jean-Dominique Michel sieht ein Problem in der Kluft zwischen der Realität der Epidemie und den Reden der politischen und gesundheitlichen Behörden. Die große Krise zeige vor allem den miserablen Zustand des Gesundheitssystems.

In Spanien starben laut der Zeitung *El Pais* im Durchschnitt rund 30 000 Menschen im März, im Jahr 2020 waren es 45 000. Damit gab es eine Übersterblichkeit von etwa 50 %.

**Fernando Simón**, Spaniens Chefvirologe, gehörte zunächst zu den Corona-Abwieglern. Deswegen verringerte sich sein Ansehen als Wissenschaftler, denn Spanien war zeitweise das Land mit den meisten Corona-Fällen Europas. Ende März wurde er positiv auf COVID-19 getestet, er überstand die Krankheit mit relativ leichten Symptomen. Dann änderte er seine Ansichten von Grund auf und fungierte in seinem Land als der Chef-Virologe, als eine Art spanischer Dr. Drosten und erstattete fast täglich Bericht. Seitdem war auch der Umgang der Öffentlichkeit mit dem Seuchenmanager milder, ja liebevoller geworden. In den ersten Wochen wurde noch wie wild sein Rücktritt verlangt, doch die Links-links-Regierung unter Pedro Sánchez hielt an dem renommierten Epidemiologen fest, der sich große Verdienste im Kampf gegen Zika und Ebola erworben hatte. Seine Ansichten unterscheiden sich allerdings immer noch von denen der gängigen Berichterstattung. So räumte er ein, dass das Virus möglicherweise bereits seit Herbst 2019 in Europa zirkuliere. In Spanien gibt es mit Sanchez eine sozialistische Regierung. Nur die rechte Vox-Partei mit Santiago Abascal ist gegen die Corona-Maßnahmen.

Es stellt sich die Frage, wie die Zahlen der ersten Welle in Spanien und Frankreich zustande kamen. Zumindest für Spanien gilt wohl das Gleiche wie für Italien. Die Krankenhäuser haben keine Betten. Die Tendenz zu engem Körperkontakt, z.B. Begrüßung mit Wangenküssen ist auch in Spanien üblich, ebenfalls die Tatsache, dass in vielen Familien Großeltern, Eltern und Kinder unter einem Dach leben und regen Kontakt pflegen. Man kann davon ausgehen, dass der PCR-Test auch alle anderen Coronaviren erkennt. Was früher die Grippe war, wird heute als Corona gezählt. Viele sterben nur mit und nicht an Corona. Wahrscheinlich müssen die Zahlen doch enorm nach unten korrigiert werden. Dies geschieht allerdings nicht, denn tatsächlich geht es um viel Geld für das in der Regel privatwirtschaftlich organisierte Gesundheitssystem und die Pharmafirmen. Virologen stehen in ihren Diensten, solange sie noch nicht pensioniert sind. Und auch Politiker werden geschasst, wenn sie sich nicht hinter dieses System stellen.

## England

England war ebenfalls stark betroffen von der Corona-Krise. Gesundheitsminister Matt Hancock sprach Mitte März 2020 davon, dass ältere Menschen bis zu vier Monate in Quarantäne genommen werden könnten.

Im April wurde der britische Premierminister Boris Johnson auf die Intensivstation verlegt. Er hatte seine COVID-19-Erkrankung bereits am 27. März öffentlich gemacht. Nachdem Johnson von seiner Infektion erfuhr, arbeitete er zunächst isoliert im Regierungssitz in der Downing Street weiter. In seinen Videobotschaften zur Pandemie gab er sich optimistisch, er wirkte aber bereits angeschlagen und hatte auch deutlich an Gewicht verloren. Nach Angaben eines Regierungssprechers litt er unter Fieber und Husten. Einige britische Medien schrieben hingegen von einer schweren Erkrankung der Lunge, Johnson würde beatmet werden, was aber nicht den Tatsachen entsprach. Er hatte aber schon eine Sauerstoffunterstützung bekommen. Noch Anfang März hatte der Premierminister damit geprahlt, dass er Menschen in einem Krankenhaus, darunter COVID-19-Patienten, die Hände geschüttelt habe. Das werde er auch weiterhin tun, sagte er damals. Der Premierminister erholte sich nach seiner Entlassung anscheinend schnell.

Im Mai kündigte die britische Regierung an, den EU-Austritt des Vereinigten Königreichs wie geplant fortzusetzen und also mit Ende des Jahres 2020 den Europäischen Binnenmarkt und die Zollunion verlassen zu wollen.

Die Übersterblichkeit von Mitte März bis zum 22. Mai betrug fast 62 000 Menschen. 48 000 davon wurden dem COVID-19-Virus zugeschrieben. Die offiziellen Zahlen zeigten, dass die Coronavirus assoziierten Todesfälle in den Krankenhäusern schon seit dem 8. April sanken, während die Todesfälle in den Pflege- und Altersheimen weiter anstiegen, so dass Kommentatoren von „zwei Epidemien“ sprachen, die sich abspielten – eine in der allgemeinen Bevölkerung, die unter Kontrolle schien und eine zweite in den Pflegeheimen, die weiter zunahm. Am 5. Mai überschritt Großbritannien mit 32 000 Todesfällen die Fallzahlen von Italien.

Am 20. Mai wurde bekannt, dass bereits 181 Mitarbeiter des staatlichen Gesundheitsdienstes *National Health Service NHS* und 131 Sozialarbeiter nach einem positiven COVID-19-Befund gestorben waren.

Im September brachte die Wochenzeitung *Die Zeit* einen pessimistischen Artikel heraus mit dem Titel „Das »weltbeste System« ist schon wieder am Ende“[117] Es wird darin berichtet, wie schwer es angesichts des überlasteten Gesundheitssystem sei, an einen Test zu kommen. Wie konnte es aber bei derart mangelnder Testkapazität gleichzeitig zu so hohen Infektionszahlen kommen?

Besonders stark traf es die Wirtschaft. Die massiven Beschränkungen aufgrund der Corona-Pandemie könnten den höchsten Rückgang der Wirtschaftstätigkeit in der 325-jährigen Geschichte der *Bank of England* verursachen, teilte die Notenbank mit. Die *Bank of England* erwarte für das Jahr 2020 einen Rückgang der britischen Wirtschaft um 14 Prozent sowie eine Verdoppelung der Arbeitslosenzahlen.

Auch in England formierte sich Protest. **Professor John Ashton** verfasste ein Buch mit dem Titel „Blinded by Corona: How the Pandemic Ruined Britain‘s Health and Wealth and What to Do about It“.

In dieser vernichtenden Kritik stellt der Autor fest, dass die britische Regierung im Umgang mit COVID-19 auch angesichts zweier Jahrhunderte Erkenntnisgewinns nichts gelernt hat. Stattdessen werden ungetestete Methoden mit außergewöhnlichen Kosten entwickelt, die zu einer noch nie dagewesenen Krise der öffentlichen Gesundheit und der Wirtschaft geführt haben. Die Regierung sollte dringend zur Wissenschaft zurückkehren, wie sie in „Blinded by Corona" dargelegt ist. Ab Februar hatte Professor Ashton seine Vorschriften auf Bahrain angewendet, wo er zum speziellen COVID-19-Berater ernannt wurde, und das Land hatte im August die WHO-Liga angeführt. Es gab kaum Wirtschaftseinbußen, das soziale Leben war wie immer und es wurde auch kein Lockdown für die Allgemeinheit verhängt.[118]

## USA

Bereits Ende November warnten US-Geheimdienste Präsident Trump, dass eine Ansteckungswelle die chinesische Region Wuhan erfassen würde. Ein Geheimdienstbericht des *Nationalen Zentrums für medizinische Geheimdienste NCMI* vom Militär sah Besorgnis erregende Hinweise hinsichtlich einer heute als COVID-19 bekannten Pandemie. Der Bericht war das Ergebnis einer Kabel- und Computerabhöraktion in Verbindung mit Satellitenbildern. Diese löste Alarm aus, weil eine außer Kontrolle geratene Krankheit eine ernsthafte Bedrohung für die US-Streitkräfte in Asien darstellen würde.[119]

Anfang Januar 2020 wurde Trump dann erneut vom *National Security Council* auf die Gefahr einer großen Pandemie hingewiesen. Ebenso Ende Januar kamen Vorwarnungen von seinem Wirtschaftsberater Peter Navarro und von Gesundheitsminister Alex Azar. Trump blieb aber fast untätig. Dies wird ihm heute vorgeworfen. Die Systemmedien meldeten, Donald Trump wäre im Frühjahr mit verharmlosenden Äußerungen zur Gefahr durch das Coronavirus aufgefallen. Aus Interview-Mitschnitten ginge nun hervor, dass er damals die gravierenden Risiken durchaus kannte.

Trump hatte später die Interviews dem bekannten Investigativjournalisten Bob Woodward für ein neues Buch gegeben. In einem Mitschnitt vom 19. März sagte Trump: „Um ehrlich mit Ihnen zu sein, Bob,…ich wollte es immer herunterspielen. Ich spiele es auch immer noch gern herunter, weil ich keine Panik erzeugen will."[120] Das konnte man dem Präsidenten nicht ankreiden. Wahrscheinlich wird ihm nicht vollkommen die Gefahr bewusst gewesen sein, welche Macht die Corona-Maschine hatte, aber er musste sich nun mit dieser arrangieren. Die Corona-Gefahr vollkommen zu leugnen, würde ihn sehr viele Stimmen kosten, und der Wahlkampf stand unmittelbar bevor. Auch muss er als Präsident mit dem Gesundheitsministerium und den ihr unterstellten Behörden wie dem *CDC* oder dem *NIAID* weiterhin kooperieren. Dennoch fliegen zwischen Donald Trump und dem Virologen Anthony Fauci, der die *White House Coronavirus Task Force* anleitet, weiter die Fetzen.

Der Versuch, Epidemien auszurufen, war nicht neu. In erster Linie ging es den Gesundheitsbehörden und Institutionen um Geldmittel bei entsprechenden Planspielen, die im vergangenen Jahrzehnt immer wieder in groß angelegtem Stil stattfanden.[121]

Trump scheint keine Angst gehabt zu haben, seine Interviews aus der Anfangszeit der Pandemie offenzulegen. Ihm war zumindest in dieser Angelegenheit an der Aufklärung der Ereignisse in China interessiert. Man kann Trump gegenüber eine ablehnende Haltung haben. Er mag in vergangenen Zeiten in mafiöse Machenschaften verstrickt gewesen sein, ihm wird vorgeworfen, mit russischen Millionären Geschäfte gemacht und mit deren Hilfe überhaupt erst den Aufstieg zum Präsidenten geschafft zu haben. Seine Einschätzung der Pandemie als eine vor allem menschengemachte Katastrophe scheint aber dafür zu sprechen, dass sein Menschenverstand nicht versagt hatte. Trump beendete wohl aus gutem Grund die Zusammenarbeit mit der WHO, die diese Pandemie ausgerufen hatte. Ich verweise auf die vorhergehenden Kapitel, in denen ich die Organisation unter die Lupe genommen habe. Er hielt sie für eine „Marionette" Chinas und machte sie für die Ausbreitung des Coronavirus mitverantwortlich.[122] Außerdem beschuldigte Trump die Chinesen für deren Zensur. Den Medien in der deutschen Presse ging es allerdings vor allem darum, etwaige Verfehlungen Trumps herauszustellen. Ottomar von Holtz und Jürgen Trittin forderten angesichts Trumps "durchsichtigem Manöver" gegen China und die WHO eine Aufklärung von Seiten derselben, der Organisation, die maßgeblich am Ausbruch der Pandemie beteiligt war.[123] Panik wurde dennoch verbreitet. Vor allem von der Presse. CNN und BBC berichteten stündlich die neuen Infektionszahlen und die an/mit-C2 Sterbefälle. Ein Kriegsschiff befand sich vor den Toren New Yorks, kam aber nicht zum Einsatz. In den Medien wurden Schreckensbilder aus Bergamo gezeigt und als New Yorker Ausbruch verkauft. Es wurden Särge gezeigt, die in Wirklichkeit von einem Schiffsunglück in Lampedusa stammten. Medien hatten nicht sauber berichtet, sondern sie benutzten einfach alte Bilder. Andere Bilder von Massenbegräbnissen stammten von der Insel Hart Island. Hier wurden seit Jahrzehnten anonyme Bestattungen durchgeführt. Laut *derStandard* war unklar, ob es sich bei den Verstorbenen tatsächlich um Corona-Tote handelte.[124]

Am 25. Mai starb George Floyd. Der bei einem brutalen Polizeieinsatz getötete Afroamerikaner ist einer offiziellen Autopsie zufolge mit dem Coronavirus infiziert gewesen. Die Infektion stand jedoch nicht in Zusammenhang mit seinem Tod, zumal sie seit April bekannt war und er „höchstwahrscheinlich" keine Symptome mehr hatte, wie es in einem später veröffentlichten Autopsiebericht hieß. Der zweite Autopsiebericht bestätigte den Mord durch den Polizisten. „Erstickung durch anhaltenden Druck" sei die Todesursache, durch diesen Druck auf Floyds Nacken sei die Blutzufuhr zum Gehirn unterbrochen worden. In der Folge gab es Ausschreitungen und Proteste in der Bevölkerung. Das Land war gespalten.

Am 2. September wurde bekannt, dass Präsident Donald Trump positiv auf das Coronavirus getestet wurde. Auch seine Frau Melania und später sein Sohn Barron hatten sich angesteckt. Eine enge Beraterin hatte sich zuvor mit dem Virus infiziert. Symptome gab es keine. Zur Behandlung verabreichten Ärzte dem US-Präsidenten ein noch nicht zugelassenes Antikörper-Mittel, den experimentellen Antikörper-Cocktail REGN-COV2. Nach drei Tagen konnte der Präsident das Krankenhaus bereits wieder verlassen.

Inzwischen beschuldigt Trump den Virologen Fauci, er hätte am Anfang der Pandemie das Tragen einer Mund-Nasen-Bedeckung in der Öffentlichkeit noch als nicht notwendig erklärt. Und so beschuldigen sie sich nun gegenseitig, die Gefährlichkeit des Virus herunterzuspielen. Bei Trump ist anzunehmen, dass es ihm in erster Linie um den Wahlkampf geht.

Am 3. September hatte die US-Seuchenschutzbehörde *CDC* mitgeteilt, dass in den USA von 94 % der im Zusammenhang mit COVID-19 Verstorbenen auch mindestens eine Vorerkrankung hatten, also „Komorbiditäten" bestanden. Bei sechs Prozent der Todesfälle in den USA wurde COVID-19 als einzige Erkrankung auf dem Totenschein angeführt. Das sind unter 10 000 Todesfälle. Die Corona-Gegner sprachen in dem Zusammenhang davon, die *CDC* hätte die Todeszahlen nach unten korrigiert. Dies ist Interpretationssache.[125]

Am 4. Oktober erschien die *Great-Barrington-Erklärung*, in welcher vom Lockdown abgeraten wurde.

# Sonderweg Schweden

Schweden hatte von Beginn an anders auf das Coronavirus reagiert als die meisten anderen europäischen Länder. Fast alle Bildungseinrichtungen blieben geöffnet. Auch in Ladengeschäften und der Gastronomie ging der Betrieb ohne große Einschränkungen weiter. Nur Großveranstaltungen mit mehr als 50 Teilnehmern wurden untersagt. Es bestand keine Maskenpflicht. Auf Verbote und Sanktionen wurde verzichtet. Neben Regierungschef Stefan Löfven war es vor allem der Epidemiologe Anders Tegnell, der für Schwedens Alleingang plädierte. Er war einst Teilnehmer der Pandemie-Übung *Atlantic Storm* des *Center for Biosecurity*, ließ sich aber wohl nicht vereinnahmen für deren Zwecke. Er warnte sogar vor Restriktionen. Es sollten nur diejenigen gezielt geschützt werden, denen Corona gefährlich werden könnte, also vor allem alte und kranke Menschen. Für alle anderen gab es vor allem Empfehlungen, wenn möglich, im Homeoffice zu arbeiten und bei Krankheitsanzeichen zu Hause zu bleiben. Spaziergänge an der frischen Luft seien auch geeignet, um das Virus fernzuhalten. Schweden ist dünn besiedelt und hat viele Single-Haushalte. Die Gefahr der Ansteckung war überschaubarer, wurde behauptet. Tatsächlich wohnen aber wohl 80 % der Bürger in Städten. Während in Deutschland die Angst vor der zweiten Welle umging, sanken in Schweden die Infektionszahlen und der R-Wert. Das Land kam bislang ohne Lockdown durch das Jahr und scheint nun sogar von der zweiten Welle verschont zu bleiben.

# Masken, Tests und Impfungen

Als einzigen Ausweg aus der Pandemie sehen die verantwortlichen Politiker und befragten Experten Maßnahmen wie das Tragen eines Mund-Nasen-Schutzes, viele Testungen und die Bereitstellung eines heilbringenden Impfstoffs.

## Masken

Die Weltgesundheitsorganisation (WHO) sah zunächst im Kampf gegen die Ausbreitung des Coronavirus keinen Nutzen im allgemeinen Mundschutztragen. Im Gegenteil, am Anfang der Pandemie wurde dezidiert vorm Tragen von Masken gewarnt. Sie wären ein wunderbarer Nährboden für Bakterien und Pilze. «Es gibt keinerlei Anzeichen dafür, dass damit etwas gewonnen wäre, wir raten daher vom Tragen eines Mundschutzes ab, wenn man selbst nicht krank ist», betonte der WHO-Nothilfedirektor Michael Ryan. Auch Christian Drosten von der *Charité* sagte, die Daten zum Maskentragen wären gar nicht gut.

Entgegen dieser Aussagen wurde der Maskenzwang zunächst in autoritär regierten Ländern eingeführt. Tschechien hatte einen Mundschutz-Zwang in der Öffentlichkeit, Bulgarien ebenfalls. Im Laufe der Zeit wurde das Tragen von Masken auch in Frankreich und Spanien zur Pflicht.

Schon im April hatten sich die Positionen der linientreuen Gesundheitsexperten sowie die Empfehlungen der Politik auch in Deutschland radikal geändert. Die Medien waren auf einer Linie. Kritiker wurden nicht mehr gehört und mundtot gemacht, obwohl das Infektionsgeschehen in Deutschland eigentlich keinen Grund für eine Einführung der Maskenpflicht bot. Aber ein Maskentragen für alle hatte eben auch eine psychologische und politische Komponente und war Mittel der Einschüchterung und Disziplinierung für die einen, Uniformismus und Identifikationssymbol für die anderen.

Allerdings gab es nicht genügend Masken und obwohl sich deutsche Politiker regelmäßig über das autoritäre China erhoben hatten, waren sie nun auf deren Importe angewiesen. Am 24. März berichtete der Spiegel von einer schweren Panne beim Einkauf von Schutzmasken durch die Bundeswehr. In Kenia waren aus unerklärlichen Gründen sechs Millionen bestellte Atemschutzmasken verloren gegangen. Dem Bund war durch den Verlust zum Glück kein Schaden entstanden, da sie noch nicht bezahlt wurden.

Am 27. April erließ dann die BRD ebenfalls eine Mundschutzpflicht im öffentlichen Nahverkehr und überall beim Einkaufen. Die Meinungen darüber blieben kontrovers. Die meisten Menschen jedoch hinterfragten die Maßnahmen nicht und befolgten die Anordnungen widerstandslos. Es entwickelte sich eine regelrechte Maskenmode. Aber auch die Proteste der Verweigerer waren erheblich. Wer konnte, besorgte sich ein Attest.

Von den Befürwortern wurde immer wieder angeführt, die Maske trage man nicht, um sich selbst, sondern um andere zu schützen. Bei COVID-19 handele es sich um eine Tröpfcheninfektion. Diese Tröpfchen würden zum großen Teil zurückgehalten, nur die Aerosole, also winzig kleine, potenziell virenbelastete Partikelchen, könnten die Maske durchdringen. Die größte Virenlast könne durch die Maske zurückgehalten werden.

Auch erinnerten sie an den Ausbruch der Spanischen Grippe im September 1918. In Philadelphia fand trotz Warnungen eine große Parade statt, es starben viele Menschen. In St. Louis hingegen reagierten die Behörden frühzeitig und erließen im Rahmen eines Lockdowns unter anderem eine Maskenpflicht. Die Stadt hatte dank der Maßnahmen kaum Sterbefälle zu verzeichnen. Es ist allerdings nicht klar, ob wirklich Masken oder der Lockdown mehr Einfluss auf den Verlauf der Pandemie hatten. Zum anderen gab es keine Antibiotika. Die Menschen starben laut Sucharit Bhakdi an einer Sekundärinfektion, nicht am Virus, und zwar Menschen aller Altersgruppen. Ein Vergleich zu heute könne nicht gezogen werden.[126]

Diese Argumente wurden nicht gehört. Es gibt erhebliche gesundheitliche Bedenken gegen die Maske. Die Kritiker berufen sich auf eine Studie der WHO wie auch auf eine Doktorarbeit aus dem Jahr 2004.[127] Demnach atmet man schon unter einfachen OP-Masken viel zu viel Kohlendioxid ($CO_2$) aus dem eigenen Atem wieder ein, daher kommt es zu schnellerer Atmung oder zu Unregelmäßigkeiten beim Herzschlag. Die Folge ist eine Hyperkapnie. Dabei handelt es sich um einen erhöhten Kohlenstoffdioxidgehalt im Blut.

Vor allem sind Masken wahre Bakterienschleudern. Es können Superinfektionen durch Mikroorganismen entstehen. Diese Aussagen sind selbsterklärend, auch wenn sie merkwürdigerweise keine Rolle mehr zu spielen scheinen. Die Leute knüllen die Masken in die Hosentasche, fassen sie ständig an und schnallen sie sich zwei Wochen lang immer wieder vor den Mund, wahrscheinlich ungewaschen. Masken sind ein wunderbarer Nährboden für Krankheitserreger und Pilze.

Auch wird die freie Entfaltung der Persönlichkeit einschränkt. Eine Maske verdeckt wesentliche Teile des Gesichtes, insbesondere die Mundpartie. Vom Mundbereich geht jedoch ein wesentlicher Teil der Mimik und zwischenmenschlichen Sprache aus. Es ist nicht mehr möglich, frei zu kommunizieren. Insbesondere Kinder leiden erheblich darunter.

Häufig wurde **Frank Ulrich Montgomery**, der Vorsitzende des Weltärzteverbandes, als Stimme der Vernunft gehört, der zunächst das Tragen ebenfalls ablehnte. Wer eine Maske trägt, wähnt sich in Sicherheit. Bei unsachgemäßem Gebrauch können Masken sogar gefährlich sein. Im Stoff konzentriere sich das Virus, beim Abnehmen berühre man die Gesichtshaut. Schneller kann man sich kaum infizieren, warnte Montgomery.

Dann relativierte er seine Meinung und forderte die Regierung auf, die Bürger in Deutschland mit medizinischen Schutzmasken des Typs FFP2 auszustatten. Bei denen sähe es anders aus. Einfach „irgendeinen Lappen vorm Gesicht" zu tragen, hielt Montgomery allerdings weiterhin sogar für gefährlich. Viren könnten sich darin ansammeln und durch das unsachgemäße Abnehmen und Aufsetzen zu einer Infektion führen. Dabei verwies er auf die Hinweise des *Robert-Koch-Institutes*. Zudem halte ein Schal oder ein Tuch Viren nicht ab.

Montgomery betonte, dass er generell eine Maskenpflicht mit einer funktionierenden Maske vernünftig fände. Eine gesetzliche Pflicht für nicht funktionierende Masken wäre aber das Armutszeugnis eines Staates.

Keiner hörte auf ihn. Ende April wurden rund 25 Millionen Schutzmasken mithilfe der Bundeswehr aus China nach Deutschland geflogen, mit drei Maschinen des Typs Antonow 225. Der Transport war Teil der Amtshilfe der Bundeswehr in der Corona-Krise.

Neben gesundheitlichen wurden auch politische und psychologische Gründe immer wieder angemerkt. Ein Maskenzwang eignet sich hervorragend, um eine vermeintliche Pandemie sichtbar zu machen. In Wuhan war die Maskenpflicht einfach umzusetzen, da aufgrund der Luftverschmutzung das Maskentragen auch vorher schon zum Stadtbild gehörte.

Über totalitäre Strukturen in Asien wurde in den Medien immer wieder berichtet. In Deutschland hatten viele Menschen gehofft, dass sie nicht genau solche Zustände bekommen würden wie in Wuhan. Aber nun war auch die BRD auf dem besten Weg dahin. Nun wurde das Tragen der Masken auch in Deutschland und der übrigen Welt eingeführt. Diese Maßnahmen der Regierungen empfanden viele Menschen in diesem Land übertrieben. Sie sahen im verordneten Maskenwahn ein sichtbares Zeichen für Unterdrückung und Überwachung. Der Staat nutzt die Corona-Krise für sich, damit die Krankheit und Panik real erscheinen, bis der rettende Impfstoff da ist. Es ist anzunehmen, dass die aufkommende Skepsis der Bevölkerung im Keim erstickt werden sollte.

In Berlin drohte bei Missachtung der Maskenpflicht laut Bürgermeister Michael Müller zunächst kein Bußgeld. Auch in anderen sogenannten progressiveren Ländern stand eine Bußgeldentscheidung noch aus. Widerstand formierte sich. Bei Merkel gingen Tausende Strafanzeigen wegen Nötigung, Körperverletzung und Kindeswohlgefährdung durch die Mundschutzpflicht ein. Ein öffentlicher Diskurs fand nicht statt. Maskenverweigerer wurden kriminalisiert und als Asoziale degradiert.

Am 17. Mai berichtete das ZDF über eine Hamster-Studie aus Hongkong, die die Wirkung von Masken angeblich nachweisen sollte.[128] Der Studienleiter **Yuen Kwok-yung**, der sich nun so vehement für den Einsatz von Masken aussprach, ist überraschenderweise auch schon seit Jahrzehnten mit dem Thema der Krankheitsvorwarnung durch Infektionen aller Art involviert. Bereits 1997 warnte er vor der Gefährlichkeit des Vogelgrippevirus H5N1, der an Patienten durch einen internen molekularen Test in seinem Labor identifiziert werden konnte. Im Jahr 2003 leitete er sein Team bei der Entdeckung des SARS-Coronavirus an, das im April vom *Time Asia Magazine* als „Asiatische Helden des Jahres" ausgezeichnet wurde. Anschließend fand er die natürlichen Vorkommnisse des SARS assoziierten Coronavirus in chinesischen Hufeisenfledermäusen und erneuerte das Interesse an diesen als Quelle von Infektionen verursachenden neuartigen Mikroben. Yuen hat derzeit den Lehrstuhl für Infektionskrankheiten am *Institut für Mikrobiologie der Universität von Hongkong* inne.

Yuen sorgte im Januar 2020 für Kontroversen, als er und sein Co-Autor David Lung einen Artikel mit dem Titel „Die Pandemie ging von Wuhan aus und die Lehren aus 17 Jahren wurden vergessen", veröffentlichte. Er sagte, etwa 75 % der neuartigen Krankheiten ließen sich auf wilde Tiere zurückführen. In der chinesischsprachigen Zeitung *Ming Pao* hieß es, dass der Handel und Konsum von Wildtieren ein Ergebnis der minderwertigen Kultur der Chinesen sei. Die Autoren zogen den Artikel später zurück und entschuldigten sich für die Aussage.

In einem Interview mit der *BBC* beschuldigte Yuen die chinesischen Behörden, die Gefährlichkeit des Virus vertuscht zu haben. Er behauptete, er habe die Gesundheitsbehörden bereits am 12. Januar auf den Verdacht einer Übertragung von SARS-CoV-2 von Mensch zu Mensch aufmerksam gemacht. Diese Warnung wurde erst am 19. Januar veröffentlicht. Er beschuldigte die Behörden auch, Beweise vernichtet zu haben. Als sie den Huanan-Fischmarkt besichtigen wollten, war dieser bereits gereinigt, und es konnten keine Proben genommen werden.

Wahrscheinlich war den Forschern daran gelegen, den Verdacht von sich selbst abzuwenden. Auch gab es eine politische Zielsetzung. Es sollte der Verkauf lebender Wildtiere verboten werden, wie dies bereits nach dem ersten SARS-Ausbruch im Jahr 2003 bereits einmal geschehen war. Wir sehen aber auch ganz klar, aus welcher Ecke die besagte Hamster-Studie (Maskenstudie) kam, nämlich von Wissenschaftlern, die auch bereits in die Corona-Forschung involviert gewesen waren, was etwas überrascht, und zudem aus Hong-Kong, zur Zeit übelster Unterdrückung und Kontrolle.

Anfang Juni hatte die WHO eine neue Studie bei Holger Schünemann in Auftrag gegeben. Er ist Professor an der *McMaster University* und Direktor der kanadischen *Cochrane Collaboration*. Er wertete alle Studien zur Frage aus, ob Masken gegen Sars, Mers oder Covid-19 helfen – es waren insgesamt 29, und viele von ihnen waren einige Jahre alt. Diese Meta-Analyse erschien Anfang Juni im *Lancet* und erstaunte Schünemann selbst, wie er sagt. „Nach unserer Analyse reduzierten Masken das Risiko, sich zu infizieren, um überraschende 80 Prozent." Nur wenige Tage nach der Veröffentlichung änderte die WHO daraufhin am 5. Juni ihre Empfehlungen.

Die Maskendebatte spaltete die Gesellschaft. Vor allem das Kindeswohl wurde in der späteren Debatte zum Schwerpunktthema. Der Kinderarzt Eugen Janzen ist der Auffassung, Maskentragen führe vor allem bei Kindern zu erheblichen Beeinträchtigungen und wäre selbstverständlich gesundheitsschädlich. Dies wird im folgenden näher erklärt. Die Luft im Totraum in der Maske staut sich mit der ausgestoßenen kohlendioxidhaltigen Atemluft, verbleibt dort und wird wieder eingeatmet. Ein neugeborenes Kind atmet die ganze Luft ein und aus, ohne das frische Luft dazukommt. Der $CO_2$-Gehalt steigt, die Herzfrequenz geht runter und das Baby stirbt. Ein einjähriges Kind, wird erst Mal

10 Minuten schreien bevor es stirbt. Bei einem 4-jährigen Kind ist die Maske nach einer Stunde quietsche-nass, das Kind hat rote Bäckchen, lebt aber noch. Wie gefährlich eine Maske ist, hängt ab von der Größe der Lunge und der Größe des Totraumvolumens. Wie ist das Verhältnis Totraumvolumen zur Lunge? 1 : 10 oder 1 : 20? Dann ist es kein Problem. Bei einem Verhältnis 50 zu 50 wird es ein großes Problem sein. Das Kind wird hyperventilieren, muss also bedingt durch die Maske viel tiefer atmen als normal, als gesund ist, $CO_2$ führt zu einer Vasodilatation, die Blutgefäße werden erweitert. Der Körper entwickelt eine Gegenreaktion und produziert das Stresshormon Adrenalin. Eine Vasokonstriktion macht die Gefäße wieder enger. All diese Daten möchte Janzen sammeln. Dass Masken schädlich sind, insbesondere für Kinder im Alter zwischen 6 und 10 Jahren, die die Masken 6-8 Stunden in der Schule tragen müssen, sollte jedem rational denkenden Menschen klar sein. Sie erzeugen Schweiß und auch Konzentrationsschwächen.

Janzen hat die Regierung gebeten, eine Studie übers Maskentragen bei Kindern ins Leben zu rufen, die diese Nebenwirkungen in einer Testsituation wie in einer Schule überprüfen soll. Adrenalin, Atemfrequenz, Atemtiefe, diese Parameter lassen sich messen. Die Regierung hat auf seine Anfrage nicht reagiert. Politiker hören schon lange nicht mehr auf die Ärzte. Dabei bringen Masken bei der Aerosole- und Virusausbreitung seiner Meinung nach gar nichts. Auf anderen Gebieten gibt es für alles eine Prüfplakette. Bevor ein Kind ein Spielzeug in die Hand nimmt, muss es in der BRD geprüft werden. Selbst für Toilettenpapier gibt es solche Prüfungen, ob es weich genug ist. Masken darf sich jeder basteln, manche Familie übertreibt, macht es extra fest, damit die Viren nicht hindurch kommen. Kein Lehrer ist befugt, die Masken zu prüfen, Hauptsache, sie sitzen im Gesicht. Die Masken nehmen Kindern den Atem.[129] Die Frage ist, wem wir mehr trauen sollten: Den Ärzten, den Epidemiologen oder den Strategen. In jedem Fall sollten wir uns auf unseren eigenen Menschenverstand verlassen.

Eine Metastudie des *National Bureau of Economic Research NBER*, die am 3. September veröffentlicht wurde, belegte, dass der Lockdown und Maskenzwang keinen Einfluss auf den Verlauf von COVID-19 hatten.[130] [131] [132]

Der Virologe Streek sagte in einem Interview am 2. Oktober, dass im Rahmen einer Eindämmung Masken schon sinnvoll sein können, genau wie auch das Abstandhalten, es würde aber entweder das eine oder das andere ausreichen.

Ärztepräsident Klaus Reinhardt riet gänzlich vom Tragen der Maske ab. In einer ZDF-Talkshow bei „Markus Lanz" am 21. Oktober sagte er, dass Masken keinen Selbstschutz böten, wohl aber Mitmenschen vor Ansteckung bewahren könnten. Es gäbe auch keine wissenschaftliche Evidenz darüber, „dass die tatsächlich hilfreich sind". Lanz erwiderte, das wäre kein Thema, welches noch zur Diskussion stünde und verwies auf die Hamsterstudie aus Hongkong im April. Karl Lauterbach twitterte später, aus seiner Sicht wäre Reinhardts Stellungnahme „ein Rücktrittsgrund, wenn er das nicht sofort zurücknimmt.“

## Tests

Mit Beginn der Pandemie in Wuhan tauchte bald das Bedürfnis in der Bevölkerung auf, möglichst schnell testen zu können, um zu sehen, ob bereits eine Ansteckung mit dem neuartigen Virus stattgefunden hat. Damit die weitere Ausbreitung effektiver eingedämmt werden konnte, setzte die chinesische Regierung auf Patrouillen-Roboter mit 5G-Technik, die das chinesische Unternehmen *Guangzhou Gosuncn Robotics* zusammen mit *Advantech-Technologies* entwickelt hatte. Sie sollten bei Menschen die Körpertemperatur überwachen und gleichzeitig prüfen, ob alle eine Atemschutzmaske trügen.[133]
Ein weiteres beliebtes Mittel in China zur Feststellung der Infektiosität ist das Fiebermessen mit einem Handgerät. Als in China vor mehr als 17 Jahren das SARS-Virus auftauchte, empfahl die WHO die Fiebermessungen als Maßnahme an Flughäfen der betroffenen Region. Damit sollten möglicherweise Erkrankte erkannt und vom Reisen abgehalten werden. Flughäfen in anderen Ländern wie Singapur installierten für ankommende Fluggäste Durchgangsschleusen mit Wärmebildkameras. So wollten sie fiebernde Passagiere herausfiltern. Damals gab es das WHO-Prozedere zur Erklärung einer „Notlage von internationaler Tragweite“ (*Public Health Emergencies of International Concern PHEIC*) noch nicht.

Auch nach Ausbruch der Schweinegrippe 2009 empfahl die WHO solche Messungen. Forscher an der Universität von Perth in Australien kamen in einer Studie 2015 zu dem Schluss, dass die Maßnahmen nicht effektiv waren. In Singapur seien 2009 von 116 Schweinepest-Infizierten nur 15 am Flughafen entdeckt worden, in Japan seien nur 10 von 151 Reisenden aufgefallen, die später diese Grippeform hatten. Reisende können demnach infiziert sein und andere anstecken, bevor sie Symptome wie Fieber entwickeln.

Auch vom *Robert Koch-Institut RKI* in Berlin hieß es, es gäbe keine wissenschaftlichen Belege für die Wirksamkeit sogenannter *Entry Screenings* an Flughäfen, also Kontrollen bei der Einreise. Sinnvoll seien *Exit Screenings* in besonders betroffenen Gebieten. Wuhan hat entsprechende Kontrollen bei der Ausreise bereits eingeführt.[134]

Inzwischen gibt es viele Möglichkeiten, um eine Infektion mit SARS-CoV-2 festzustellen: Vor allem PCR-Tests und PCR-Schnelltests. Was sagen diese aber tatsächlich aus? Wie zuverlässig sind sie? Erkennen sie auch das spezifische COVID-19-Virus? Ist ein Positiv-Getesteter auch wirklich infektiös? Eine genauere Betrachtung folgt.

## Der PCR-Test

Am 6. Januar 2020 hatte die Arbeitsgruppe um Professor Dr. Christian Drosten, Direktor des *Instituts für Virologie* an der *Charité,* im Rahmen ihrer Tätigkeit im *Deutschen Zentrum für Infektionsforschung DZIF,* den weltweit ersten Diagnostiktest entwickelt und zur Verfügung gestellt. Dieser Test wurde anhand des SARS-CoV-1 entwickelt. Drosten selbst sagte, dass dieser Test sehr spezifisch nur auf das neue Virus SARS-CoV-2 anschlagen würde. Theoretisch würde es auch gegen das alte Virus SARS-CoV-1 aus dem Jahr 2002 reagieren, aber das gäbe es ja jetzt nicht mehr beim Menschen. Ebenfalls würde es auch gegen eine Reihe Fledermaus-Coronaviren reagieren, aber die gäbe es auch nicht beim Menschen.[135]

Unter Leitung von Prof. Drosten konnten Wissenschaftler bereits neuartige Zika-Virus-Tests und den weltweit verwendeten Standardtest zum Nachweis des MERS-Erregers (Middle East Respiratory Syndrome) entwickeln. Drosten hatte im Jahr 2003 den SARS-Erreger (Severe Acute Respiratory Syndrome) mitentdeckt.[136]

Einer der Hauptgegner des Tests ist Wolfgang Wodarg. Er sagt, dass wir ohne den von deutschen Wissenschaftlern entworfenen PCR-Test auf SARS CoV-2 von einer Corona-Epidemie oder gar Pandemie nichts gemerkt hätten. „Mit dem Test zog man, nachdem die WHO ihn empfohlen hatte, durchs Land und versuchte Bruchstücke von SARS-Viren zu finden. Eine Stelle in China, die Christian Drosten in einem Interview nicht namentlich nennen wollte, bestätigte den Virologen, dass mit dessen Testansatz das gesuchte SARS-Bruchstück im Wuhan SARS-CoV-2 gefunden worden sei. Meine Beurteilung des nicht amtlichen und nicht für medizinische Zwecke zugelassenen Tests, mit dem inzwischen weltweit nach Fällen gesucht wird, lautet: Wie kann ein Test, der bei den vielen unterschiedlichen SARS-Viren bei Fledermäusen, Hunden, Tigern, Löwen, Hauskatzen und Menschen positiv ausfällt, die sich seit vielen Jahren verändern und verbreiten, für den Nachweis eines angeblich erst vier Monate alten SARS CoV-2 spezifisch genannt werden. Es handelt sich offenbar um einen sensiblen Test, der zu viele positive Ergebnisse liefert, der also auch viele inzwischen natürlich rekombinierte SARS-ähnliche Erreger nachweisen kann. Das die Viren aus Wuhan auch dabei waren, wird dabei nicht bestritten. Der Test misst aber offenbar auch frühere SARS-Varianten, die sich laufend verändern, schnell ihre Wirte wechseln können und nicht in den Datenbanken der Virologen zu finden sind. Diese waren und sind aber auch offensichtlich nicht als außergewöhnlich gefährlich aufgefallen. Woher wissen wir also, dass die Diskrepanz zwischen vielen harmlosen Infektionen und den wenigen schwereren Verläufen nicht dadurch bedingt ist, dass unterschiedliche Varianten mit dem benutzten Test gleichermaßen gefunden werden."[137]

Auf Facebook sagte er: „Wer weiterhin seine Politik nach solchen nichtssagenden Testergebnissen richtet, geht über Leichen, ruiniert die Bevölkerung und wird nackt dastehen. Meine Aussage, wegen der ich seit zwei Monaten in allen „Faktenchecks" der großen Zeitungen angegriffen und diffamiert wurde, ist ja inzwischen längst offiziell bestätigt und veröffentlicht. Nämlich dass die Testergebnisse unspezifisch sind. Das wäre alles nur witzig, wenn es sich hier nicht um die Grundlage für all die zerstörerischen und tödlichen Maßnahmen in der ganzen Welt handeln würde. Alleinige Grundlage aller amtlichen und bisherigen Risikoabschätzungen sind positive PCR-Tests. Diese Tests werden in aller Welt in über 300 Variationen mit „Notfallzulassungen" ohne amtliche Validierungen für Milliarden Dollar oder Euro verkauft und verwendet. Sie sagen weder etwas aus über ein Erkrankungsrisiko noch über Ansteckungsgefahren. Sie sind auch positiv bei SARS-Viren, mit denen wir Menschen in aller Welt und auch viele Tiere schon über 15 Jahre vertraut sind und die auch bisher keine Gefahr begründet haben."

Dieser Test wurde dennoch flächendeckend eingesetzt. Zunächst wurden folgende Personengruppen getestet:

- sie hatten grippeähnliche Symptome

- sie hatten sich in den letzten 14 Tagen in einer Region mit Coronavirus-Fällen aufgehalten

oder

- sie hatten in den letzten 14 Tagen Kontakt zu einem bestätigten Coronavirus-Fall gehabt.


## So funktioniert der PCR-Test

Die entnommenen Proben werden im Labor mittels einer Polymerase-Kettenreaktion (Polymerase Chain Reaction, PCR) untersucht. Dabei wird ein ausgewähltes DNA-Stück in einem so genannten Thermocycler vervielfältigt. In diesem Stück wird das Coronavirus SARS-CoV-2 gesucht. Am Ende steht fest, ob und wenn ja, wie viele der Erreger im Körper sind. Ist das Ergebnis positiv, das heißt, es wurde das Coronavirus SARS-CoV-2 gefunden, wird auch das Gesundheitsamt informiert. Je nach Situation muss sich der Patient dann entweder in häusliche Quarantäne begeben oder er wird in ein Krankenhaus mit entsprechenden Schutzmaßnah- men eingewiesen. Außerdem werden Kontaktper- sonen ermittelt, die sich ebenfalls in Quarantäne begeben müssen, um die Ausbreitung des Virus möglichst einzudämmen.

Schon vor dem Test auf das Coronavirus SARS-CoV-2 kann einiges schiefgehen: Beispielsweise könnten die Proben falsch entnommen worden sein, oder sie wurden zum falschen Zeitpunkt ent- nommen. Aus diesen Gründen werden Patienten mehrfach getestet.

Bei der Polymerase-Kettenreaktion wird in der ersten Stufe beim Coronavirus das sogenannte „E-Gen" nachgewiesen, das allerdings auch bei anderen „Betacoronaviren" positiv ausfallen kann. Das E-Gen gilt als ein guter Screeningtest bei Co- ronaverdacht. Um den Verdacht zu erhärten, sollen Labore in der zweiten Stufe spezifischer auf das neue Coronavirus SARS-CoV-2 testen, indem sie weitere Gen-Abschnitte, sogenannte „S-Gene" un- tersuchen, die nur bei dem neuen Virus vorliegen.

## Was bedeutet der Ct-Wert?

Vereinfacht gesagt gibt der Ct-Wert (Englisch: Cyc- le Threshold) an, wie lange eine Probe im Labor untersucht werden muss, also wie viele Zyklen notwendig sind, bis es zu einem positiven Befund kommt, folglich wie viele „Runden" das Probenmaterial durchlaufen muss, bis das Erbgut von SARS-CoV-2 nachgewiesen werden kann. Ist Virusmaterial bereits nach einer kurzen Laufzeit nachweisbar, spricht dies wahrscheinlich für eine hohe Viruslast und der Ct-Wert ist gering. Ist der Ct-Wert höher, beispielsweise 30, heißt dies vereinfacht gesagt, dass die Probe viele Runden durchlaufen musste, bis Virusmaterial gefunden wurde.

Bei Ct-Werten über 30 lässt sich das Virus nach bisherigen Erkenntnissen schwieriger anzüchten, was für eine geringere Infektiosität dieser Patienten spricht. Der Ct-Wert wird allerdings beispielsweise vom Ort der Probenentnahme, der Transportzeit und dem verwendeten Testsystem beeinflusst, so dass er nur ein Hinweis sein kann und für sich alleine gesehen nicht aussagefähig ist.

## Warum PCR-Tests nichts aussagen – weder bei Corona noch bei HIV

Es gibt noch einen weiteren Grund, warum der Test vollkommen nichtssagend ist. Und zwar hängt das mit der Anzahl der falsch positiv Getesteten bei nicht Infizierten zusammen. Diese mag bei nur 1 % liegen. Auf die gesamte Bevölkerung gerechnet, handelt es sich jedoch um eine gigantische Zahl. Dies veranschaulicht die folgende Tabelle. Bei anlasslosen Massen-Tests ohne konkreten Infektionsverdacht und entsprechend niedriger Prävalenz kann die Zahl dann sogar sehr viel höher als die der tatsächlich Infizierten liegen.[138]

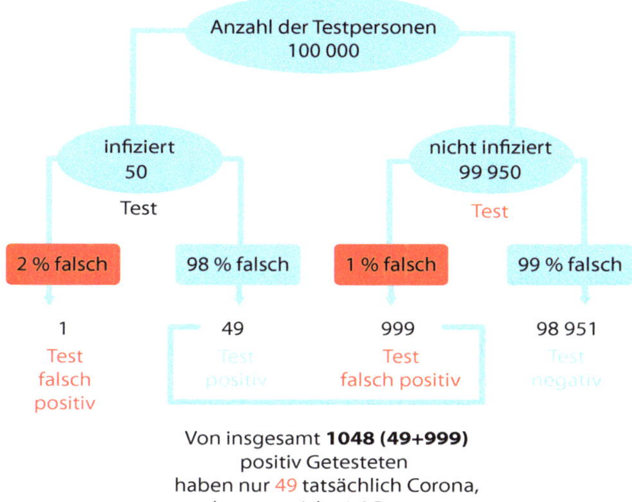


* Krankheitshäufigkeit: Anteil einer Population, der erkrankt ist
oder einen Risikofaktor aufweist. Hier z. B. 50 von 100 000 Personen

Grafik: Hanefeld Media     Quelle:  Evidenzbasierte Medizin e. V.

# Wie man corona-positiv wird

Die Testverfahren: Bei der Polymerasekettenreaktion PCR wird auf zwei oder mehr Gen-Sequenzen getestet: auf das ORF1-Gen, das für SARS-CoV-2 spezifisch sein soll und das E-Gen, das für Coronaviren im allgemeinen spezifisch sein soll. Hier hat die WHO laut dem „Labor Augsburg" aber anscheinend verfügt, dass ein Test, der nur auf das „allgemeine" E-Gen positiv testet, das ORF1-Gen aber negativ ist, trotzdem als positiv zu werten ist.

Laut Bodo Plachter wäre dies unerheblich. Da das Hüllprotein E, auch E-Gen genannt im Augenblick bei uns nicht vorkomme, sei es unerheblich, wenn hier, Kreuzreaktivität vorläge", berichtete der Virologe auf *correctiv.org*.[139]

Das Testergebnis wird nur vereinfacht übermittelt, sodass nicht ersichtlich ist, auf welche Gensequenz positiv getestet wurde. Es gibt Hinweise darauf, dass ein nicht bestimmter äußerlicher Faktor die Testsensitivität beeinflusst, wodurch tagesabhängig durchschnittlich mehr oder weniger positive Ergebnisse gemessen werden. Es kann zu Kreuzreaktionen mit anderen Erregern kommen. Oder es werden gleich Tests verwendet, die nur das nicht SARS-CoV-2 spezifische E-Gen abfragen oder es wird ein „Multiplex PCR Verfahren" benutzt, das direkt gezielt auf mehrere Viren anschlägt (bspw. „Influenza A, Influenza B, RSV, Respiratory Adenovirus, Parainfluenza Virus, Mycoplasma Pneumoniae, Chlamydia Pneumoniae, etc."). PCR Tests können nicht zwischen reproduktionsfähigen („lebenden") oder inaktivierten („toten") RNA-Trümmern unterscheiden.

Die Deutsche Akkreditierungsstelle hat einen Ringversuch zum PCR-Test durchgeführt. Dabei hat sie neben echten SARS-Cov-2 Proben auch Proben von zwei harmlosen Corona-Viren und Placebo-Proben in Laboren testen lassen. Dabei fanden sie

- falsch-positiv-Raten von 2,2 % bei Vorliegen des harmlosen Erkältungs-Coronavirus OC43,

- falsch-positiv-Raten von 7,6 % bei Vorliegen des harmlosen Erkältungs-Coronavirus E229 sowie

- falsch-positiv Raten von 1,4 % bei Vorliegen keines Virus.

In Italien wurden vor allem Tests einer türkischen Herstellerfirma mit Namen *Anatolia Geneworks* verwendet. In dem genannten Ringversuch hat die Firma bei harmlosen Corona-Viren mit 25-40 % falsch Positiven sehr schlecht abgeschnitten. Unter diesem Aspekt muss man auch das Geschehen vor Ort sehen. Es gibt somit Zweifel an der Zuverlässigkeit der Tests.

**Prof. Dr. Ulrike Kämmerer**, Virologin und Immunologin vom *Universitätsklinikum Würzburg*, erklärt, wie dieser Test genau funktioniert und warum es generelle Bedenken gegenüber diesem gibt: „Ein PCR-Test ist im Grunde kein immunologischer Test, sondern nur ein Nukleinsäurenachweis. Dabei wird eine bestimmte Sequenz von definierten Molekülen multipliziert, ein kleiner Genabschnitt aus einer ausgewählten Region des Virus, ohne zu wissen, ob das Full Length Virus überhaupt vorhanden ist. Selbst wenn das Virus gar nicht mehr vollständig vorhanden ist, sondern nur diese Teilsequenz, so würde es dennoch nachgewiesen werden. Man kann nur diese Nukleinsäure nachweisen, was nichts mit lebenden Zellen, aktiven Viren oder irgendeiner Krankheit zu tun hat. Man kann genauso wenig sagen, ob das Virus replikationsfähig ist, ob es sich im Wirt also tatsächlich vermehrt, jener also ursächlich krank wird. Bei den vielen positiv Getesteten ohne Symptome kann man gar nicht sagen, ob sie wirklich mit einer großen Viruslast befallen sind. Eigentlich ist der positiv Getestete noch nicht mal infiziert, denn bei einer Infektion handelt es sich um die Reaktion der Körpers.

Auf der Oberfläche des Abstriches ist die Virus-RNA, das heißt nicht, dass sie in den Zellen ist oder dass eine vermehrungsfähige Viruslast vorhanden ist. Das kann man mit dem Test nicht nachweisen. Positiv getestet sagt nicht wirklich etwas darüber aus, ob die Personen infiziert oder krank sind. Man sagt zum Beispiel beim HIV-Virus mit einer bestimmten Sensitivität, dass das Virus vorhanden sein muss, aber es ist noch nicht klar, wie das bei SARS-CoV-2 überhaupt bewertet wird.

Ein PCR arbeitet logarithmisch, aus eins wird zwei wird vier, so vervielfältigt das Verfahren die Nukleinsäure der Viren. Wenn der Test sehr früh anspricht, also nach 20 beziehungsweise 25 Amplifikationszyklen, sagt man, sind so viele Viren-RNA's vorhanden, dass man davon ausgeht, dass es eine entsprechende Viruslast gewesen sein muss. Das müsste man mit direkten Virus-Isolaten nachweisen und validieren. Dies wurde allerdings noch nicht gemacht, obwohl es die Europäische Union ja von einem Test verlangt, wenn er für diagnostische Zwecke eingesetzt werden soll. Es müssten eigentlich auch mit Proben Ringversuche gemacht werden, von denen sie nicht wissen, ob da jetzt was drin ist oder nicht. Das läuft alles nicht.

Was passiert eigentlich genau beim PCR-Test? Da macht man sich zunutze, dass sich die Erbinformation, also die Nukleinsäure mit speziellen Enzymen vervielfältigen lässt. Das ist das, was die Zelle sowieso macht, wenn sie sich entweder teilt oder die mRNA, also die Boten-RNA vervielfältigen muss, um irgendwelche Eiweiße herzustellen. Dafür gab es für Herrn Mullis den Nobelpreis, der hatte ein Enzym gefunden, mit dem man immer wieder und wieder diese Vervielfältigung machen kann, und die isolieren die Nukleinsäure des Virus, schreiben die Coronaviren, ein RNA-Virus, müssen die in DNA, also unsere Erbinformation umschreiben und dann können sie den Prozess starten, indem sie kleine Nukleinsäurestückchen wählen. Das sind die sogenannten Primer, die passend zu der Sequenz sind. Das setzt natürlich dummerweise voraus, dass sie schon wissen, was sie suchen, d.h. sie müssen diese Sequenz schon haben, das sind so 20 Nukleotide, kleine Teilchen im Computer zu kreieren. Wenn man nicht weiß was man sucht, dann wählt man ein nahe verwandtes Virus, es gibt inzwischen genügend Beta-Viren SARS und dann wählt man diese Ionen dieser Viren, alle bisher bekannten Viren sind sehr ähnlich, und da sucht man diese Erkennungsmusterstückchen, zwei Stück, die sind im Abstand voneinander von, in dem Falle 80 und 200 Nukleotide und an diese kleinen Stückchen, wenn die sich jetzt speziell an die erkannte Sequenz binden, kann dann dieser Vervielfältigungsprozess starten. Und die in der modernen Diagnostik-Tests verwendete Systematik ist so, sie haben ein drittes Stückchen, was in der Mitte des zu vervielfältigenden Genabschnittes liegt, das ist mit einer Fluoreszenzfarbe markiert und jedes Mal,

wenn sie diese SARS-CoV-2 Stückchen vervielfältigen, wird dieses dritte Stückchen wieder abgebaut,
dann gibt es ein Farbsignal, dann geht der ganze
Prozess wieder von vorne los, die drei Stückchen
hängen sich an die neue Nukleinsäure dran, das
Enzym arbeitet sich wieder drüber hinweg, das ist
wie ein Reißverschluss, der immer hin und her geht
und sich dabei jedes Mal verdoppelt, und dann gibt
es wieder Mal ein Farbsignal und so weiter und
dieses Farbsignal bei den modernen Geräten wird
erkannt.

Je früher sie gut nachweisbare Farbsignale haben, umso mehr vervielfältigte Nukleinsäurestückchen sind in der Probe drin. Man sagt, wenn sie
nach 25 Wiederholungen kommt, habe ich viel
Nukleinsäure drin gehabt, man sagt die Probe ist
positiv, wenn sie erst nach 40 oder nach 50 Zyklen
kommt, dann ist es falsch negativ, da kann zufällig
irgendwas passiert sein.

Hieraus kann geschlussfolgert werden, das positiv getestet zu sein nicht heißt, infiziert oder gar
krank zu sein. Man kann, wenn der Test früh an-
springt, davon ausgehen, dass die Menschen Viren haben. Es ist die Problematik, wo man den sogenannten Cut-Off setzt. Dieser ist in den Arbeiten
meist nicht definiert. Der Ct-Wert müsste zwingend
mit angegeben werden. Ohne dem ist es wie Kaf-
feesatzlesen.

Man müsste aufschlüsseln, wie schnell der Test
bei bestimmten Personen angesprochen hat. Die
bloße Information, bei so vielen Menschen hat er
angesprochen, ist im Prinzip wertlos.

Inzwischen gibt es x kommerzielle Tests. Wenn der erste Test positiv ist, kann durchaus der zweite negativ sein. Ob er auch auf andere Coronaviren anschlägt, kann nicht genau überprüft werden. Wir erfahren nicht, was die Tests genau machen, wir erfahren nichts über die Sequenzen und man kann es nicht in den Gen-Banken überprüfen. Solange nicht die genauen Sequenzen der verwendeten Primer-Proben angeben werden, gibt es keine Chance zu überprüfen, was es ist, eigentlich müsste man ein Panel von allen Viren haben, die Charité müsste das eigentlich haben, und die Tests müsste man über alle vorhanden nahen Viren laufen lassen, egal ob Fledermaus, Mensch oder Schwein, Rind, Kamel oder Katze und schauen, welcher erkennt nur ganz spezifisch SARS-CoV-2.“ [140]

RNA-Viren mutieren sehr schnell, daher wird man immer viele unterschiedliche Viren finden. Man sieht an ihrer Beschreibung, dass ein Test nicht so verlässlich und mit Vorsicht zu genießen ist.


## Wie kam es zu dem Test?

Christian Drosten, Chef der *Charité*, hörte von den Vorgängen in Wuhan und wandte sich über Social Media an seine chinesischen Kollegen. Er fragte, ob es sich bei dem Erreger um ein Coronavirus handeln könnte, dann wandte sich sein Team an die Gen-Bank. Sie suchten nach dem kleinsten gemeinsamen Nenner aller vorhandenen Viren. Sodann hatte Drosten drei Gen-Amplifikate kreiert und einen PCR-Test nach Wuhan geschickt. Das war am 21. Januar, am 22. wurde der Test angenommen, am 23. publiziert. Damals wurde explizit erklärt, er würde alle asiatischen Coronaviren, einschließlich der Fledermaus-Viren erkennen. Mit diesem Test wird nun auf der ganzen Welt gearbeitet. Inzwischen gibt es wohl über 300 dieser Tests. Als Grundlage in Deutschland wurde er benutzt, um beispielsweise bei Tönnies den Laden über Wochen zuzumachen.

Entwickelt hatte das PCR-Verfahren der Biochemiker **Kary Mullis** im Jahr 1983. Später wurde ihm dafür der Nobelpreis für Chemie verliehen. Den PCR-Test benutzte man damals, um HIV als Erreger für AIDS nachzuweisen. Allerdings war Mullis selbst nicht der Meinung, dass das HIV-Virus die Krankheit AIDS verursachte und der Test als Nachweis für das Virus taugte. Er war überzeugter Kritiker der „HIV-Wissenschaft". Bill Gates habe allerdings schon damals auf ein Virus mit so viel „Pandemiepotenzial" gewartet. Damals wurde sehr viel Geld in den PCR-Test gesteckt. *Hoffman-La-Roche* kaufte den Test für 300 Millionen Dollar – das meiste Geld, das jemals für ein Patent gezahlt wurde. Mullis erhielt einen Bonus von 10 000 US-Dollar.

So wie Mullis sah es auch Celia Farber, die den Nobelpreisträger persönlich kannte. Sie meinte, der Test sei vollkommen ungeeignet: „Ein RNA-Virus im PCR-Verfahren zu identifizieren ist wie die Suche nach der Nadel in einem Heuhaufen. Der Test findet nur Fragmente, Nukleinsäuren. Er kann bei der Diagnose von Infektionskrankheiten äußerst irreführend sein." [141]

Dass eine Beziehung zwischen der Verbreitung von Tests und der „Ausbreitung" eines neuen Virus besteht, ist offensichtlich.

## Impfungen

Es wurde von vielen Seiten immer wieder der Eindruck vermittelt, ein Ende der Corona-Pandemie könne nur mit der Einführung eines Impfstoffs herbeigeführt werden. Weltweit forschen Institute mit Hochdruck an der Herstellung und möglichst schnellen Marktreife eines geeigneten Mittels. Dabei liegt das besondere Augenmerk auf den neuartigen mRNA Impfstoffen. Während bei vielen herkömmlichen Impfstoffen das Antigen selbst injiziert wird, wird also beim mRNA-Impfstoff die genetische Information gespritzt, sodass der Körper das Antigen selbst bildet.

Corona-Viren gehören zur Gruppe der RNA-Viren, was bedeutet, dass sie über keine eigene DNA verfügen und ihr Erbgut in Form von RNA Ribonukleinsäure vorliegt. Diese Erbinformation ist in der chemischen Struktur nicht so stabil wie das Erbgut der DNA-Viren, zu denen etwa Herpes-, Papilloma-, oder Adeno-Viren gehören. Daher kommt es auch leichter zu Veränderungen im Erbgut (Mutationen). Da Viren über keinen eigenen Stoffwechsel verfügen, müssen sie sich zur Vermehrung in eine Wirtszelle einschleusen. Hierzu heften sie sich in einem ersten Schritt an deren Zelloberfläche. Diese Viren können in die Zelle eindringen, setzen dort ihr eigenes Erbgut frei und vervielfältigen es, wodurch die Zelle eine große Anzahl des Virus produziert. So funktioniert der Impfstoff: Die im Labor erzeugte Boten-RNA des Virus wird mit Hilfe der Nanotechnologie (kleinste Teilchen, die die Zellmembran durchdringen können) direkt in die Zelle gebracht, wo die Informationen dann ausgelesen werden. Diese gelangen über Stoffwechselprozesse anschließend in die Blutbahn, wo sie den Körper zur Bildung von Antikörpern anregen sollen. Obwohl sich die Industrie bereits seit 10 Jahren mit der Erforschung von Impfstoffen gegen Coronaviren beschäftigt, hat es bisher kein einziger bis zur Marktreife geschafft. Bisherige Studien mit mRNA Impfstoffen an menschlichen Probanden zeigten schwere Nebenwirkungen. Viele Menschen sind verunsichert. Dennoch und obwohl es noch keinen Impfstoff gibt, raten Wissenschaftler der Politik, sich schon jetzt mit der Möglichkeit einer Corona-Impfpflicht auseinanderzusetzen.

Am 29. April 2020 hat das Bundeskabinett eine erste Änderung des § 28 Infektionsschutzgesetz beschlossen. Um die Ausbreitung übertragbarer Krankheiten zu verhindern, sehe das Infektionsschutzgesetz eine Einschränkung des Grundrechts auf körperliche Unversehrtheit (Artikel 2, Abs. 2, Satz 1) vor.

Auf einer Geberkonferenz am 4. Mai in Brüssel sind insgesamt 7,4 Mrd. Euro von Dutzenden Ländern und Organisationen für die Suche nach Impfstoffen und Medikamenten bewilligt worden, darunter 225 Mill. Euro aus Deutschland.

Bislang ist unklar, wie mit den öffentlichen Geldern Medikamente, Impfstoffe und Tests entwickelt, produziert und verteilt werden sollen, so dass sie tatsächlich weltweit verfügbar sind, wie von der WHO und den Gebern angekündigt. „Es ist richtig und wichtig, dass Angela Merkel COVID-19-Impfstoffe als globale öffentliche Güter bezeichnet hat", so Marco Alves von *Ärzte ohne Grenzen*. „Aber das bedeutet zum Beispiel auch, dass es darauf keine Patente und keine Vorrechte bei der Verteilung geben darf.[142]

In Amerika sind Pfizer sowie *Thomson & Thomson* und in China *Fosun* an der Impfstoffentwicklung beteiligt.[143] *Pfizer* und *BioNTech* wählen einen Hauptkandidaten für einen mRNA-Impfstoff gegen COVID-19 aus und beginnen mit der globalen Phase-2/3-Zulassungsstudie. Die Phase-2/3-Studie, an der bis zu 30 000 Probanden im Alter von 18 bis 85 Jahren teilnehmen werden, hat in den Vereinigten Staaten begonnen und soll weltweit auf rund 120 Studienzentren ausgeweitet werden. Bei Erfolg der Studie planen *Pfizer* und *BioNTech* weiterhin, bereits im Oktober 2020 das Zulassungsverfahren zu beantragen und im Falle einer behördlichen Genehmigung oder Zulassung weltweit bis zu 100 Millionen Impfstoffdosen bis Ende 2020 sowie potenziell über 1,3 Milliarden Impfstoffdosen bis Ende 2021 bereitzustellen.[144]

Am 15. September stellt die BRD 750 Millionen Euro für die Impfstoffforschung zur Verfügung. Drei Unternehmen profitieren davon: *Curevac*, *Biontech* und *IDT*. "Impfstoffe sind nach wie vor der entscheidende Schlüssel, um diese Pandemie zu überwinden", sagte Bundesforschungsministerin Anja Karliczek (CDU). Deutschland müsse sich darauf einstellen, dass erst Mitte nächsten Jahres die breite Bevölkerung geimpft werden kann.

Am 12. Oktober unterbricht der Pharmakonzern *Thomson & Thomson*, der auch am *Event 201* teilnahm, vorübergehend eine Corona-Studie für einen künftigen Impfstoff wegen einer ungeklärten Erkrankung eines Probanden. Weitere Informationen zu dem Erkrankten gab es zunächst unter Hinweis auf seine Privatsphäre nicht. Am 23. September hatte das Unternehmen die letzte und entscheidende Phase der klinischen Tests gestartet. In einer sogenannten Phase III-Studie mit bis zu 60 000 Freiwilligen auf drei Kontinenten sollten Sicherheit und Wirksamkeit des Impfstoffkandidaten namens JNJ-78436735 überprüft werden. Die Besonderheit des Mittels ist, dass nur eine Dosis ausreichend Schutz bieten soll. Das Unternehmen hoffte, dass Anfang 2021 die ersten Dosen des Impfstoffs „für den Notfallgebrauch" zur Verfügung stehen. Mehrere Hersteller haben die vor der Zulassung nötigen Massentests mit Zehntausenden Probanden gestartet. Die meisten Hersteller gehen davon aus, dass für einen Schutz gegen das Coronavirus zweimal geimpft werden muss. Bislang ist für keinen Impfstoff-Kandidaten nachgewiesen worden, dass er wirklich vor einer Corona-Infektion schützt.[145]

Während der COVID-19-Pandemie wurde im Mai 2020 in Deutschland eine Rechtsverordnung des Bundesministeriums für Gesundheit erlassen, nach der die federführende Ethik-Kommission multizentrische klinische Studien bewertet, die der Vorbeugung oder der Behandlung von COVID-19 dienen, und dies ausnahmsweise ohne Benehmen mit den beteiligten Ethik-Kommissionen (§ 8 Abs. 2 MedBVSV). Diese Ausnahmeregelung gilt jedoch nur bis zur Aufhebung der Feststellung der epidemischen Lage von nationaler Tragweite durch den Bundestag oder längstens bis zum 31. März 2021 (§ 5 Abs. 4 Satz 1 IfSG).

Der Verband *Die Forschende Pharma-Unternehmen VFA* veröffentlicht eine Karte mit teilnehmenden Forschungseinrichtungen in der BRD, Österreich und der Schweiz.[146]

# Übersterblichkeit

Insgesamt haben wir laut Statistik schon über eine Millionen Corona-Tote. Diese Zahlen müssen jedoch korrigiert werden. Sie spiegeln nicht das wahre Infektionsgeschehen der Pandemie wieder.

1. Wie wir im letzten Kapitel festgestellt haben, ist der Test absolut unspezifisch. Er zeigt auch andere Coronaviren. Dieser Test ist nie offengelegt und validiert worden. Es ist vollkommen irreführend, jeden Tag die Neuinfektionen zu zählen und zu addieren. „Positiv getestet" heißt nicht infiziert zu sein, vor allem heißt es nicht, krank zu sein.

2. Die Statistik der Todesfälle stimmt nicht. Die Menschen sind über 80 und hatten alle 2-3 Vorerkrankungen. Die Personen, die „mit" Corona gestorben sind, müssen daher von denen, die tatsächlich „an" Corona gestorben sind, abge-

zogen werden. Es gibt bereits eine Immunität gegen das Virus. Dieses ist nicht so neu. Sind viele der Menschen also in Wirklichkeit an anderen Krankheiten oder an Altersschwäche gestorben? Nur aufgrund des Tests, der ein ungefährliches Corona-Genom findet? Diese Frage muss bejaht werden.

Es gibt keine Exzessmortalität. Hierauf machte auch Wolfgang Wodarg aufmerksam. Er zeigte schon früh, dass es insgesamt keine Übersterblichkeit gab, auch wenn im April die Kurve zeitweise nach oben schnellte. Bei euroMOMO kann man dies sehr schön sehen.[147] Dort wird der Verlauf (Z-score) Woche für Woche und für jedes Land in Europa gezeigt. Im Herbst kam das Gerücht einer zweiten Welle auf. Nach Auswertung vieler Daten des Statistischen Bundesamtes stellte jedoch René Gottschalk, Leiter des Frankfurter Gesundheitsamtes in seiner Bilanz am 1. Oktober fest: „Eine Übersterblichkeit ist weder in der Gesamtbevölkerung noch in der Gruppe der Hochrisikopatienten (Bewohner von Altenpflegeheimen) zu verzeichnen. Die Sterbestatistik (tägliche Sterbefälle) zeigt im ersten Halbjahr 2020 keine Auffälligkeiten – im Gegensatz zu der erkennbar höheren Sterbezahl während der Influenza-Zeiten 2017 und 2018 sowie während der Hitzeperiode im Juli 2018.“[148] Dies ist dann der endgültige Beweis, dass das Virus keine Gefahr darstellt, die Pandemie eine bloße Erfindung ist.

# Inszenierte Krise als strategisches Ablenkungsmanöver

Bereits vor der Corona-Krise sahen wir uns mit vielen politischen Schwierigkeiten und Problemen konfrontiert. Obwohl laufend suggeriert wurde, die Wirtschaft prosperiere, die BRD stünde gut da, gab es gleichzeitig Armut, prekäre Arbeitsverhältnisse und eine soziale Spaltung im Land. Die Agenda 2010, die noch aus der Regierungszeit von Bundeskanzler Gerhard Schröder stammte, hatte ihre Spuren hinterlassen. Seit 2005 stellte die CDU/CSU mit Merkel gemeinsam mit der SPD die Regierung in einer Großen Koalition. Die Sozialdemokraten verloren viele Wählerstimmen, sackten auf ein Rekordtief und wurden von den Grünen als auch in vielen Bundesländern von der Partei Die Linke überholt.

Im Jahr 2015 suchten Hunderttausende Flüchtlinge Zuflucht in Deutschland. Die Kanzlerin entschied, die Menschen ins Land zu lassen, ein Entschluss, der polarisierte. Ihr Ausspruch „Wir schaffen das!" wurde von Teilen der Medien zunächst als positives Signal in der Flüchtlingspolitik aufgenommen. Die anfängliche Willkommenskultur schlug allerdings bald ins Gegenteil um, als nach und nach die Zahl der Geflüchteten immer größer wurde und die Millionengrenze erreichte. Diese Krise führte zu innerparteilichen Auseinandersetzungen, Skepsis in der Bevölkerung und zum Erstarken der AFD. Diese wurde 2018 in Umfragen erstmals zweitstärkste Partei. Jetzt, im Jahr 2020 ist Merkel nun seit vier Legislaturperioden im Amt. Ihre Regierungszeit geht langsam zu Ende, und im nächsten Jahr gibt es Wahlen. Nun müssen für die Zukunft Weichen gestellt werden. Es gilt mit aller Härte das Vordringen der nicht etablierten Parteien zu verhindern.

Als Anfang des Jahres Italien von einer Corona-Welle erfasst wurde, kam es kurzfristig zu Grenzschließungen, um die weitere Ausbreitung einer Pandemie zu verhindern. Bald gab es einen Lockdown und in der Folge Arbeitslosigkeit, Pleiten und die Vernichtung von sozialen Kontakten. Die Corona-Pandemie hatte die Migration nach Europa vorübergehend gestoppt. Auf der anderen Seite hatte Corona die Menschen im Kampf gegen ein Virus, eine unsichtbare Gefahr, die aus dem Nichts kam, zusammengeschweißt. Sie hatten sich bereitwillig hinter die Regierung gestellt, ihr blind vertraut. Die Union aus CDU/CSU profitierte in der Corona-Krise. Die nächste Wahl kann kommen.

Auch wenn die Politik eine ausgerufene Krise nutzt, um Interessen durchzusetzen, sowie Macht und Kontrolle im Land zu erhalten, das deutsch/europäische Geschehen erklärt allerdings nicht das Auftreten einer globalen Pandemie. Die wahren Player müssen wir woanders suchen. Die weltpolitische Lage hat sich in den letzten Jahrzehnten grundlegend verändert. Zwei Weltkriege liegen hinter uns sowie eine Zeit des Kalten Krieges, in welchem nur die atomare Abschreckung, so wurde gesagt, einen weiteren verhindert hatte. China tritt als neuer Global Player in Erscheinung und wird als neue Weltmacht neben den USA gehandelt.

Der Islam radikalisierte sich in vielen Ländern, und viele Kriege hinterließen kaputte Staaten und riesige Flüchtlingscamps, Migration und Hunger. Terrorismus wurde allerorts zur neuen Gefahr. Wie umgehen mit diesen vor uns liegenden Problemen? Darüber machte sich eine politische und finanzielle Elite anscheinend Gedanken. Was passiert, wenn die Weltwirtschaft zusammenbricht? Die Probleme der kapitalistischen Länder liegen in einer Wirtschaft begründet, die nur künstlich vor dem Zusammenbruch immer wieder gerettet wurde. Vor diesem Hintergrund muss diese angebliche Pandemie betrachtet werden.

Es wurde gesagt, Corona wäre ein Brennglas für gesellschaftliche Missstände. So wies die Bremer Politologin Gundula Ludwig darauf hin, dass die Coronakrise nur deshalb ein solches Ausmaß annehmen konnte, weil bereits eine gesellschaftliche Vielfachkrise vorlag. „Wir haben die ökologische Krise, die Krise der Demokratie, die Krise der sozialen Reproduktion, die Care-Krise und auf diese multiple Krise setzt sich nun auch noch die Coronakrise drauf. Ich würde aber sagen, dass wir es dabei mit einer Verdichtung von krisenhaften Momenten zu tun haben, die eigentlich schon vorher die Normalität in unserer Gesellschaft waren." Sie lässt im weiteren Gespräch verlauten, dass „Seuchen von Beginn an politisch sind".[149] Das todbringende Virus, die Pandemie, steht nun am Ende einer Kette und kann als Vehikel für die vielen Versäumnisse der Politik herhalten. Die Schuld befindet sich außerhalb der menschlichen Sphären.

Durch die eingeleiteten Maßnahmen verschlimmern sich die Zustände langfristig allerdings noch mehr, ein einzigartiges Dilemma mit Folgen für Wirtschaft und Gesellschaft ist zu erwarten. Selbst wenn die Schwierigkeiten und Probleme zum Teil nicht weiter verschwiegen werden können, Corona wird als Vorwand und Deckmantel alles andere in den Schatten stellen. Alles wird beklagt, aber nichts bekämpft. Für den bekannten Journalisten Gabor Steingart ist Corona mittlerweile nur ein anderes Wort für „Ausrede".[150]

## Migration und Hunger

Die Flüchtlingsproblematik insbesondere für Europa war vor Ausbruch der Epidemie in Italien eines der wichtigsten Themen der Tagespolitik. Das grausame Sterben der Geflüchteten im Mittelmeer, die aussichtslosen Verhandlungen mit der Türkei, die damit verbundene Erpressbarkeit, das Erstarken rechter Parteien im Inneren – diese Probleme wurden von dem Corona-Ausbruch in Italien schlagartig überlagert und abgelöst. Grenzschließungen verhinderten nicht nur den vermeintlichen Ausbruch des Virus, sondern auch weitere Migration. Aufgrund von Corona gab es nun einen zusätzlichen Berechtigungsgrund für verschärfte Überwachung. Ausschreitungen wie in Moria waren vorprogrammiert. Insofern half die Pandemie dabei, eine weitere Migrationswelle zu verhindern und tatsächlich sind weniger Flüchtlinge nach Europa gekommen. Der Corona-bedingte Rückgang der Einwanderung in die Europäische Union war nur von kurzer Dauer. Bereits nach Beendigung des ersten Lockdowns kamen wieder mehr Flüchtlinge an.

Die Zahl der Geflüchteten steigt auch global in fortschreitendem Maße. Ende vergangenen Jahres war rund ein Prozent der Weltbevölkerung wegen Kriegen, Gewalt, Konflikten oder Angst vor Verfolgung aus ihrer Heimat vertrieben worden. Insgesamt sind 80 Millionen Menschen auf der Flucht. Das sind fast so viele Menschen wie Deutschland Einwohner hat. Die Corona-Krise und die damit verbundene Armut betroffener Bevölkerungen dürfte langfristig die Flucht Richtung Europa noch verstärken. Die Pandemie kann eine humanitäre und Nahrungsmittelkrise nach sich ziehen. Vertreter der *Ernährungs- und Landwirtschaftsorganisation der Vereinten Nationen FAO* sagen voraus, dass sich die Zahl der hungernden Menschen im Laufe des Jahres 2020 auf 265 Millionen Menschen verdoppeln wird. Am 21. April 2020 warnte der UNO-Sicherheitsrat, dass in etwa drei Dutzend Ländern „Hungersnöte biblischen Ausmaßes" drohen. Wohlhabende Staaten ignorieren die Tragödie, die sich in scheiternden Ländern abspielt, und die dadurch für sie selbst drohende Gefahr. Einer der offensichtlichsten Dominoeffekte des weltweiten Lockdowns wird der Hunger in den fragilsten und ärmsten Staaten der Erde sein, mit Auswirkungen auf die reichsten Teile der Welt, nämlich einer neuen Welle der Massenmigration in ihre Richtung, wie sie bereits 2016 schon einmal stattgefunden hat. Zu diesem Ergebnis kommt auch Klaus Schwab, der Gründer des WEF in seinem aktuellen Buch.[151]

# Wirtschaft

Führende Ökonomen erwarten, dass es für die Wirtschaft nach der Pandemie relativ schnell wieder aufwärts gehen kann. Hiermit widersprechen sie dem Ifo-Institut. „Für das wahrscheinlichste Szenario halten wir derzeit ein tiefes V, bei dem die Wirtschaftsleistung durch den Shutdown zunächst stark einbricht, dann aber auch relativ bald eine starke Wiederbelebung erfährt", sagte der Vorsitzende des Sachverständigenrates zur Begutachtung der gesamtwirtschaftlichen Entwicklung, Lars Feld in einem Interview der Zeitung *Die Welt* am 25. März.[152] Zu diesem Schluss kam er aufgrund von Vergleichen mit China, das den Shutdown nach kurzer Zeit wieder beendet hatte und früh zur Normalität zurückgekehrt war. Das Ifo-Institut hatte hingegen vorgerechnet, dass die Wirtschaft um mindestens 7,2 Prozent schrumpfen werde, im schlimmsten Fall sei aber auch ein Rückgang um 20,6 Prozent möglich. Für ein sogenanntes „L-Szenario", bei dem ein Einbruch im zweistelligen Prozentbereich erfolgen würde, gäbe es keine Anhaltspunkte, sagte Feld. Von einer zweiten Welle in der Coronapandemie ging der Wirtschaftswissenschaftler zu dem Zeitpunkt aber wohl noch nicht aus.

Ein anderer Wirtschaftsexperte, Stefan Homburg, Direktor des *Instituts für Öffentliche Finanzen der Leibniz Universität Hannover*, sieht in der Coronakrise ganz andere Zusammenhänge. In einem Interview mit *Servus TV* stellte er folgende Theorie auf: Die Wirtschaft hätte vor einem Zusammenbruch gestanden, die Blase schien zu platzen. Nun konnten wieder billionenschwere Konjunkturprogramme aufgelegt werden. So wurden im November 750 Mrd. Euro als Aufbauhilfe auf den Weg gebracht. Hierbei handelt es sich natürlich um eine weitere Verschuldung, was die EU-Kommission eigentlich laut Lissabonner Vertrag nicht darf. Das stellte einen Dammbruch dar. Corona diente als Gleichmacher, so wie in vergangenen Zeiten dies nur durch Kriege geschah. Diese Krise war zwar genauso wenig geplant wie der erste Weltkrieg, wir sind wieder mal in etwas hineingeschlittert. Politiker nutzen jedoch diese Gelegenheiten, um beispielsweise eine neue Finanzarchitektur aufzubauen.[153]

Es gibt Wirtschaftstheoretiker, die behaupten, Corona müsse als Grund für den großen Reset in der Wirtschaft herhalten, der uns bevorsteht. In Wirklichkeit geht es nicht um eine medizinische Pandemie, sondern um eine politische Angelegenheit. Im Jahr 2008 gab es eine Finanzkrise, in welcher ein die Welt dominierendes Finanzsystem zusammenbrach. Ganz offensichtlich hatten die Banken und die Finanzaristokratie Schuld an diesem Zusammenbruch. Auch damals wollten sie bereits einen Reset machen, allerdings wäre klar gewesen, dass sie dafür zur Verantwortung gezogen worden wären. Anstatt das System zu reparieren, pumpten sie immer mehr Geld ins System. Nun planen sie ganz offen den großen Umbruch. Anscheinend benutzen sie den Virus als Vehikel, um von ihrer eigenen Verantwortung abzulenken.[154]

Klaus Schwab ist Gründer des *Weltwirtschaftsforums WEF*, welches bekannt für seine alljähr-

lichen Konferenzen im Schweizer Nobelort Davos
ist. Bei der Organisation handelt es sich um einen
Zusammenschluss der 10 000 größten Konzerne
der Welt. Kern der Organisation bilden 100 strate-
gische Partner, die besonders einflussreich sind.
Dazu gehören beispielsweise *Allianz*, *BlackRock*,
*BP*, die *Deutsche Bank*, *Facebook*, die *Bill & Me-
linda Gates Foundation*, *Goldman Sachs*, *Google*,
*Johnson & Johnson*, *Mastercard*, *Paypal*, *Saudi
Aramco*, *Siemens* und *Thomsen Reuters*.

Wie bereits erwähnt, war das *WEF* neben der *Bill
& Melinda Gates Stiftung* einer der Hauptsponsoren für das *Event 201*. In hellseherischer Weise
spielten sie in jener Übung die Corona-Pandemie
durch – so, wie sie dann tatsächlich eintraf. Einige
Organisationen hatten im Vorfeld vor der Pandemie
gewarnt, so die WHO, das *Weltwirtschaftforum*, die
*Koalition für Innovationen in der Epidemievorbeu-
gung (CEPI*, die im Rahmen des Jahrestreffens
2017 in Davos ins Leben gerufen wurde und eine
Allianz zwischen der WHO, der EU-Kommission,
Forschungseinrichtungen, der Impfstoff-Industrie
und privaten Geldgebern zum Zwecke der Erforschung und Entwicklung neuer Impfstoffe ist) oder
auch Einzelpersonen wie Bill Gates.

Im September veröffentlichte Klaus Schwab gemeinsam mit Thierry Malleret ein Buch mit dem Titel „COVID-19 – Der große Umbruch“. (eine Englische Fassung erscheint unter dem Titel „The Great
Reset“). Obwohl er sich mit den Pandemieplänen
der Vergangenheit wohl bestens ausgekannt haben musste, das *Event 201* wurde ja von seiner
Stiftung maßgeblich mitgesponsert, vermittelt er

immer wieder den Eindruck, dass es sich um eine natürliche Epidemie handele, die „aus einer Laune der Natur heraus" über die Menschheit einbrach, indem er zum Beispiel eine Metapher zitiert, in welcher wir auf einem virusinfizierten Kreuzfahrtschiff mit 7,5 Mrd Menschen zusammengepfercht sind. Auf diesem mache es keinen Sinn, nur die eigenen Kabinen zu reinigen und zu schrubben, dabei aber die Gänge und Luftschächte draußen zu ignorieren, durch die sich das Virus ausbreite.[155] Er behauptet, die nicht vernetzten Epidemiologen und Ökonomen hätten die Pandemie nicht vorausgesehen, da sie in ihrer eigenen Disziplin befangen waren, es hätte ihnen die breite Sicht der Dinge gefehlt, die Interdependenz. Ein solches Netzwerk bietet ja eben sein Wirtschaftsforum. In seinem Buch entwickelt er bereits die Szenarien, die uns nun im weiteren Verlauf der Pandemien drohen. Er erklärt das exponentielle Wachstum, bezogen auf die Ausbreitung eines Virus, so wie es bereits während der Übungen des *Events 201* den Teilnehmern eingebläut wurde. Viele Experten hätten die COVID-19 Pandemie als „Schwarzen Schwan" bezeichnet und wurden eines besseren belehrt.[156]

Wenn er sagt, die durch COVID-19 verursachte tiefe Krise habe der Gesellschaft eine Zwangspause verordnet, um darüber nachzudenken, was wirklich von Wert ist, dann impliziert er damit einen Sinn im Geschehen.[157] Gleichzeitig zeigt er die wirtschaftlichen Abgründe auf, die uns bevorstehen, verbunden mit biblischen Hungersnöten in der dritten Welt und der Rückkopplungseffekte auf die wohlhabenden Länder.

Einer besonderen Rolle im Verlauf der Pandemie kam dem Weltwirtschaftstreffen am 20. und 21. Januar in Davos zu. Hier trafen sich 3000 Politiker, Manager und Journalisten. Am Tag der Abreise am 24. Januar begann das mediale Dauerfeuer. Es ist interessant, dass Berichte der WHO zur Unterrichtung der Öffentlichkeit, das COVID-19 Dashboard zur grafischen Darstellung, die politischen Empfehlungen des *WEF* und der *Bill & Melinda Gates Foundation* alle bereits vorlagen.[158]

Es kommt einem schon äußerst merkwürdig vor, wie hier die Konzerne und Regierungen verstrickt sind und der kritische Beobachter fragt sich, welche Interessen hinter diesem großen Umbruch tatsächlich stehen könnten. Der weltweite Lockdown schadet der Wirtschaft mehr als er nutzt, wird gesagt. Dies trifft wohl für mittelständische und kleine Unternehmen zu, nicht aber für die Großkonzerne. Es erscheint unwahrscheinlich, dass allein die Pharmaindustrie in der Lage wäre, aufgrund von Profitinteressen, eine solche Pandemiemaschine ins Rollen zu bringen. Es profitieren aber insbesondere auch Großkonzerne, die direkt oder indirekt mit der Digitalisierung zu tun haben. Festzustellen ist: Die Pandemie ist nicht der große Gleichmacher, wie so gerne behauptet wird. Im Gegenteil.

Die Superreichen haben die Krise aus monetärer Sicht nicht nur unbeschadet überstanden, sondern gehen sogar als große Gewinner daraus hervor. Die Konjunkturpakete haben für eine Erholung an den Aktienmärkten gesorgt, die zwischenzeitlich nach dem Corona-bedingten Einbruch im März sogar teilweise neue Rekordstände markiert hatten.

Insbesondere Techaktien hatten die Erholung im Sommer angeführt, jene Aktien also, die zahlreiche Dollar-Milliardäre im Depot haben und auf denen sich ein großer Teil ihres Vermögens gründet. Jeff Bezos wird erster 200 Milliarden-Dollar-Milliardär. Elon Musk winkt die Auszahlung einer Tranche in Höhe von 3 Milliarden US-Dollar. Er bekommt für seinen Job als Tesla-CEO kein normales Gehalt, sondern hat seine Entlohnung an verschiedene Meilensteine für sein Unternehmen geknüpft.

Während Lufthansa, Air France und anderen großen Airlines Milliardenverluste drohen, boomen Luxusreisen. Mit dem nötigen Geld auf dem Konto erlauben sich reiche Menschen auch während der Krise einen ausgedehnten Urlaub. Statt erster Klasse fliegen sie im gecharterten Privatjet zu den schönsten Reisezielen der Welt. Stark gestiegen ist die Nachfrage nach Yachten und Skippern.

Den Konzernen geht es neben Profiten aber vor allem um mehr Einflussnahme in der Politik. Der Politik wiederum geht es um mehr Sicherheit, Kontrolle und Macht. Für die Banken geht es darum, neues Geld in Umlauf zu bringen. Notenbanken weltweit schaffen so viel Geld wie nie zuvor. Die Auswirkungen sind noch nicht abzuschätzen. Normalerweise ist mit einer solchen Ausweitung der Geldmenge bekannterweise eine Inflation oder Rezession verbunden und die Preise steigen. Derzeit gibt es aber eher eine Deflation, also fallende Preise. Das hängt mit der Kreditvergabe durch Banken zusammen. Diese ist deshalb so gestiegen, weil Kreditinstitute überall staatlich garantierte Notkredite an notleidende Unternehmen vergeben. Das kann sich aber nach der Pandemie ändern. Die Frage ist, ob die Notenbanken dann bereit sind gegenzusteuern, und das ist wiederum von politischen Entscheidungen abhängig.[159]

Ganz andere Ziele verfolgt die „Degrowth"-Bewegung. Sie fordert seit Jahren weniger Wachstum. Ihr Anliegen ist es, die Wirtschaft nicht an Profit und Wachstum, sondern an Mensch und Natur auszurichten. Ihr hätte die Corona-Pandemie doch eigentlich gelegen kommen müssen. Im Frühjahr 2020 fand die Online-Konferenz „Degrowth Vienna 2020 – Strategies for Social-Ecological Transformation" statt. Im derzeitigen Schrumpfen der Wirtschaft sehen sie allerdings kein „Degrowth". So war es nicht geplant. „Aktuell baut unser wirtschaftliches, politisches und gesellschaftliches System auf Wachstum auf. Unser wichtigster Messwert dafür ist das Bruttoinlandsprodukt. Eine zentrale Forderung von «Degrowth» ist daher, das BIP durch andere Indizes zu ersetzen. Warum erhebt man nicht das Glück, die Chancengerechtigkeit oder Gesundheit in einer Gesellschaft als Maß für gelungene Wirtschaftspolitik? Wenn man das Allgemeinwohl erfassen würde, würde der Fortschritt jenseits von wirtschaftlichem Wachstum kenntlich gemacht, hieß es auf dem Podium.[160] Sie forderten aber auch ein „Nein zur Rückkehr ins «Normale»". Mehr als 1100 Experten unterzeichneten hierzu im Mai 2020 ein Manifest.[161]

Hierauf macht auch Klaus Schwab aufmerksam. Er warnt jedoch davor, dass sich das Streben nach einer Wachstumsrückname ebenso ziellos erweisen kann, wie das Streben nach Wachstum. Eines der größten Probleme, die uns aufgrund des Zurückfahrens der Wirtschaft ereilen werden, wird in der Zunahme der Arbeitslosigkeit bestehen. Die Arbeitslosen sind wieder mal die Verlierer der Krise. Während Überbrückungshilfen in Milliardenhöhe verteilt werden, profitieren sie hiervon nicht. Das soziale Ungleichgewicht wird nach der Krise noch zunehmen.[162]

Dass Arbeitslose ansteckungsgefährdeter durch das COVID-Virus seien, so wie dies Klaus Schwab behauptet, ist natürlich seinem Irrglauben an ein neues Virus geschuldet, den das von ihm gegründete Weltwirtschaftsforum (WEF) als eines der Hauptsponsoren des *Event 201* ja mit auf den Weg gebracht hat. Für die normale Grippe mag dies zutreffen, das hatte aber bislang die Wirtschaftsweisen nur wenig interessiert.[163] Dass die Corona-Krise einen Umdenkungsprozess einleiten könnte, in welchem über die Beseitigung der sozialen Ungleichheit nachgedacht wird, wäre zu wünschen. Durch Corona gab es enorme Veränderungen in der Arbeitswelt. Viele Menschen wurden dazu angehalten, Arbeit im Homeoffice zu verrichten. Auch nach der Krise könnte dies beibehalten werden. Es kann aber auch dazu ausgenutzt werden, die Teilzeitarbeit verstärkt einzuführen. Bereits jetzt arbeiten 15 Millionen Menschen in Teilzeit. In der Regel ist es aber nicht möglich, von einem geschmälerten Einkommen, Miete und Lebenshaltungskosten zu bestreiten. Viele Solo-Selbstständige und Kleinunternehmer werden die Corona-Krise nicht überleben. Für mehr als zehn Millionen Menschen wurde im April Kurzarbeit beantragt.[164] Diese Pandemie wird eine massive Arbeitslosigkeit schaffen. Daher müssen wir unsere Sozialsysteme umbauen. Ein Bedingungsloses Grundeinkommen schafft auf Dauer mehr Gerechtigkeit. Die Idee ist nicht neu und erlangte besonders in der Vor-Corona-Zeit zu einiger Beliebtheit. Götz Werner, Thomas Straubhaar, Martin Exner und andere entwickelten unterschiedliche Modelle. Auch Marcel Fratzscher, Präsident des Deutschen Instituts für Wirtschaftsforschung DIW befürwortet neuerdings ein BGE.[165]

Zum anderen wird es notwendig sein, Berufsgruppen, die wir wirklich schätzen, besser zu entlohnen und Zeitarbeit zu verbieten. Kranken- und Altenpfleger, Menschen, die in der Fleischindustrie tätig sind, Taxifahrer, Paketauslieferer etc., zählen zu jenen prekär bezahlten Berufsgruppen.

## Kontrolle und Überwachung

Während der totale Überwachungsstaat in China immer wieder kritisiert wird, planen auch bei uns Politiker in Verbindung mit der Corona-Krise Maßnahmen, die mehr Kontrolle ermöglichen. Es macht den Anschein, als würde ein saisonales Erkältungsvirus zum Machtausbau bestimmter Eliten benutzt. Es ist allzu offensichtlich, dass es nicht um Gesundheit geht. Weder Masken, noch Quarantänemaßnahmen, noch ein Lockdown sind der Volksgesundheit besonders zuträglich. Wer Statistiken lesen kann, hat längst gemerkt, dass vom Virus keine größere Gefahr ausgeht. Paul Schreyer merkte an, dass es nicht die Pandemiepläne des

*RKI* sind, die in Deutschland Anwendung finden, sondern eher diejenigen Pläne umgesetzt werden, die wir von den Übungen des *Johns Hopkins Instituts* kennen. Es wurde bei diesen Übungen nie nur ein gesundheitlicher Notstand, also nur die Pandemiesituation geprobt, also die Herausforderung, wie wir ein großes Ausmaß an Erkrankungen gesundheitlich bewältigen können, sondern stattdessen wurde immer auch ein Bürgerrechtsnotstand geübt. Es werden vor allem Bürgerrechte zurückgefahren. Es entsteht oft der Eindruck, dass die Pandemieübungen als Vorwand benutzt werden, um einen Notstand beziehungsweise Ausnahmezustand zu proben.[166] Das würde erklären, warum die Institute zunächst nicht auf den Maskenzwang vorbereitet gewesen waren. Weder Anthony Fauci noch Christian Drosten hielten zunächst etwas von Masken, wobei sie sich immer auf die Empfehlungen der WHO verließen. Als die WHO ihren Masken-Standpunkt änderte, wurde dies dann von den Chef-Virologen so übernommen. Masken sind aber tatsächlich eher ein Instrument der Unterdrückung als des Gesundheitsschutzes. Menschen hinterfragen jedoch selten diese Maßnahmen, obwohl ihre Rechte massiv eingeschränkt werden. Bereits nach den Protesten des G-20-Gipfeltreffens in Hamburg am 7. und 8. Juli 2017 wurden politische Konsequenzen diskutiert. Maas plädierte für eine europaweite Extremistendatei und Datenaustausch in der EU. Während in der Politik der Datenschutz lange diskutiert wurde und im Rahmen einer Reform eine Cookie-Richtlinie verabschiedete, die zur Folge hatte, dass seither bei jedem Besuch einer Webseite ein „Alle akzeptieren"-Button geklickt werden muss, anstelle Cookies einfach gänzlich zu verbieten, werden nun im Zuge der Pandemiebekämpfung neben anderen fundamentalen Grundrechten auch digitale Rechte eingeschränkt. Insbesondere geht es um eine Corona-Warn-App, mit Hilfe derer die Ausbreitung des Virus verlangsamt werden könne. Das *RKI* sei zwar nicht an einem Tracking des Virus interessiert, wie ursprünglich verkündet, doch möchte es Benutzer-Daten verwenden, um Bewegungsströme zu modellieren. Um all diese Maßnahmen ohne wenn und aber durchsetzen zu können, wird nun allen ernstes sogar von Virologen wie Jonas Schmidt-Chanasit vom Hamburger *Bernhard-Nocht-Institut* gefordert, die Bundeswehr einzusetzen, die dann z.B. in den überlasteten Gesundheitsämtern bei der Kontaktnachverfolgung helfen könne, aber auch bei anderen Kontrollen.[167] Bei Nichteinhaltung von irgendwelchen Zwangsmaßnahmen werden diese sich dann auch Einlass in Wohnungen verschaffen können.

## Immunitätsausweis

Die Einführung eines Immunitätsausweises war ursprünglich im 2. Pandemiegesetz geplant, das im Mai im Bundestag beschlossen wurde. Einer der Hauptbefürworter ist Jens Spahn. Aufgrund des Widerstandes der SPD-Bundestagsfraktion war das Vorhaben aber gestrichen worden.

Kritiker hatten erklärt, dass noch gar nicht sicher sei, ob Coronapatienten nach ihrer Genesung wirklich eine Immunität erwerben. Außerdem befürchten sie, dass es zu einer Spaltung der Gesellschaft kommen könnte, wenn Bürger mit Immunitätsausweis sich wieder völlig frei bewegen und an Veranstaltungen teilnehmen könnten, Menschen, die noch nicht erkrankt seien, das aber nicht dürften.

## Die Corona-Warn-App

Ein zentraler Bestandteil der Bekämpfung jeder Pandemie ist das Unterbrechen der Infektionsketten. Die Corona-Warn-App kann dazu einen wichtigen Beitrag leisten und die zentrale Arbeit der Gesundheitsämter beim Nachverfolgen der Kontakte unterstützen. Die App wird vom *Robert Koch-Institut* für die deutsche Bundesregierung herausgegeben.

Mit der App darf man zunächst in die Restaurants, Diskotheken. Das steht in der Mainstreampresse. Warum soll in Deutschland eine Tracking-App eingeführt werden? Kritiker sagen, es handele sich um Vorboten des in China bereits eingeführten Sozial-Kredit-Systems.

## Sozialkredit-System in China

Das Sozialkredit-System (SKS, englisch Social Credits) ist ein online betriebenes Rating- beziehungsweise „Social Scoring"-System in der Volksrepublik China. Es wurde am 14. Juni 2014 vom Staatsrat beschlossen und stellt einen Versuch der totalen Kontrolle der Bevölkerung durch die Vergabe von „Punkten" für wünschenswertes Verhalten, beziehungsweise deren Entzug für negatives Verhalten, dar. Das derzeit auf freiwilliger Basis funktionierende System soll Ende 2020 für die nahezu 22 Millionen Einwohner Pekings obligatorisch sein.

Angestrebt wird damit die Steigerung der „Aufrichtigkeit in Regierungsangelegenheiten" (Englisch: honesty in government affairs), der „kommerziellen Integrität" (Englisch: commercial integrity), der „sozialen Integrität" (Englisch: societal integrity) und der „gerichtlichen Glaubwürdigkeit" (Englisch: judicial credibility)

Für den Journalisten Kai Strittmatter ist das System ein Mittel der Machtsicherung. „Chinas Diktatur unterzieht sich gerade einem Update mit den Instrumenten des 21. Jahrhunderts", schreibt er im Buch „Die Neuerfindung der Diktatur – Wie China den digitalen Überwachungsstaat aufbaut und uns damit herausfordert."[168] Seit 2009 ist Facebook im chinesischen Internet nicht erreichbar. Das chinesische Facebook heißt renren.com. Die Seite startete 2005 als xiaonei.com und wurde später umbenannt. Alibaba und renren geben Daten weiter. Es ist anzunehmen, dass solche Maßnahmen z. B. dazu führen, dass die Chinesen nicht mehr fliegen dürfen, wenn sie nicht gute Bürger sind.

Die Frage ist nun, ob wir das in Deutschland auch wollen. Anscheinend eignet sich die Corona-Krise hervorragend, um über die Hintertür Überwachungsmechanismen einzuführen, ohne dass wir die bemerken.


## ID 2020

*Bei ID 2020 handelt es sich um* eine Nichtregierungsorganisation, die sich für digitale Ausweise für Milliarden von Menschen ohne Identität weltweit und für unterversorgte Gruppen wie Flüchtlinge einsetzt. Dakota Gruener ist der Geschäftsführer von *ID 2020*. Die NGO war vor der Veröffentlichung von Fehlinformationen im Zusammenhang mit der COVID-19-Pandemie durch Verschwörungstheoretiker relativ unbekannt.

Im Mai 2016 versammelten sich auf dem ersten *ID 2020*-Gipfel im Hauptquartier der Vereinten Nationen in New York über 400 Personen, um zu erörtern, wie allen Menschen eine digitale Identität verliehen werden kann. Dies ist ein definiertes Ziel im Rahmen der sogenannten „nachhaltigen Entwicklung", an dem 1,5 Mrd. Menschen teilnehmen, die ohne anerkannte Identifikation leben. Experten für Blockchain- und andere kryptografische Technologien haben sich mit Vertretern technischer Normungsgremien zusammengetan, um herauszufinden, wie Technologie und anderes Fachwissen des Privatsektors das Ziel erreichen können.

2019 startete *ID 2020* in Zusammenarbeit mit der Regierung von Bangladesch und der Impfstoffallianz *Gavi* ein neues Programm für digitale Identität. So sollen auch Impfungen erfasst werden.


## Chip

Verschwörungstheoretiker sagen, es solle allen Menschen ein Chip eingepflanzt werden. Dies ist bereits Realität. Allerdings bisher nur auf freiwilliger Basis. Auch in die Kleidung werden bereits Chips eingenäht. Die dahinter stehende Technologie heißt *Near Field Communication*, kurz *NFC*.

Implantate werden in Deutschland immer populärer. So funktioniert es: Ein *NFC*-Implantat ist ein passiver Transponder, der von einem aktiven Transponder wie beispielsweise einem *NFC*-fähigen Smartphone ausgelesen werden kann. Auf diesem ist es möglich, kleine Daten zu hinterlegen, die zur Identifikation dienen oder zum Teilen von bestimmten Medien genutzt werden können. Das Implantat wurde ursprünglich für Haustiere konstruiert, um diese zu registrieren und einem bestimmten Halter zuzuordnen. Oft nutzt man *NFC*-Implantate auch für Zuchtvieh als Alternative zum Ohrstecker. Bei dieser Einsatzmöglichkeit besteht der Vorteil, dass Implantate neu beschrieben werden können, um so eventuelle Allergien oder andere nicht konstante Eigenschaften des Tieres zu hinterlegen. Inzwischen hat man erkannt, dass es auch von großem Nutzen sein kann, Menschen ein *NFC*-Implantat einzupflanzen. So ist es aus medizinischer Sicht ebenfalls vorteilhaft zu wissen, ob der Patient Allergien gegen Medikamente hat oder welcher Blutgruppe er zugehörig ist, wenn er selbst nicht ansprechbar ist. Dies reicht inzwischen schon so weit, dass *NFC*-Implantat-Nutzer sich ein Testament auf ihren Chip verlinken und dies mit dem Smartphone abrufen können.

*Biohax International* aus Schweden expandiert nach Deutschland. Jowan Österlund von *Biohax International* aus Schweden und Sascha Zöller von der *TeamWorker GmbH* aus Köln besiegeln die Partnerschaft auf der *Digital X* im Oktober 2019.

Im Zusammenhang mit *NFC* wird auch der *RFID*-Chip genannt: Implantate werden in Deutschland immer populärer und die Hemmungen, sich einen Chip unter die Haut setzen zu lassen, sinken.

Ende Oktober 2019 fand in Köln die 2. *Digital X-*Konferenz der *Deutschen Telekom AG* statt. Während der zwei Tage wurden über 250 Menschen „gechipped" und das Interesse an direkten Einsatzmöglichkeiten ist seitdem ungebrochen. Am ersten Abend der Veranstaltung konnten die „chipped people" auf der *Digital X* bereits den Chip unter realen Bedingungen testen. Jowan Österlund von *Biohax International* und der Gastgeber der Abendveranstaltung die *Deutsche Telekom AG* richteten eine VIP-Lane für die exklusiv angemieteten Lokalitäten auf der Aachener Straße ein. Im Club *Reineke Fuchs* konnte man beispielsweise bequem an der Schlange der Wartenden vorbeischlendern bis die Türsteher mit einem aktuellen Smartphone den Chip auslasen und den Weg frei für den Club und die Nacht machten. Ein kurzer Blick zurück in die Schlange der Wartenden, und die volle Aufmerksamkeit war einem sicher.

Sascha Zöller sieht aktuell drei wesentliche Themen für sinnvolle Nutzungsmöglichkeiten.

1. Medi-Scan: Personen hinterlegen ihre persönlichen medizinischen Daten auf dem Chip, der im Notfall (Unfall, plötzliche Erkrankung) Leben retten soll. Es ist sicherlich vorstellbar, dass z.B. Allergiker oder Diabetiker diese Informationen auf dem Chip ablegen, welche durch qualifizierte Rettungskräfte ausgelesen werden können. Es könnten auch Informationen zum Organspende Ausweis hinterlegt werden.

2. ID-Scan: Personen identifizieren sich mit dem Chip, und eine Aktion kann ausgeführt werden. Wohnungs- oder Bürotüren gehen auf. Tresore öffnen sich, oder, wie bereits in Schweden bei der *TUI Nordic*, Drucker können damit gesteuert werden.

3. Payment: Bezahlen wird auf absehbare Zeit möglich sein, da die Sicherheitsanforderungen der Payment Service Provider (PSP) und die der Kreditkartengesellschaften in Bezug auf die Nutzung von NFC sehr hoch, aber lösbar sind.[169]

In Schweden haben sich bereits 4000 Menschen einen Chip einpflanzen lassen.

## Datenschutz ausgehebelt, Grundrechte eingeschränkt

Der Nationale Pandemieplan ist Teil der Katastrophenvorsorge-Planung. Als Antwort auf die Ausbreitung des Virus SARS-CoV-2 im Verlauf der COVID-19-Pandemie legte die Abteilung für Infektionsepidemiologie des *RKI* im März 2020 die erste Fassung einer Ergänzung zum Nationalen Pandemieplan vor. Dieser Plan beinhaltet verschiedene Phasen.

- Containment (Eindämmung der Ausbreitung)

- Protection (Schutz gefährdeter Gruppen)

- Mitigation (Minderung der Folgen)

Nachdem der Bundestag eine „Epidemische Lage von nationaler Tragweite" feststellte, wurde das Infektionsschutzgesetz (IfSG, Gesetz zur Verhütung und Bekämpfung von Infektionskrankheiten beim Menschen) beschlossen. Hier werden unterschiedliche Schutzmaßnahmen zur Seuchenbekämpfung geregelt, die unter anderem die Versammlungsfreiheit und die Unverletzlichkeit der Wohnung beschränken (§ 28 IfSG). Es wird darin auch festgelegt, wie und in welche Rechte der Staat eingreifen darf. Außerdem können die Bundesländer nach § 32 IfSG eigene Schutzmaßnahmen in Form von Rechtsverordnungen erlassen, auf deren Grundlage unsere Grundrechte ebenfalls beschränkt werden dürfen.[170]

Es wurden vor allem die Grundrechte der Freiheit der Person, der Versammlungsfreiheit und der Freizügigkeit massiv eingeschränkt. Im folgenden seien einige wichtige Artikel aus dem Grundgesetz genannt, welche von den Grundrechtseinschränkungen betroffen sind.

- Artikel 2: Freiheit der Person. Die Infektionsschutzmaßnahmen greifen in viele Grundrechte ein, z.B. in die Freiheit der Person (Artikel 2 Absatz 2 Satz 2 GG) bei Quarantäne (§§ 29 IfSG), und in die körperliche Unversehrtheit (Artikel 2 Absatz 2 Satz 1 GG) bei ärztlichen Untersuchungen.

- Artikel 8: Versammlungsfreiheit. Die ist praktisch komplett aufgehoben. Zum Schutz vor einer gefährlichen Krankheit ermöglicht es das

Infektionsschutzgesetz (IfSG), auch die Versammlungsfreiheit (Artikel 8 GG) einzuschränken, beispielsweise indem Demonstrationen verboten oder begrenzt werden.

- Artikel 10: Brief- und Postgeheimnis (Artikel 10 Absatz 1 GG), wenn schriftliche Mitteilungen möglicherweise Infizierter gelesen werden.

- Artikel 11: Freizügigkeit (Artikel 11 Absatz 1 und 2 GG). Hier darf eingegriffen werden, zum Beispiel, wenn der Aufenthalt in bestimmten Gebieten verboten wird.

- Artikel 12: Freiheit der Berufsausübung. Liegen Infektionen vor, sind die zuständigen Behörden gemäß §§ 28-31 IfSG ermächtigt, alle notwendigen Schutzmaßnahmen zu ergreifen, soweit und solange das erforderlich ist, um eine Verbreitung übertragbarer Krankheiten zu verhindern. Dazu gehört ein Berufsverbot für Infizierte beziehungsweise möglicherweise Infizierte.

- Artikel 13: Unverletzlichkeit der Wohnung. Wenn ein Amtsarzt die Wohnung einer mutmaßlich infizierten Person betritt, um diese zu untersuchen, greift der Staat in das Recht der Betroffenen auf die Unverletzlichkeit der Wohnung ein (Artikel 13 Absatz 1 und 7 GG).

- Artikel 14: Eigentumsgarantie

Solange das Infektionsschutzgesetz gilt, darf die Bundesregierung schalten und walten, wie sie will. Komplettüberwachung über das Handytracking ging dann wohl doch zu weit – vorerst zumindest.

Nach dem Grundgesetz müssen Eingriffe in dasselbe verhältnismäßig und angemessen sein.[171]

Mit dem zweiten Pandemieschutzgesetz beschloss der Bundestag ohne einer rechtsstaatlichen Prinzipien genügenden Begründung, dass künftig unter anderem bundesweit personenbezogene Daten von nicht infizierten Bürgern nach erfolgter negativer Testung (SARS-CoV und SARS-CoV-2) staatlich erfasst und an das RKI weitergeleitet werden müssen. Der Protest des Bundesdatenschutzbeauftragten gegen die „dürftigen Angaben in der Begründung" wurde einfach ignoriert.[172]

Mit dem Paragrafen 20 Abs. 6 und 14 des Infektionsschutzgesetzes wurde ermöglicht, dass Zwangsimpfungen an alten Menschen per Dekret durchgeführt werden können.

In Abs. 6 heißt es: „Das Bundesministerium für Gesundheit wird ermächtigt, durch Rechtsverordnung mit Zustimmung des Bundesrates anzuordnen, dass bedrohte Teile der Bevölkerung an Schutzimpfungen oder anderen Maßnahmen der spezifischen Prophylaxe teilzunehmen haben, wenn eine übertragbare Krankheit mit klinisch schweren Verlaufsformen auftritt und mit ihrer epidemischen Verbreitung zu rechnen ist.

In Abs. 14 heißt es: Durch die Absätze 6 bis 12 wird das Grundrecht der körperlichen Unversehrtheit (Artikel 2 Absatz 2 Satz 1 des Grundgesetzes) eingeschränkt.

Die Bundesregierung muss die „Epidemische Lage von nationaler Tragweite" immer wieder feststellen. Sie benutzt derzeit einen 7-Tage-Inzidenzwert von 50. Wird dieser Wert überschritten, gibt es also über 50 Neuinfektionen auf 100 000 Einwohner innerhalb einer Woche, dann darf die Regierung weitere Einschränkungen einleiten. Über die Anzahl der Testungen kann dieser Wert allerdings gesteuert werden. Auf diese Weise wird eine Pandemie künstlich aufrechterhalten. Laut WHO-Studie gibt es bereits 10 Mal so viele Infizierte. Die Studie findet aber in der Regierung keine Beachtung. In GG 20 Abs. 4 heißt es: Gegen jeden, der es unternimmt, die demokratische Grundordnung zu beseitigen, haben alle Deutschen das Recht zum Widerstand, wenn andere Abhilfe nicht möglich ist.

## Deep State

Anthony Fauci wusste angeblich im Jahr 2017, dass Trump mit einer Pandemie konfrontiert würde. All die Vorankündigungen lassen vermuten, hinter allem stecke ein lange angelegter Plan. Eine gesellschaftliche Elite würde insgeheim an einer „Neuen Weltordnung" arbeiten, und dabei sein, eine autoritäre, supranationale Weltregierung zu errichten. Hinter den Machenschaften der Akteure, die am Ausbruch einer Pandemie beteiligt sind, eine Art *Deep State* oder auch *Tiefenstaat* zu erblicken, trifft den Kern besser und ist nicht ganz von der Hand zu weisen. Der besteht allerdings eben jetzt schon, kann aber mittels einer solchen Pandemie noch ausgebaut werden.

Unter einem solchen Tiefenstaat sollte man keine definierte Organisation mit Mitgliederliste und einem Big Boss an der Spitze verstehen, sondern ein eng verflochtenes Milieu aus Reichen, Regierungsbeamten und Lobbyisten, die sich informell organisieren und versuchen, den Einfluss der eigenen Interessen geltend zu machen.[173]

Zu diesen Schlüssen mag man angesichts der sich erfüllenden pandemischen Prophezeiungen kommen. Viele Vorhaben und Pläne der Finanzeliten und Führungskräfte werden im Geheimen und hinter verschlossen Türen besprochen, so auf den *Bilderberg-Konferenzen* oder in Organisationen wie der *Atlantik-Brücke* oder der *Trilateralen Kommission*.

Zwar ist diese Corona-Pandemie wahrscheinlich nicht das Werk einer vorherigen Planung, doch werden die Pandemie-Szenarios und Gedankenspiele im Vorfeld zum Ausbruch beigetragen haben. Sie mögen gut gemeint gewesen sein, doch ging es vor allem um die Finanzierung der Gesundheitssysteme und Organisationen. Sie haben in der Bevölkerung eine Angst, Besorgnis und Massenhysterie erzeugt und den Glauben an ein potenzielles Killervirus erst möglich gemacht. Wahrscheinlicher als ein Masterplan hinter allem ist, dass wir in diese Pandemie, diesen Krieg gegen das Virus hineingeschlittert sind, so wie auch in den ersten Weltkrieg. Diese Auffassung vertritt auch der Wirtschaftswissenschaftler Stefan Homburg.

Viele der Corona-Verantwortlichen besuchten die *Bilderberg-Konferenzen*, auf denen sich mächtige Player abstimmen. Auf der letzten Konferenz im Jahr 2019 in Montreux, Schweiz, war Jens Spahn anwesend. Auch Bill Gates, David Rockefeller, George Soros sind Besucher der *Bilderberg-Konfe-*

*renzen*. Erst schmieden sie Pläne, wie sie in altruistischer Weise in einer Pandemie Menschen vor unvorstellbaren Verlusten retten können, dann kommt sie, auch ohne Übersterblichkeit übers Volk hereingebrochen, und die Akteure bilden sich ein, diese in weiser Voraussicht vorhergesehen zu haben.

## Meinungsfreiheit versus Zensur

Während das deutsche öffentlich-rechtliche Fernsehen lange für Offenheit und Ausgewogenheit in seiner Berichterstattung bekannt war, änderte sich das im Verlauf der Corona-Pandemie. Am 10. März kam Wolfgang Wodarg in der Sendung *Frontal 21* zum letzten Mal im ZDF zu Wort.[174] Er beruhigte und klärte auf, Coronaviren hätten immer schon zu den üblichen Erkältungskrankheiten beigetragen. Laut einer Studie aus dem schottischen Glasgow, würden 15 % aller Lungenkrankheiten durch Coronaviren verursacht. Dieser Zeitpunkt der Ausstrahlung kann als ein Wendepunkt betrachtet werden, denn derlei Aussagen waren seither nicht mehr erlaubt. Fortan entschieden die Faktenchecker, was richtig und was falsch war. Es hätten jedem die Augen aufgehen müssen, als am 18. März die Bundeskanzlerin Angela Merkel in einer Fernsehansprache ermahnte: „Glauben Sie keinen Gerüchten, sondern nur den offiziellen Mitteilungen."[175] Allen Ernstes sollten nur noch die Aussagen der linientreuen Wissenschaftler gelten, in der Figur des Herrn Drosten mit dem weißen Kittel, sowie die der Politiker Spahn und Lauterbach. Andersdenkende Menschen, die Kritik äußerten, wurden sofort als

Verschwörungstheoretiker bezeichnet, ohne sich mit ihren Inhalten auseinanderzusetzen. Es waren fortan nur noch zwei Meinungen möglich, die vom Regierungskurs und die der „Wirrköpfe". Dem Wissenschaftler Wodarg wurde zeitweise auf staatsanwaltlichen Beschluss die Seite gesperrt. Es fand eine regelrechte Treibjagd auf Andersdenkende statt. Offene Diskussionen auch mit anderen Virologen, Professoren und Fachärzten in Sachen Corona fanden nicht statt. Man versuchte, eine Gruppe vollkommen zu delegitimieren, sie also aus dem Diskurs auszuschließen.

An alle Abgeordneten erging ein Strategiepapier des Bundesinnenministeriums, in welchem den Politikern Direktiven an die Hand gegeben wurden, wie sie über die Pandemie zu reden hätten. Hierin stand, sie sollten zum Zwecke der Eindämmung eine Urangst schüren. Alle versammelten sich unisono hinter der Regierung, und es schien sich der Spruch "wes Brot ich ess, des Lied ich sing" zu bewahrheiten. Viele hatten Angst vor den Konsequenzen, vor dem Jobverlust oder dem Kollegenkreis. Politiker stellten sich die eine Frage; höre ich auf mein Gewissen oder folge ich dem Fraktionszwang.

Einige wagten die Maßnahmen zu kritisieren. Boris Palmer hatte die Politik zur Corona-Eindämmung kritisiert und wurde von seiner Partei scharf angegangen. Gegen Andreas Roll leiteten die Grünen ein Parteiausschlussverfahren ein.

Wer sich anderweitig informieren wollte, war auf alternative Medien angewiesen. Wodarg, Bhakdi, Ioannides und viele andere konnten sich nur noch auf Youtube, Facebook, Twitter, Telegram, Rubikon oder KenFM Gehör verschaffen. Von der Regierung und Mainstreammedien wurde nicht umfassend, sondern nur eingeschränkt informiert.

Im Mai 2020 erklärte Rainald Becker, ARD-Chefredakteur sowie ARD-Koordinator für Politik, Gesellschaft und Kultur in der ARD Programmdirektion in München in einem Tagesschau-Kommentar zur Coronakrise, wer nach der Pandemie zur „alten Normalität" zurückkehren wolle, gehöre zu den „Wirrköpfen", „Spinnern" und „Corona-Kritikern". Becker berief sich dabei auf einen Aufruf verschiedener Prominenter, darunter Madonna und Robert De Niro, nach der Krise eine neue Wirtschaftsordnung zu etablieren. Der konservative Kolumnist Jan Fleischhauer kritisierte die Aussage als weltfremd und esoterisch.

*Servus TV* bietet eine Bühne für Corona-Skeptiker mit dem „Corona-Quartett", welches derzeit immer Sonnabends gesendet wird. Ein weiteres Alternativ-Programm wurde mit *Fair Talk (www.fairtalk. tv)* ins Leben gerufen, moderiert von Jens Lehrich. Es strahlt regelmäßig die Talk-Show *Auf Augenhöhe* und die Interview-Serie *Kurz Nachgefragt* aus. In der Sendung am 23. Juni ging es um das Thema „Journalismus–Meinungsfreiheit–Zensur?"[176]

Anselm Lenz, Herausgeber der Wochenzeitung *Demokratischer Widerstand* meinte, es wären Effekte einer Gleichschaltung ablesbar. Sie sei jetzt schon evident, auch ausgelöst durch autoritäre Maßnahmen. Im Fall der TAZ wurde das Redaktionsgebäude wegen Corona geschlossen, das Homeoffice eingeführt. Entscheidungen werden allein von Ressource-Leiterinnen und der Chefredaktion getroffen, die sich wie die Bundesregierung im Kleinformat selbst ermächtigten und nun sämtliche RedakteurInnen und Redakteure übergehen. Die Diskussionskultur, wie früher üblich, ist abschafft. Bei Bertelsmann bekamen alle Mitarbeiter die Anweisung, dem Regierungskurs zu folgen, und so wurde auch in anderen Betrieben agiert. Beim Deutschlandfunk, wo oppositionelle Stimmen noch vorkommen, werden sie massiv unter Druck gesetzt. Wenn die Berichterstatter jetzt nicht einknicken, dann meist daher, weil sie kurz vor der Rente stehen. Journalismus ist ein Kind der Aufklärung. Wenn das Virus doch gefährlicher sein sollte, als angenommen, dann ist es dennoch gerechtfertigt, dass Journalisten ihre Meinung kundtun. Auch in den 80er Jahren, als es um Atomkraft ging, wurde diskutiert. Das ist normal für eine Demokratie. Man sollte die Diskussion in der ganzen Breite führen.

Im August wurde die Corona-Berichterstattung von ARD und ZDF Thema einer Passauer Studie mit dem Titel „Die Verengung der Welt".[177] Verantwortlich zeichneten sich der Literatur- und Medienwissenschaftler Dennis Gräf und Martin Hennig. Zwei Monate lang, von Mitte März bis Mitte Mai 2020, hatten sie mehr als 90 Ausgaben der beiden Sondersendungen „ARD Extra – Die Coronalage" und „ZDF Spezial" untersucht. Laut Studie zeigten die Sendungen eine Tendenz „zur Affirmation der staatlichen Maßnahmen", eine tiefergehende Kritik an den von der Politik getroffenen Maßnahmen sei ausgeblieben. Die Sender hätten nach Ansicht der Wissenschaftler in den ersten Monaten der Coro-

na-Pandemie einen massenmedialen „Tunnelblick"
erzeugt.[178]

Am 5. und 6. Oktober gab es jeweils im ARD-Extra um 20:15 Uhr, also zur besten Sendezeit eine ausgewogene Berichterstattung. Es wurde von einer Entkopplung der Fälle im Vergleich zu den tatsächlich Erkrankten gesprochen.

Leider war es damit kurze Zeit später wieder vorbei, dies auch angesichts der alles beherrschenden steigenden Infektionszahlen, die dann am 28. Oktober zum neuen „Lockdown Light" führten.

# Zusammenfassung und Schlussfolgerungen

Zunächst haben wir uns in diesem Buch mit den definitorischen Aspekten des Coronavirus beschäftigt und mit seiner Einordnung in Bezug zur Grippe beziehungsweise Influenza. Wir haben gesehen, dass es sich beim Coronavirus nicht um ein vollkommen neues Virus handelt. Seit ein paar Jahrzehnten hatten einige Wissenschaftler verstärkt ihr Augenmerk auf Coronaviren gelenkt, ihre Erbgut-Sequenzen und Mutationen erforscht und diese in Gen-Datenbanken katalogisiert.

Wir haben festgestellt, dass das Virus eines unter vielen Millionen ist und von der Gefährlichkeit her in etwa dem des Grippe-Virus entspricht. Da 90 % der Infizierten nur sehr geringe Symptome haben, ist anzunehmen, dass wir diese Viren schon sehr lange kennen und daher unser Immunsystem bereits

Abwehrmechanismen gegen sie besitzt. Corona ist nicht die Pest, so wie es uns weisgemacht wurde.

Dann untersuchten wir das spezielle Umfeld, in welchem eine Pandemie gedeihen konnte. Es wurde im Vorfeld laufend vor einem solchen Szenario gewarnt. Die weltumspannende Seuche wurde quasi vorhergesagt, und bestimmte Akteure warteten förmlich auf deren Ausbruch und hatten die Krisenbewältigung bereits durchgespielt. Insbesondere erinnern wir an die Pandemie-Übungen, die vom *Johns Hopkins Institut* initiiert wurden, speziell die letzte mit dem *Event 201*. Ebenfalls beleuchteten wir die Rolle von Bill Gates und der WHO. Eine Interessensgemeinschaft aus Regierungen, Pharmakonzernen und einer Finanzelite nutzte offensichtlich einen Grippe-Erreger für ihre politischen Zwecke, um Kontrolle, Macht und Einflussnahme zu gewinnen.

Es ist nicht der erste Pandemie-Skandal, den wir nun erleben. Konzernchefs und Lobbyisten nutzten schon immer normale Grippewellen oder auch mal stärkere Epidemien, um daraus Kapital zu schlagen. Sie bauschten Bedrohungen auf und gestalteten Seuchen-Szenarien mit Millionen von Toten.

Experten wie Wolfgang Wodarg haben bereits in vergangenen Jahren über die Machenschaften der Pharmaindustrie aufgeklärt. Ich erwähnte die Arte-Reportage aus dem Jahr 2009 „Profiteure der Angst – Das Geschäft mit der Schweinegrippe". Im Vorfeld wurden die Kriterien für Pandemien aufgeweicht – nicht mehr die Zahl der schweren Verläufe und Todesfälle, sondern das einfache Vorhandensein einer harmlosen Infektion reichte nun bereits, um eine Pandemie auszurufen. Das geschah dann am Beispiel der Schweinegrippe. Parallelen zum Corona-Geschehen sind nur allzu offensichtlich. Damals gelang es den Akteuren allerdings nicht, Impfstoffe unters Volk zu bringen, und die Pandemie floppte.

Aber sie lernten aus dem Geschehen und veränderten einige Parameter für das Gelingen. In viel größerem Stil wurden nun die Wirtschaft und Regierungen eingebunden.

Ein Test musste her. Den lieferte Christian Drosten von der Charité. Der Test wurde sofort angenommen und ohne Validierung von der WHO empfohlen. Dieser Test, der wohl bei jedem Menschen mit leichten Grippesymptomen positiv anschlägt, ließ die Zahlen in die Höhe treiben und eine Panik ungeahnten Ausmaßes verbreiten. Die Charts des *Johns Hopkins Instituts*, die laufend die Zahlen von Infizierten und Toten aktualisieren, wurden schon vor dem Ausbruch der Krise programmiert. Jeder einzelne war nur ein Zahnrädchen in der Maschinerie und funktionierte reibungslos, vom Beamten einer Seuchenschutzbehörde bis zum Reporter, der sich über Sensationsmeldungen freute.

Dann schauten wir auf die Anfänge der Pandemie. Es begann mit Schlagzeilen und Fotos der Mainstream-Medien aus China. Es hieß, in China fielen Menschen in Massen einfach so tot auf der Straße um. Von einer Lungenkrankheit war zu Anfang nicht die Rede. Dieses Narrativ allerdings, es handele sich um eine völlig neue Krankheit, wurde nicht mehr aufgegeben, aller wissenschaftlichen Erkenntnisse zum Trotz.

Wir behandelten die Vorgänge in Italien und zeigten, wie eine Grippewelle, die etwa so schlimm war, wie die zwei Jahre zuvor, dazu benutzt wurde, eine weltweite Pandemie auszurufen. Den Anstoß zum Lockdown gab der italienische Vertreter in der Direktion der WHO Walter Ricciardi. Anstatt besonnen auf die Krankheitswelle zu reagieren, wurde gesagt, der Planet stehe vor einer der schlimmsten Pandemien aller Zeiten. Die Medien bauschten alles auf. Es wurden Fotos von Särgen, Militärlastern, Intensivstationen, Massengräbern, Gabelstaplern gezeigt, die nicht immer der Realität entsprachen. Viele der Bilder waren darauf zurückzuführen, dass im Gesundheitssystem sehr schlechte Bedingungen herrschten. Mit den Zahlen in Bergamo wäre Deutschland nicht ansatzweise überlastet gewesen.

Aufgrund einer Panikmache seitens des *RKI* und der massiven Einflussnahme der Lobbyisten auf die Politiker, allen voran Jens Spahn im Gespann mit Angela Merkel, wurden die Grenzen dicht gemacht. Es gab keine Solidarität mit den Nachbarn. Warum aber vertraute die Politik einigen wenigen Virologen und Wissenschaftlern? Von Anfang an gab es die Gegenstimmen. Es hatten sich Politik und öffentliche Meinung selten so sehr auf den Rat von nur wenigen Fachleuten gestützt wie jetzt in der Coronakrise. Leider wurden die Expertengremien nicht genügend interdisziplinär und ausgewogen zusammengesetzt, um die Politik in dieser Krise mit Gelassenheit und Augenmaß und ohne Interessenkonflikte beraten zu können. Politik und Lobbyisten der Gesundheitsindustrie waren einseitig vernetzt. Viele andere unabhängige Virologen wurden und werden mundtot gemacht. Die Verflechtungen zwischen Politik und Gesundheitsmanagement zeigten sich ja bereits im Vorfeld. Ein Interesse an der Wahrheit schien nicht zu bestehen.

In Europa verstärkte Corona einige Krisen, die es vorher schon gab. Obwohl sich die Länder in Bezug auf Maßnahmen, die nicht unbedingt rational waren, immer an ihren Nachbarn orientierten, gab es kaum Solidarität zwischen den Staaten. Grenzschließungen waren vollkommen sinnlos. Es machte den Anschein, als wäre das Virus schon vorher in den einzelnen Ländern vorhanden gewesen.

In Deutschland und Frankreich muss die Pandemie herhalten, um die politische Souveränität aufrecht zu erhalten, die im Wanken ist. Infektionszahlen rechtfertigen schon lange keine Maßnahmen mehr. Es gibt bereits eine Vertrauenskrise in der Politik. In der rigiden Durchhaltetaktik der Pandemiestrategie zeigt sich nur das verzweifelte Festhalten an einer Macht, die am Wegbröckeln ist. Politiker und Beamte reagieren wie Maschinen. Sie werden mit nichtssagenden Infektionszahlen gespeist und bekommen Anweisung, auf diese zu reagieren. Es wird nicht der Sinn überprüft. Wer nicht funktioniert, wird ausgetauscht. Das Volk scheint sich ebenfalls an diese Macht zu klammern in ihrem Gehorsam. Einen zweiten Lockdown werden wir allerdings nicht ohne weiteres überstehen. Die Einbußen werden erheblich sein.

In vielen anderen autoritären Staaten sehen wir, dass Corona als Vorwand für ihre Militärregierungen genutzt wird, zum Beispiel in Ägypten. In Israel gibt es bereits einen zweiten Lockdown. In Hongkong haben wir die gleichen Tendenzen.

Was wir beobachten können, ist, dass China als Sieger aus der Corona-Krise hervorgeht. Es stellt den Westen damit noch stärker als bisher vor geopolitische und wirtschaftliche Herausforderungen. Wir haben der östlichen Welt immer vorgeworfen, dass Wissenschaft und Kultur aufgrund der rückschrittlichen Strukturen, zum Beispiel im Islam, nicht gedeihen konnten. Wollen wir aus dieser Krise schnell und gestärkt herauskommen, dann müssen wir zum klaren Denken, zur Vernunft zurückkehren.

Folgendes muss sich ändern. Wir müssen andere wissenschaftliche Ergebnisse zulassen und in den Diskurs gehen. Das gilt für die Politik wie für die freien Medien gleichermaßen. Hierbei geht es nicht nur um die Beurteilung der Gefährlichkeit der Pandemie, sondern vor allem auch um die Abschätzung des tatsächlichen Nutzens der Maßnahmen für deren Eindämmung. Und nicht zuletzt geht es auch um die Beurteilung der durch die Maßnahmen möglicherweise verursachten Kollateralschäden – nicht nur für die Gesundheit, sondern auch für Gesellschaft, Demokratie, Kultur, Bildung und Wirtschaft. Diese sind bereits jetzt immens.

Wir müssen aufhören, Infizierte zu zählen. Wie wir feststellten, sind Infizierte nicht einmal als krank einzustufen, sie stecken womöglich gar nicht an. Es hat keinen Sinn, wegen jedem positiv Getesteten in Panik zu verfallen. Wichtig ist nur das tatsächliche Infektionsgeschehen. Es kann nicht richtig sein, einfach nur Fälle zu zählen, die eventuell gar keine sind. Wir müssen die Tests aussetzen und sehen was passiert. Nur so können wir zur Normalität zurückfinden. China hat genau das getan, und das Virus verschwand wie von Geisterhand.

Auch in den Parlamenten müssen wir zur Normalität zurückkehren. Bereits jetzt ist es mit unserer Demokratie schlecht bestellt. Es ist dringend geboten, die „Epidemische Lage von nationaler Tragweite" mit sofortiger Wirkung aufzuheben. Debatten müssen wieder stattfinden. Die Länder müssen eigenständig handeln und dürfen sich nicht am Geschehen der Nachbarn orientieren. Alle Maßnahmen sollten zurückgefahren werden.

In einer Demokratie wie der unsrigen geht laut Verfassung die Staatsgewalt – unmittelbar oder mittelbar – vom Volk aus. Wir sind in diesem Sinne der Souverän im Staate, der Herrscher über uns selbst. Daher heißt es: Alle Macht geht vom Volke aus. Gegen jeden, der es unternimmt, diese Ordnung zu beseitigen, haben alle Deutschen das Recht zum Widerstand. Dieses Recht sollten wir nutzen.

Was können wir aus dieser Krise lernen? Wir sollten nicht alles glauben, was uns die Politiker und Medien weismachen wollen. Sie selbst sind oft gefangen in ihren eigenen Denkgebäuden und im Glauben, für das Gute einzutreten. Dabei beschränken sie unsere Grundrechte und elementarsten Freiheiten. Die meisten folgsamen Menschen agieren wie Automaten und vergessen dabei, selbst zu denken. Die Macht einer unsichtbaren, entfremdeten Autorität ist allgegenwärtig. Corona ist der neue Götze. Wer nicht an seine Gefährlichkeit glaubt, wird als Häretiker verfolgt. Erich Fromm sagte einst in seinem Buch „Wege aus einer kranken Gesell-schaft": „wir laufen Gefahr, unsere gesamte Zivilisation zu vernichten oder zu Robotern zu werden."[179] Um das zu verhindern, sollten wir jetzt aufstehen, uns auf unsere eigenen Kräfte besinnen und uns nicht unsere Rechte nehmen lassen.

Dieses Buch ist in Eigenarbeit entstanden. Hoffentlich öffnet es dem einen oder anderen die Augen. Vielleicht kann es einen Beitrag leisten, einige Zusammenhänge klarer zu sehen, hier oder da noch mal genauer hinzuschauen.

# Worterklärungen

Containment: Eindämmung; die erste Phase des Pandemieplans

Ct-Wert (Threshold Cycle oder auch Cycle Threshold): Er ist bei dem PCR-Test von Bedeutung und beschreibt die Zyklen bei der Amplifikation, die notwendig sind, um einen positiven Befund zu erhalten. Je höher der Wert, desto geringer die Virus-Last.

Dispersionsfaktor K: Unterschiedliche Erkrankungen haben unterschiedliche Dispersionsfaktoren (Streuparameter). Diese beschreiben beispielsweise, ob bei einem Infektionsgeschehen wenige einzelne Superspreader sehr viele andere anstecken – oder ob die Ansteckungen recht homogen auf viele Infizierte zurückgehen, es also keine oder wenige Superspreader gibt. Abgebildet wird der Dispersionsfaktor über den Wert K, der zwischen Null und Eins liegt. Grundsätzlich gilt: Je kleiner K ist, desto mehr Infektionen lassen sich auf eine oder wenige Personen zurückführen. Die Rolle von Superspreading-Events ist dann umso größer. Bei der saisonalen Grippe liegt der K-Wert bei ungefähr 1. In dem Fall spielen Superspreader-Ereignisse keine große Rolle.

Exzessmortalität: Übersterblichkeit

Genom: Erbgut eines Lebewesens oder eines Virus, die DNA oder RNA

Inzidenz: die Häufigkeit von Ereignissen, insbesondere neu auftretender Krankheitsfälle innerhalb einer Zeitspanne. Zahl der Neuerkrankungen, die in einem Jahr pro 100 000 Menschen auftreten.

Letalität: Todesfälle im Verhältnis zur Anzahl der Erkrankten

Mitigation: Minderung der Folgen, die dritte Phase des Pandemieplans

Mortalität: Todesfälle im Verhältnis zur Gesamtbevölkerung

PCR: Polymerase-Kettenreaktion ist eine Methode, um Erbsubstanz zu vervielfältigen und dadurch eine Viruslast zu erkennen. Entwickelt wurde die Methode durch den Biochemiker Kary Mullis im Jahr 1983.

Prävalenz: Kennzahl für die Krankheitshäufigkeit. Anteil einer Population, der zu einem bestimmten Zeitpunkt erkrankt ist oder einen Risikofaktor aufweist.

Reproduktionszahl R: Sie gibt an, wie viele Menschen ein Corona-Infizierter im Schnitt ansteckt.

Sensitivität: Die Sensitivität eines diagnostischen Testverfahrens gibt an, bei welchem Prozentsatz erkrankter Patienten die jeweilige Krankheit durch die Anwendung des Tests tatsächlich erkannt wird, d.h. ein positives Testresultat auftritt.

Serotypen: Variationen innerhalb von Subspezies von Bakterien oder Viren, die mit serologischen Tests unterscheidbar sind.

Spezifität: Die Spezifität eines diagnostischen Testverfahrens gibt die Wahrscheinlichkeit an, dass tatsächlich Gesunde, die nicht an der betreffenden Erkrankung leiden, im Test auch als gesund erkannt werden.

Superspreader: Infizierte, die eine ungewöhnlich hohe Zahl von Organismen mit einem bakteriellen oder viralen Krankheitserreger anstecken.

Superspreading Events: Restaurantbesuche, Gottesdienste, Karnevale, Hochzeiten.

Virion: Ein einzelnes Viruspartikel, das sich außerhalb einer Zelle befindet. Virionen zählen ebenso wie die sich dann mittels fremder Zellen vermehrenden Viren nicht zu den Lebewesen (Organismen), da sie keinen eigenen Stoffwechsel haben.

Virulenz: Ansteckungsfähigkeit

Zoonose: Infektionskrankheit, die von Tier zu Mensch und von Mensch zu Tier übertragbar ist.

# Anmerkungen

1   History and Recent Advances in Coronavirus Discovery, by Jeffrey S. Kahn, MD, PhD,* and Kenneth McIntosh, MD†.

2   https://www.cebm.net/covid-19/coronaviruses-a-general-introduction/

3   https://journals.sagepub.com/doi/abs/10.3181/00379727-121-30734

4   "News and Views" (Almeida JD, Berry DM, Cunningham CH, Hamre D, Hofstad MS, Mallucci L, McIntosh K, Tyrrell DAJ. Virology: Coronaviruses. Nature 1968; 220(5168): 650).

5   https://www.forbes.com/sites/alexknapp/2020/04/11/the-secret-history-of-the-first-coronavirus-229e/

6   https://www.tagesspiegel.de/wissen/pandemieforschung-sars-virus-kam-aus-einer-hoehle-in-china/20673408.html

7   https://www.aerzteblatt.de/nachrichten/110919/SARS-CoV-2-Gibt-es-2-unterschiedliche-Virusstaemme

8   Ebd.

9   https://www.livescience.com/new-coronavirus-compare-with-flu.html?fbclid=IwAR1qefNfmx_5EXcXNS-9XGkvmnvwRhrH8HBFQdeAeHC5EzK7yshRcY-9eBnRM

10  https://www.youtube.com/watch?v=ECO4FzFP6Nk

11  Scenarios for the Future of Technology and International Development; https://norberthaering.de/wp-content/uploads/2020/05/Scenarios-for-the-Future-ofTechnology-and-International-Development.pdf, S. 18.

12  Norbert Häring, deutscher Wirtschaftsjournalist, in einem Artikel mit der Überschrift „Gleichschritt – Das unheimlich weitsichtige Pandemie-Szenario der Rockefeller Stiftung" erklärt er: „Noch gruseliger als das Event 201 ist

das Lock-Step-Szenario (Gleichschritt) der Rockefeller Foundation aus dem Jahr 2010.“

13  Scenarios for the Future of Technology and International Development; https://norberthaering.de/wp-content/uploads/2020/05/Scenarios-for-the-Future-ofTechnology-and-International-Development.pdf, S. 12.

14  Ebd.

15  https://www.voltairenet.org/article209957.html

16  https://www.rockefellerfoundation.org/wp-content/uploads/2020/04/TheRockefellerFoundation_WhitePaper_Covid19_4_22_2020.pdf

17  Lipkin flog am 29. Januar 2020 nach Guangzhou, China, um mehr über den Ausbruch von SARS-CoV-2 zu erfahren. Er traf sich mit dem Epidemiologen und Lungenforscher Zhong Nanshan, dem leitenden Berater der chinesischen Regierung während des Ausbruchs. Er reiste allerdings nicht nach Wuhan, dem Epizentrum des Ausbruchs, weil er befürchtete, dies würde ihn daran hindern, in die USA zurückzukehren. Bei seiner Rückkehr in die USA wurde Lipkin 14 Tage lang unter Quarantäne gestellt.

18  https://www.pnp.de/nachrichten/politik/Risikoanalyse-spielte-schon-2012-toedliche-Pandemie-durch-3646159.html?fbclid=IwAR0JblD80JP-oPCZeYumA7N-7p7Fy1WnSMRxDg7QuisPKxkzZWRs4_8iDcD4

19  https://www.cducsu.de/veranstaltungen/globale-gesundheit-staerken-un-nachhaltigkeitsziel-umsetzen

20  https://www.zdf.de/nachrichten/politik/coronavirus-trump-usa-100.html

21  Paul Schreyer: Chronik einer angekündigten Krise – Wie ein Virus die Welt verändern konnte, S. 40.

22  Ebd., S. 62.

23  Ebd., S. 34-84.

24  Ebd., S.89.

25  Ebd., S. 93-101.

26  Jamal Qaiser: COVID-19: Falsche Pandemie: Die fatalen Fehler der Weltgesundheitsorganisation und was sie auslösten

27  TED Technology, Entertainment, Design, ursprünglich eine alljährliche Innovations-Konferenz in Monterey, Kalifornien – ist vor allem bekannt durch die TED-Talks-Website, auf der die besten Vorträge als Videos kostenlos ins Netz gestellt werden.

28  https://www.businessinsider.de/wirtschaft/bill-gates-eine-neue-art-des-terror-koennte-30-millionen-menschen-umbringen-und-wir-sind-nicht-vorbereitet-2017-2/

29  Es handelt sich um Humane Papillomviren, abgekürzt HPV. Humane Papillomviren, Sie zählen zu den häufigsten durch Intimkontakte übertragenen Viren. Bisher sind mehr als 200 Virustypen bekannt. Einige dieser Viren sind für die Bildung von gutartigen Feigwarzen an den Genitalien verantwortlich, andere Typen sind maßgeblich an der Entstehung von Gebärmutterhalskrebs und weiteren Krebsarten an Vulva, Vagina, Anus, im Mund- Rachenbereich oder am Penis beteiligt.

30  Impfallianz – Bill Gates und Merkel machen Pharmakonzerne mit Impfstoffen reich – Zehntausende Mädchen als Testpersonen missbraucht https://netzfrauen.org/2015/01/31/impfallianz-bill-gates-und-merkel-machen-pharmakonzerne-mit-impfstoffen-reich-zehntausende-maedchen-als-testpersonen-missbraucht/

31  https://www.dr-rath-foundation.org/2019/01/world-health-organization-gates-foundation-now-second-largest-funder-after-u-s-government/?lang=de

32  https://www.dailymail.co.uk/news/article-7951293/Bill-Gates-Predicted-Coronavirus-Like-Outbreak-2019-Netflix-Documentary.html

33  https://www.centerforhealthsecurity.org/news/center-news/2020-01-17-Event201-recommendations.html

34  https://www.spiegel.de/politik/ausland/china-xi-jin-ping-triumphiert-bei-versammlung-der-who-staaten-a-ff922923-7b64-4c85-beeb-1618af958e1d

35  https://corona-transition.org/wenn-regierungen-steuer-milliarden-fur-gates-und-weltwirtschaftsforum-einsam-meln

36  https://www.zdf.de/comedy/die-anstalt/die-an-stalt-clip-11-142.html?fbclid=IwAR3OvbsC-Mn54H2LXNwCrdRdtkAD_J_mrYnv7Cpu_Ze-VZMg326Fgqv8d0Y#xtor=CS5-22

37  https://www.dailymail.co.uk/news/article-8211291/U-S-government-gave-3-7million-grant-Wuhan-lab-experimented-coronavirus-source-bats.html

38  https://www.scientificamerican.com/article/how-chinas-bat-woman-hunted-down-viruses-from-sars-to-the-new-coronavirus1/

39  https://www.spiegel.de/politik/ausland/coronavirus-li-wenliang-das-vermaechtnis-des-whistleblower-arztes-a-76655aed-87a6-4a41-a45e-e30730eddc7a

40  https://www.youtube.com/watch?v=pEQcvcyzQGE

41  https://www.youtube.com/watch?v=zv9J0fKlhA0

42  https://www.who.int/docs/default-source/coronavi-ruse/situation-reports/20200121-sitrep-1-2019-ncov.pdf?sfvrsn=20a99c10_4

43  https://www.wsj.com/articles/how-it-all-started-chinas-early-coronavirus-missteps-11583508932

44  https://www.sciencemediacenter.de/alle-angebote/fact-sheet/details/news/aktualisierter-steckbrief-coronavirus-2019-ncov-aus-wuhan/

45  https://www.zdf.de/nachrichten/panorama/coronavirus-lungenkrankheit-chronologie-100.html

46  https://www.youtube.com/watch?v=zv9J0fKlhA0

47  https://www.sciencemag.org/news/2020/03/not-wearing-masks-protect-against-coronavirus-big-mistake-top-chi-nese-scientist-saysl

48 https://www.n-tv.de/politik/politik_person_der_woche/
Hat-China-Angst-vor-der-Wahrheit-article21711861.
html

49 Paul Schreyer: Chronik einer angekündigten Krise – Wie
ein Virus die Welt verändern konnte, S. 121.

50 https://www.n-tv.de/politik/politik_person_der_woche/
Hat-China-Angst-vor-der-Wahrheit-article21711861.
html

51 https://www.welt.de/vermischtes/article205510219/Coro-
navirus-Passanten-trauen-sich-nicht-sich-dem-Toten-zu-
naehern.html?fbclid=IwAR2naxNuiWNA_GBB_9-Zy-
UpzKHraOGXS3PCBKtssIj53tRwffDyX8G7r-wU

52 https://www.rtf1.de/news.php/undefined/news.
php?id=25486

53 https://www.n-tv.de/politik/Wuhan-korrigiert-Toten-
zahl-nach-oben-article21720024.html

54 https://www.dailymail.co.uk/news/article-8188159/Did-
coronavirus-leak-research-lab-Wuhan-Startling-new-
theory-no-longer-discounted.html

55 https://www.freenet.de/unterhaltung/medien/das-wird-
hart-zdfkorrespondent-zeigt-bilder-vom-alltag-in-chi-
na_7758524_6782088.html

56 https://www.tagesschau.de/ausland/china-anklage-buer-
gerrechtlerin-101.html

57 Fang Fang: Wuhan Diary – Tagebuch aus einer gesperrten
Stadt

58 Marcus Lanz, Sendung vom 27. Mai

59 https://www.zdf.de/nachrichten/politik/inside-china-
pandemie-land-veraenderung-100.html

60 https://www.tagesschau.de/ausland/coronavirus-itali-
en-109.html

61 https://www.tagesschau.de/faktenfinder/italien-coronavi-
rus-china-101.html

62 Sucharit Bhakdi, Karina Reiss: Corona Fehlalarm? Daten,
Fakten, Hintergründe, S. 39,40.

63 Paul Schreyer: Chronik einer angekündigten Krise – Wie ein Virus die Welt verändern konnte, S. 148

64 https://www.faz.net/aktuell/politik/ausland/italien-wird-in-der-corona-krise-per-facebook-regiert-16694939.html

65 https://www.zdf.de/nachrichten/politik/coronavirus-italien-strafen-100.html

66 Rich Lowry: The Catastrophe in Italy, In: National Review 22. März, https://www.nationalreview.com/corner/the-catastrophe-in-italy/

67 https://www.maurizioblondet.it/medici-che-lottano-per-la-nostra-liberazione/?fbclid=IwAR2wVk_IxlbW-nHRGOs%20tuX0vuWmXXvw6crJSu5dhIvxVuOaJ3AH-ZQET4yzA

68 http://www.vitalmicroscopio.net/2020/05/28/la-coppia-ribelle/?fbclid=IwAR19srV5Hg7q34NVBYxS1OqYnz-D91vlEB6XSnr8cONQVC66LIfAK95bvXNI

69 https://www.quarks.de/gesundheit/medizin/ist-feinstaub-schuld-an-den-vielen-todesfaellen-in-italien/

70 https://fitter-hirsch.at/2020/03/31/viele-italientote-eventuell-durch-impfung-im-jaenner/?fbclid=IwAR3fDk-D1KDd1AApv0yPJfMGW4gw5ezXiqu9hUcUtfT_QYnK-dEM3Ft-_9cWA

71 https://www.focus.de/gesundheit/coronavirus/beruehmtester-arzt-italiens-behauptet-covid-19-sei-jetzt-harmlos_id_12084339.html

72 https://www.deutschlandfunkkultur.de/politologin-zu-coronakrise-und-weltpolitik-klage-ueber.1008.de.html?dram:article_id=473748

73 Karina Reiss, Sucharit Bhakdi: Corona Fehlalarm? Daten, Fakten, Hintergründe, 2020, S. 28.

74 https://www.oxfam.de/presse/pressemitteilungen/2020-07-09-neue-hunger-epizentren-covid-19-mehr-menschen-koennten

75 https://www.statnews.com/2020/03/17/a-fiasco-in-the-making-as-the-coronavirus-pandemic-takes-hold-we-are-making-decisions-without-reliable-data/

76 https://www.quarks.de/gesundheit/wie-superspreader-die-pandemie-beeinflussen/

77 https://www.bild.de/politik/inland/politik-inland/frag-wuerdige-methoden-drosten-studie-ueber-ansteckende-kinder-grob-falsch-70862170.bild.html

78 Vielen Dank an Cecil Coach für die Recherchearbeit. https://www.youtube.com/watch?v=JUsnsFZrN2o

79 https://www.youtube.com/watch?v=-pxoXSFEqXA

80 https://www.bundesgesundheitsministerium.de/presse/pressemitteilungen/2019/4-quartal/digitale-versorgung-gesetz-dvg.html

81 Paul Schreyer: Chronik einer angekündigten Krise – Wie ein Virus die Welt verändern konnte, S. 35.

82 https://web.archive.org/web/20070729024604/http://www.bbk.bund.de/cln_027/nn_529842/Schutzkommission/SharedDocs/Gefahrenberichte/Teilbericht__Influenza__05a,templateId=raw,property=publicationFile.pdf/Teilbericht_Influenza_05a.pdf

83 https://www.rnz.de/politik/hintergrund_artikel,-corona-virus-die-gefahr-wurde-verharmlost-_arid,501662.html

84 https://www.faz.net/aktuell/wirtschaft/digitec/corona-warum-hat-keiner-auf-bill-gates-und-nassim-taleb-gehoert-16707215.html

85 https://off-guardian.org/2020/03/24/12-experts-questioning-the-coronavirus-panic/

86 Spiegelbericht vom 21.9.2018 https://www.spiegel.de/gesundheit/diagnose/schweinegrippe-impfstoff-pandemrix-risiken-wurden-ignoriert-a-1229144.html?fbclid=IwAR0LPY9w0kNJ3YA-ANBb_5lLIo1jBtPapNsOAXxrVLXoqyJrlwZnhhLB34mA

87 https://web.archive.org/web/20100510002700/http://www.tagesschau.de/inland/schweinegrippe734.html

88 https://www.youtube.com/watch?v=ro730Sk_pN0

89 https://www.wodarg.com/krieg-gegen-einen-joker/

90 Torsten Engelbrecht , Claus Köhnlein: Virus-Wahn: Corona/COVID-19, Masern, Schweinegrippe, Vogelgrippe,

SARS, BSE, Hepatitis C, AIDS, Polio: Wie die Medizin-Industrie ständig Seuchen erfindet und auf Kosten der Allgemeinheit Milliarden-Profite macht

91 https://www.youtube.com/watch?v=2IOhhCWtCCI&feature=share&fbclid=IwAR3TXQd-3nAMQczRaBjWar7IE-OwHGc4x3VToY00c5ZP2adxA5kdKyHm25E

92 https://www.uni-bonn.de/neues/111-2020

93 https://www.servustv.com/droht-im-herbst-das-corona-chaos/

94 https://www.servustv.com/droht-im-herbst-das-corona-chaos/  Minute 55

95 https://www.deutschlandfunk.de/wuerde-des-menschen-in-corona-zeiten-vor-dem-tod-kann-der.694.de.html?dram%3Aarticle_id=475670&fbclid=IwAR2ocRRldC-NIK3hQhAM2RKeHQDqiGkB30IUzK3S_NIahlQAu1U9eWHGOzk

96 https://www.youtube.com/watch?v=cwPqmLoZA4s

97 Eine Abschrift dieser Episoden gibt es hier:  https://www.thepressandthepublic.com/latest

98 https://www.n-tv.de/wissen/Coronavirus-nicht-gefaehrlicher-als-Grippe-article21752352.html?fbclid=IwAR0TVmnx1LXmNvFOJRH-CFdFziZadwcAjeM9CArvKIZ4goXhzE77hNx8zPU

99 https://www.heise.de/tp/features/Ioannidis-Mehr-als-500-Millionen-sollen-bereits-mit-Covid-19-infiziert-gewesen-sein-4938011.html

100 Jean-Dominique Michel: „COVID. Anatomie d'une Crise sanitaire "

101 Miryam Muhm: Die Wahrheit über Covid-19

102 https://www.proplanta.de/agrar-nachrichten/wissenschaft/covid-19-doch-ein-tueckisches-virus-aus-dem-labor_article1588456865.html

103 https://www.youtube.com/watch?v=NUbrE1v4kuQ

104 https://www.zeit.de/wissen/gesundheit/2020-03/corona-virus-ausbreitung-zeitverlauf-landkreise-staedte-karte

105 Paul Schreyer: Coronavirus: Irreführung bei den Fallzahlen nun belegt, 28. März 2020, https://multipolar-magazin.de/artikel/coronavirus-irrefuhrung-fallzahlen

106 https://www.sueddeutsche.de/politik/vatikan-kirchlicher-aufruf-mit-verschwoerungstheorien-1.4901886

107 https://www.bild.de/bild-plus/politik/inland/politik-inland/coronavirus-alarmruf-von-leopoldina-professor-mehr-tote-wegen-corona-regeln-70610476,view=conversionToLogin.bild.html

108 Dritte Ad-hoc-Stellungnahme:Coronavirus-Pandemie – Die Krise nachhaltig überwinden, 13. April 2020 https://www.leopoldina.org/uploads/tx_leopublication/2020_04_13_Coronavirus-Pandemie-Die_Krise_nachhaltig_%C3%BCberwinden_final.pdf

109 https://www.aerzteblatt.de/archiv/214070/Umgang-mit-Corona-Toten-Obduktionen-sind-keinesfalls-obsolet

110 https://www.zdf.de/nachrichten/panorama/coronavirus-guetersloh-stuttgart-100.html

111 https://noktara.de/corona-leugner-strafbar/

112 https://www.focus.de/familie/eltern/riesen-aufregung-um-briefe-an-familien-trennung-von-eltern-und-kindern-in-quarantaene-behoerden-fuehlen-sich-missverstanden_id_12290254.html

113 https://taz.de/Streit-um-Corona-Politik/!5701892/

114 https://www.corona-schadensersatzklage.de/exklusiv-billionen-klage-gegen-drosten-rechtsanwalt-dr-reiner-fuellmich-vom-corona-ausschuss/

115 https://acu2020.org

116 https://www.ärzte-für-aufklärung.de

117 https://www.zeit.de/politik/ausland/2020-09/coronavirus-grossbritannien-tests-gesundheitssystem-nhs-boris-johnson/komplettansicht

118 John Ashton: Blinded by Corona: How the Pandemic Ruined Britain's Health and Wealth and What to Do about It

119 https://abcnews.go.com/Politics/intelligence-report-war-ned-coronavirus-crisis-early-november-sources/sto-ry?id=70031273

120 https://www.faz.net/aktuell/politik/ausland/trump-ue-ber-corona-risiko-ich-wollte-es-immer-herunterspie-len-16946281.html

121 Thorsten Engelbrecht, Claus Köhnlein: Virus Mania

122 https://www.tagesschau.de/ausland/trump-who-117.html

123 https://www.gruene-bundestag.de/presse/pressemittei-lungen/who-unabhaengige-aufklaerung-des-pandemie-prozesses

124 https://www.mimikama.at/aktuelles/coronavirus-mas-sengraeber-new-york/

125 https://correctiv.org/faktencheck/2020/09/09/nein-die-usa-haben-ihre-todeszahlen-nicht-um-94-prozent-nach-unten-korrigiert/

126 Sucharit Bhakdi, Karina Reiss: Corona Fehlalarm? Daten, Fakten, Hintergründe, S. 67.

127 Ulrike Butz: Rückatmung von Kohlendioxid bei Ver-wendung von Operationsmasken als hygienischer Mund-schutz an medizinischem Fachpersonal. Die Dissertation wurde am 29.11.2004 bei der Technischen Universität München eingereicht.

128 https://www.zdf.de/nachrichten/panorama/coronavirus-hamster-masken-studie-100.html

129 https://www.youtube.com/watch?v=_BvKfTLpG6g&t=21s

130 https://corona-transition.org/nber-studie-maskenpflicht-und-lockdown-brachten-nichts

131 https://www.aier.org/article/lockdowns-and-mask-man-dates-do-not-lead-to-reduced-covid-transmission-rates-or-deaths-new-study-suggests/

132 https://www.nber.org/papers/w27719.pdf

133 https://www.elektronikpraxis.vogel.de/roboter-sollen-in-china-corona-faelle-erkennen-a-915686/

134 https://www.fr.de/panorama/sprunghaft-mehr-nachwei-se-china-13459378.html

135 Drosten NDR Podcast Folge 16

136 https://www.dzif.de/de/erster-test-fuer-das-neuartige-co-ronavirus-china-ist-entwickelt

137 https://www.wodarg.com/covid-19-medical-detectives/

138 https://www.ebm-netzwerk.de/de/medien/pdf/ebm-9_20_kvh_journal_anlassloses-testen.pdf

139 https://correctiv.org/faktencheck/2020/07/02/nein-die-who-empfahl-keine-voellig-unspezifischen-corona-tests

140 https://www.youtube.com/watch?v=Ymer59vTrSA

141 Interessanter Artikel von Celia Farber https://uncoverdc.com/2020/04/07/was-the-covid-19-test-meant-to-de-tect-a-virus/?fbclid=IwAR0k2Pa9W78RVm52_cTrJE-8ACKb8_60s2NARVTGNIbHgX_GVzWBVSLOeg7Q

142 https://www.aerzte-ohne-grenzen.de/presse/covid-19-ge-berkonferenz-brief-merkel-impstoffe-medikamente

143 https://www.ndr.de/fernsehen/sendungen/panorama_die_reporter/Biontech-Pfizer-Fosun,biontech100.html

144 https://www.globenewswire.com/news-re-lease/2020/07/27/2068263/0/de/Pfizer-und-BioNTech-w%C3%A4hlen-Hauptkandidaten-f%C3%BCr-mRNA-Impfstoff-gegen-COVID-19-aus-und-beginnen-mit-der-globalen-Phase-2-3-Zulassungsstudie.html

145 https://www.finanzen.net/nachricht/aktien/us-phar-makonzern-johnson-johnson-unterbricht-corona-stu-die-9384169

146 https://www.vfa.de/de/arzneimittel-forschung/coronavi-rus

147 https://www.euromomo.eu/graphs-and-maps/

148 https://www.berliner-zeitung.de/news/keine-ueberster-blichkeit-trotz-corona-amtsarzt-fordert-diskussion-ue-ber-die-mittel-der-pandemie-bekaempfung-li.108672

149 https://www.deutschlandfunkkultur.de/theorie-in-co-ronazeiten-brennglas-fuer-gesellschaftliche.2162.de.html?dram:article_id=479895

150 Gabor Steingart: Die unbequeme Wahrheit: Rede zur Lage unserer Nation

151 Vgl. Klaus Schwab; Thierry Malleret: COVID-19 – Der große Umbruch, S. 154.

152 https://www.welt.de/print/die_welt/wirtschaft/article206780369/Wirtschaftsweise-glauben-an-optimistisches-V-Szenario.html

153 Stefan Homburg bei Servus TV mit Michael Fleischhacker. https://presse.servustv.com/news-corona-wie-viel-angst-vertraegt-die-wirtschaft-ein-talk-spezial-mit-prof-dr-stefan-homburg?id=113810&menu-eid=7510&l=%C3%B6sterreich

154 Vgl. Willem Middelkoop: Der Große Neustart.

155 Klaus Schwab; Thierry Malleret: COVID-19 – Der große Umbruch, S. 24.

156 Hier bezieht er sich auf das Buch „Der Schwarze Schwan – Die Macht höchst unwahrscheinlicher Ereignisse" von Nassim Nicholas Taleb

157 Ebd., S. 64.

158 Paul Schreyer: Chronik einer angekündigten Krise – Wie ein Virus die Welt verändern konnte, S. 113 ff.

159 https://www.derstandard.de/story/2000118347391/notenbanken-weltweit-schaffen-so-viel-geld-wie-nie-zuvor-wo

160 https://www.fluter.de/degrowth-bewegung-corona

161 https://www.freitag.de/autoren/der-freitag/nein-zur-rueckkehr-ins-normale

162 Klaus Schwab; Thierry Malleret: COVID-19 – Der große Umbruch, S. 73.

163 Ebd., S. 94.

164 https://www.tagesschau.de/wirtschaft/corona-kurzarbeit-arbeitslosigkeit-101.html

165 https://www.presseportal.de/pm/105280/4683618

166 https://www.youtube.com/watch?v=2HWo0RJ3eYI

167 https://www.tagesschau.de/inland/interview-schmidt-chanasit-101.html

168 Kai Strittmatter: Die Neuerfindung der Diktatur: Wie China den digitalen Überwachungsstaat aufbaut und uns damit herausfordert, S.11.

169 http://www.business-on.de/muenchen/nfc-implantate-eine-verbindung-die-unter-die-haut-geht-biohax-expandiert-nach-deutschland-_id21130.html

170 https://freiheitsrechte.org/corona-und-grundrechte/

171 https://www1.wdr.de/daserste/monitor/videos/video-monitor-auf-den-punkt-einschraenkungen-der-grundrechte-waehrend-der-corona-krise-100.html

172 https://www.heise.de/tp/features/Vertrauen-ohne-Kontrolle-Datenschutz-ausgehebelt-4723641.html?fbclid=IwAR1_AtdjBPYkbwZLI7DMUndzfV7_CQAog862cz-7WbvbbeuMpUyF18gvh_A

173 Vgl. Paul Schreyer: Die Angst der Eliten – Wer fürchtet die Demokratie, S. 130.

174 https://www.zdf.de/politik/frontal-21/corona-zwischen-panik-und-pandemie-100.html

175 https://www.bundesregierung.de/resource/blob/992798/1732182/d4af29ba76f62f61f-1320c32d39a7383/fernsehansprache-von-bundeskanzlerin-angela-merkel-data.pdf?download=1

176 Journalismus – Meinungsfreiheit – Zensur? https://www.youtube.com/watch?v=UOC-bgnHOhFs&t=4315s

177 https://www.uni-passau.de/bereiche/presse/pressemeldungen/meldung/detail/die-verengung-der-welt-passauer-studie-ueber-corona-berichterstattung-von-ard-und-zdf-sorgt-fuer-leb

178 https://www.welt.de/vermischtes/article213805128/Wissenschaftler-kritisieren-ARD-und-ZDF-fuer-Corona-Berichterstattung.html

179 Erich Fromm: Wege aus einer kranken Gesellschaft, S. 333.

# Bibliographie

Im folgenden finden Sie einige andere Publikationen, die zum Thema der Corona-Pandemie herausgekommen sind:


Ashton, John: *Blinded by Corona: How the Pandemic Ruined Britain's Health and Wealth and What to Do about It*, London, Sept. 2020

Bhakdi, Sucharit; Reiss, Karina: *Corona Fehlalarm? Daten, Fakten, Hintergründe*, 2020

Bhakdi, Sucharit; Reiss, Karina: *Schreckgespenst Infektionen: Mythen, Wahn und Wirklichkeit*, 2020

Dripke, Andreas (Autor); Miksch, Markus (Autor); Hassinger, Michael (Erzähler): *Pandemie: Die Welt im Corona-Krieg*, Juni 2020

Engelbrecht, Torsten; Köhnlein, Claus: *Virus Mania: Corona/COVID-19, Measles, Swine Flu, Cervical Cancer, Avian Flu, SARS, BSE, Hepatitis C, AIDS, Polio – How the Medical Industry Contually Invents Epidemics, Making Billion-Dollar Profits at Our Expense*

Fang Fang: *Wuhan Diary – Tagebuch aus einer ge sperrten Stadt*, Mai 2020

Fromm, Erich: *Wege aus einer kranken Gesellschaft*. Frankfurt, 1960; (Erstveröffentlichung *The Sane Society*, NY, 1955)

Goldschmidt, Pablo: *Der Corona Totalitarismus*, März 2020

Horx, Matthias: *Die Zukunft nach Corona – Wie eine Krise die Gesellschaft, unser Denken und unser Handeln verändert*, Mai 2020

Kanacher, Britta: *Drei Tage CoronaWIRus im Kopf. Eine Erzählung über den Sinn der Corona-Krise*

Morris, Michael; van Helsing, Jan: *Lockdown: Das Virus war nicht die Ursache. Es war nur der willkommene Auslöser. Das grösste, je gewagte Experiment am Menschen*, Juni 2020

Mölling, Karin: *Viren – Supermacht des Lebens*, Mai 2020

Muhm, Miryam: *Die Wahrheit über Covid-19 – Licht ins Dickicht der Halbwahrheiten und wie Sie sich vor dem Virus schützen können*, September 2020

Nyder, C. E.: *Gesundheitsdiktatur – Bill Gates, das Virus und die Neue Weltordnung*, September 2020

Qaiser, Jamal; Miksch, Markus (Hrsg.): *COVID-19: Falsche Pandemie – Die fatalen Fehler der Weltgesundheitsorganisation und was sie auslösten*, August 2010

Roloff, Evelyn Lu Yen: *Die SARS-Krise in Hongkong: Zur Regierung von Sicherheit in der Global City*, 2007

Schrang, Heiko: *Die Jahrhundertlüge die nur Insider kennen*, 2020

Schreyer, Paul: *Chronik einer angekündigten Krise – Wie ein Virus die Welt verändern konnte*, Frankfurt 2020

Schwab, Klaus; Malleret, Thierry: *COVID-19 – Der große Umbruch*, September 2020

Steingart, Gabor: *Die unbequeme Wahrheit: Rede zur Lage unserer Nation* , August 2020

Strittmatter, Kai: *Die Neuerfindung der Diktatur – Wie China den digitalen Überwachungsstaat aufbaut und uns damit herausfordert*, Oktober 2018

# Personenregister

**A**

Ai, Dr. Fen  67
Ashton, Professor John  163

**B**

Bahner, Beate  124
Ballweg, Michael  128
Bezos, Jeff  211
Bhakdi, Sucharit  101, 123, 150, 155
Bin, Fang  85
Bynoe, Mark  18

**C**

Chan, Margaret  53

**D**

Drosten, Christian  42
Drosten, Professor Dr. Christian  70, 104, 106, 181

**E**

Eckert, Samuel  128

**F**

Fang Bin  85
Fang Fang  87
Farber, Celia  194
Fauci, Anthony  114, 226
Floyd, George  167
Fuellmich, Dr. Reiner  156

**G**

Gao, George Fu  52, 71, 74, 80
Gates, Bill  55, 115
Gatti, Antonietta  97

**H**

Holtherm, Hans-Ulrich  111
Homburg, Professor Stefan  125, 155
Huang, Yanling  81

**I**

Ioannidis, Professor John  102, 134, 135

**J**

Jinping, Xi  86

**K**

Kämmerer, Prof. Dr. Ulrike  189
Käßmann, Margot  134
Katastrophenplan 2012  41
Kekulé, Prof. Alexander  112
Köhnlein, Dr. Claus  126
Kohn, Stephan  147

**L**

Lenz, Anselm  126, 230
Li, Wenliang  66, 77
Ludwig, Ralf  128
Lu, Jian  27

**M**

Macron, Emmanuel  159
Malleret, Thierry  208
Michel, Jean-Dominique  136, 160, 250
Mölling, Prof. Dr. Karin  122
Montagnier, Luc  138
Montanari, Stefano  97
Montgomery, Frank Ulrich  173
Mullis, Kary  194
Musk, Elon  211

**P**

Profiteure der Angst  32, 117, 233

Püschel, Klaus  149

## Q
Qiuchi, Chen  85
Querdenken 711  128

## R
Reiss, Karina  101
Reproduktionszahl R  104
Ricciardi, Prof. Walter  93
RKI  41
Rockefeller Foundation  34
Röller, Ulf  89

## S
Schiffmann, Bodo  127
Schöning, Dr. Heiko  156
Schreyer, Paul  74, 214
Schwab, Klaus  208
Shi, Zhengli  24, 63, 81
Simón, Fernando  160
Spahn, Jens  110, 157
Spelsberg, Angela  129
Streeck, Hendrik  128, 146

## T
Tedros Adhanom Ghebreyesus,  42, 53
Tegnell, Anders  169
Tyrrell, David  18

## W
Widerstand 2020  127
Wieler, Lothar H.  42, 103, 108
Wodarg, Dr. Wolfgang  33, 116, 182, 233

## X
Xiaodong, Xu  87
Xi Jinping  61, 69

**Y**
Yuen, Kwok-yung 175

**Z**
Zangrillo, Dr. Alberto 99
Zehua, Li 87
Zhang, Jixian 65
Zhan, Zhang 86
Zhong, Nanshang 70